考古现场处置与文物保护技术

李存信 著

中国社会科学出版社

图书在版编目(CIP)数据

考古现场处置与文物保护技术/李存信著.—北京：中国社会科学出版社，2016.1（2021.11重印）
ISBN 978-7-5161-7499-9

Ⅰ.①考…　Ⅱ.①李…　Ⅲ.①考古发掘—文物保护　Ⅳ.①K86

中国版本图书馆 CIP 数据核字（2016）第 017939 号

出 版 人	赵剑英
责任编辑	郭　鹏
责任校对	闫　萃
责任印制	李寡寡

出　　版	中国社会科学出版社
社　　址	北京鼓楼西大街甲 158 号
邮　　编	100720
网　　址	http://www.csspw.cn
发 行 部	010-84083685
门 市 部	010-84029450
经　　销	新华书店及其他书店

印　　刷	北京明恒达印务有限公司
装　　订	廊坊市广阳区广增装订厂
版　　次	2016 年 1 月第 1 版
印　　次	2021 年 11 月第 3 次印刷

开　　本	787×1092　1/16
印　　张	19.75
插　　页	2
字　　数	410 千字
定　　价	68.00 元

凡购买中国社会科学出版社图书，如有质量问题请与本社营销中心联系调换
电话：010-84083683
版权所有　侵权必究

目　　录

序言 …………………………………………………………………………… (1)

第一章　考古现场出土遗物应急处置保护 ………………………………… (1)
　第一节　出土遗物种类 ……………………………………………………… (1)
　第二节　应急处置保护常规方法 …………………………………………… (2)
　第三节　遗迹遗物起取 ……………………………………………………… (34)
　第四节　应急处置和保护所需材料、工具及用品 ………………………… (36)
　第五节　出土现场环境控制 ………………………………………………… (36)
　第六节　遗迹遗物包装运输 ………………………………………………… (39)

第二章　土遗址的加固处置与保护 ………………………………………… (40)
　第一节　概述 ………………………………………………………………… (40)
　第二节　土遗址类别与特性 ………………………………………………… (42)
　第三节　土遗址保存状态和病害成因 ……………………………………… (44)
　第四节　多学科应用及土体样品分析 ……………………………………… (49)
　第五节　土遗址的物理支撑处置方法 ……………………………………… (54)
　第六节　土遗址的化学保护方法 …………………………………………… (59)
　第七节　土遗址于展示中的保护 …………………………………………… (67)
　第八节　土遗址保护的发展趋向 …………………………………………… (71)

第三章　遗址、遗迹的异地迁移与组合复原 ……………………………… (74)
　第一节　金凤窑址的异地迁移与组合复原 ………………………………… (74)
　第二节　车马坑保护与异地迁移 …………………………………………… (85)

第四章　壁画现场处置与揭取保护 (98)

- 第一节　考古发掘现场壁画的类型 (98)
- 第二节　考古发掘现场壁画存在的主要问题 (100)
- 第三节　壁画保护的程序及原则 (101)
- 第四节　出土壁画的现场清理与保护 (103)
- 第五节　墓葬壁画揭取 (106)

第五章　北方地区出土漆木器病害分析与处理保护研究 (115)

- 第一节　不同地区遗物出土(保存)情况 (116)
- 第二节　器物埋葬时期的病害状态 (121)
- 第三节　遗物结构显微分析 (126)
- 第四节　样品加固试验 (129)
- 第五节　处置程序中的环境要求 (137)
- 第六节　漆木器的发掘清理 (138)
- 第七节　糟朽漆木器加固方法 (140)
- 第八节　病害现象的处理 (144)

第六章　金属文物的处理保护 (148)

- 第一节　青铜遗物的处理和保护 (148)
- 第二节　铁质遗物的处置修复方法 (162)
- 第三节　金银遗物的处理修复与保护 (172)
- 第四节　铅锡质文物的处理与保护 (189)

第七章　青铜器铸造中失蜡法的应用 (196)

- 第一节　翻制模具 (196)
- 第二节　蜡型制作修饰与焊接 (198)
- 第三节　模壳制作、焙烧和铸造 (200)
- 第四节　复制品表面修饰 (203)
- 第五节　绘制器物颜色效果 (204)
- 第六节　结语 (207)

第八章　遗址和墓葬模型制作 (209)

- 第一节　遗址模型 (210)
- 第二节　墓葬模型 (215)

案例一　喇家遗址齐家文化房址复原处置与加固保护 …………………… (223)
    第一节　房址目前保存状态 ……………………………………………… (224)
    第二节　人骨遗骸目前保存状态 ………………………………………… (227)
    第三节　房址病害及其成因 ……………………………………………… (230)
    第四节　方案设计 ………………………………………………………… (231)
    第五节　土体样品加固试验 ……………………………………………… (231)
    第六节　房址墙体加固处置措施 ………………………………………… (231)
    第七节　遗骸和随葬品复制 ……………………………………………… (234)
    第八节　遗骸复原 ………………………………………………………… (237)
    第九节　墙体试剂加固处置 ……………………………………………… (239)

案例二　二里头遗址贵族墓葬清理保护与龙形器复原制作 …………… (242)
    第一节　饰物的清剔处理 ………………………………………………… (242)
    第二节　龙形器饰物的形制结构 ………………………………………… (244)
    第三节　龙形器的保护性处理 …………………………………………… (247)
    第四节　仿制复原 ………………………………………………………… (248)

附录　文物处理保护常用材料 …………………………………………… (253)
    第一节　黏结材料 ………………………………………………………… (253)
    第二节　溶剂 ……………………………………………………………… (270)
    第三节　缓蚀材料 ………………………………………………………… (278)
    第四节　临时固定材料 …………………………………………………… (286)
    第五节　清洗材料 ………………………………………………………… (290)
    第六节　杀虫灭菌材料 …………………………………………………… (297)

参考文献 …………………………………………………………………… (304)

序　　言

　　文物作为历史物质遗存，是珍贵的文化遗产，是一部物化了的中华民族发展史。文物作为历史物质遗存，是源远流长之中国历史的重要见证，是光辉灿烂之中华文化的重要载体，是维系中华民族团结统一的精神纽带。在五千多年发展历程中，中华民族形成了以爱国主义为核心的团结统一、爱好和平、勤劳勇敢、自强不息的伟大民族精神，这种精神在丰富多彩的历史文物中得到了生动体现。加强对考古出土文物的有效处置和保护，对于传承中华民族优秀传统文化、发展当代中国先进文化、弘扬和培育民族精神，增强民族自尊心和自豪感，增强中华民族凝聚力和创造力，加强同世界各国文化交流、扩大中华文明国际影响等均能够起到独特的重要作用。特别需要强调的是，许多历史文物是国家对文物所在地域、水域、海域拥有主权的铁证。做好对我国境内地下、内水和领海中文物的考古发掘和科学保护与研究工作，对于反对民族分裂、巩固民族团结、捍卫国家主权和领土完整，具有非常重大的现实意义。

　　各个国家和民族都有自己的文化传统，这种文化传统在一定意义上可以成为人们自立和进取的精神支柱。文物体现了不同国家和民族长期形成的共同心理倾向、意识风格、生活习俗等，因此，从某种角度上说，文物是民族文化的一种象征。另外，文物又是人类社会历史发展的见证，也就是说，文物不仅是各个国家珍贵的历史文化遗产，而且也是全人类共同的文化财富。现代社会工业化、城市化的迅速发展，人为的和自然的破坏、损坏文物的因素显著增长，使文物保护成为世界各国所面临的共同问题。联合国教科文组织于 1964 年 6 月发起了历时 6 个月的保护文物古迹的国际运动，要求各成员国充实和改进保护文物的技术和法制措施，同时要求各成员国加强文物保护的宣传力度，使文物的价值观念家喻户晓。1970 年，联合国教科文组织通过了《关于禁止和防止非法进出口文化财产和非法转让其所有权的方法的公约》。1972 年 11 月，联合国教科文组织第 17 届会议通过了《保护世界文化和自然遗产公约》。1978 年 11 月，第 20 届会议又通过了《关于保护可移动文化财产的建议》。中国原本就有保护文物的传统，秦始皇曾经派上千人打捞沉没于泗水的周鼎；汉武帝得到出土的铜鼎，将年号改为"元鼎"。不管是在现代还是在古代，文物都是十分珍贵的，应该保护文物，保护中华上下五千年流传下来的文化。

　　文物是祖先留给我们的无价之宝，是金钱买不到的。经过多少年的风风雨雨，流传至今的文物相对来说已经不多了。而且随着时间的推移，发掘出土遗物的数量日益减少，能够以原始状态保存下来的文物更是凤毛麟角。所以，所有出土文物非常珍贵，我们也应该十分爱护文物。文物是指具体的物质遗存，它具有两个基本特征，一是由人类创造，或者是与人类活动有关的；二是成为历史的遗存，不可能再重新创造的。按照国际上一般惯例，文物是指一百年以前制作的具有历史、艺术、科学价值的物质遗存。在中国古代文物中，有大量巧夺天工的艺术珍品，各种传统的艺术形式。尽管有文献记载的描述，但是因为缺乏具体的形象，人们不可能真切地了解其历史特征。只有文物，才能将不同历史时期的传统艺术形式生动地展示出来。通过对文物的有效保护和利用，在此基础上对出土遗物进行全面梳理和深入研究，不仅可以体现出文物本身的艺术价值，还可以联想到文物制作者生活的历史时期之文化风貌和时代精神。

第一章

考古现场出土遗物应急处置保护

随着中国考古事业的不断发展，考古主动发掘项目和国家重点基本建设保护性发掘任务日渐增多，随之而来的是遗迹遗物的大量出土，其表现形式包罗万象，保存情况千差万别。如何处理和保护好这一珍贵的文化遗产，是摆在我们面前一项十分艰巨而又必须认真对待的课题任务。因此，一切均需要从不同实际情况出发，严格按照田野考古以及现场处置的操作规程，把出土遗迹遗物的清理方式、起取程序、保护手段等一系列工作过程处置到位，最大限度地保留保存遗迹现象的完整形态和遗物的原始概貌。

在考古发掘出土的诸多遗物当中，无论是地下长时期的埋藏环境，还是出土后复杂多变的外部环境，遗物所面临的损失影响是多方面原因造成的，采取什么样的处置方法手段，使用何种稳定材料进行及时有效地处理和保护，如何最大限度地保存出土遗物的完整程度和各种信息等，是解决处理和保护问题的关键之所在。在考古现场对遗物应急处置保护的主要任务是：在保留遗物资料完整和不影响后续保护处理及科学研究的前提下，尽可能地减少环境对出土遗物的影响，及时有效地对出土遗物进行稳定性处理，使遗物在出土现场就得到妥善的保护。考古现场遗迹遗物应急处置是处理保护工作的第一步，成功与否直接影响着此后处理保护工作的质量和效果。与室内遗物保护条件相比，考古现场的工作条件相对简陋，加上必须与田野发掘相互配合，因此，很难对出土遗物进行比较全面和彻底的处置与保护。考古发掘现场对遗迹遗物的处置操作属于抢救性工作范畴，需要为此后的妥善处理和保护打下良好基础。简言之，要立足于保护对象区域的整体起取，为系统处置保护做好前期准备。

第一节　出土遗物种类

一　无机质类

第一，金属材料：金、银、铜、铁、铅、锡（容器、工具、兵器、饰品）。
第二，非金属材料：玉、石、琥珀、玛瑙、水晶、料器等天然材料制成品。

第三，非金属材料：陶、瓷、彩绘陶、低温陶等合成材料制成品。

二　有机质类

第一，动物质材料：骨、角、牙、蚌、贝等制成品。
第二，动物质材料：人和动物骨骼遗骸。
第三，动物质材料：丝织品、毛、皮、皮革、皮甲胄、皮剑囊、剑鞘等。
第四，植物质材料：木器、竹器、漆木器等。
第五，植物质材料：麻织品、棉织品、纸张等。
第六，植物质材料：植物遗存（籽粒、果实、茎叶等）。

三　土质遗物类

第一，壁画、岩画等。
第二，土质遗迹：遗址、墓葬、古城墙（包括出土各类质地的朽蚀痕迹等）。

第二节　应急处置保护常规方法

一　金属材料类

金属遗物包括青铜器、铁器、金银器、铅器、锡器等，其器型有容器、兵器、工具、饰品等。在考古现场出土的所有金属遗物，其状态是千差万别的，那么就可能出现未知和难以预料的情况，以及已往在现场处置中虽然采取了相应的处理措施，但其操作方法和程序还有待于进一步完善和规范。如腐蚀破碎严重的遗物应该如何处置、朽蚀粉化严重的遗物如何处置、遗物表层贴裹着有机质材料的如何处置、诸多饰品互为叠压及严重扭曲变形的如何处置、有机质类和无机质类相互混杂一处的如何处置等情况。

（一）青铜遗物

发掘清理时应及早发现并寻找确认处理对象的形制和埋藏状态，如器物的规格和分布范围等，然后再采取相应措施处置固定到位。

在部分墓葬中，常见出土有大量作为明器的兵器及其他饰件（非实用器），因其合金成分中铅锡比例较大，极易受到自身及来自外界的腐蚀影响，其遗物本体部分已经十分松软脆弱，并且容易断裂破损。这类物品中以刀、戈、矛、矢等最为典型（图1-1），往往是由若干数量被集中葬埋于一定区域内，其中部分还会出现镶嵌饰物和鎏镀金银饰成分者，表面还可能有围裹着的其他织物痕迹等。遇到这种比较复杂的情况，就无须过细地进行剔拨清理，应该把此范围内上层薄弱部分保护好，资料收集完备，采取临时性的必要加固措施（滴涂少许可逆性合成树脂），利用套箱

图 1-1 出土脆弱质青铜遗物

的方法,将该部分装入适宜的箱体之中,使用棉花或柔软纸张等材料把空虚的地方衬垫牢固,或者以柔软的纸张覆盖后,使用发泡材料填充缝隙及其他空间等,封装后安全妥善地运回室内,再对此实施进一步的技术处理。

(二) 铁质遗物

常见铁质遗物有容器、兵器、工具及农具,腐蚀氧化的程度均比较严重。其铁质金属成分中的相当部分均已被转移到了器壁之外,使遗物外观形体产生了较大变化,有的甚至在器表形成巨大厚重的非规则状附着物,紧紧地与遗物外表粘贴于一起,其牢固程度在某些局部甚至略强于遗物本体(图 1-2)。

图 1-2 出土铁质遗物

铁器腐蚀的真正元凶是氯化物，当遗物出土以后遇到空气中的氧、水分等外界物质，还会继续产生进一步的劣化反应，最终可能导致整个铁质遗物的分解和酥碎。

在出土现场部分铁质遗物之表层常常附着一些已经腐朽而且非常脆弱的覆盖物，大多是布纹痕迹或颜料等不稳定物品，必须采取临时加固措施，暂时予以强化固定。但是，不同时期的遗物及出土环境条件，处置的方式方法也是有较大差异的。

1. 干燥状态下的处置方法

第一，使用去离子水或无水乙醇（分析纯）把附着于遗物表面痕迹内的泥沙清洗干净，如果清洗过程难度较大或效果不理想，也不必勉强将之去除，残留少量泥土对整体清洁效果的影响不会过于严重。

第二，当清洗所使用的液体成分完全挥发后，涂抹少许 Paraloid B72[①] 稀释溶液，或者经过分析纯丙酮溶剂等稀释的丙烯酸类三甲树脂[甲基丙烯酸甲酯（MMA）、甲基丙烯酸丁酯（BMA）和甲基丙烯酸（MA），浓度为5%左右]，使遗物增加强度。如果涂抹的合成树脂所承担的牢固程度还不能达到相应要求，可以在纱布上涂抹数层与上述相同的树脂围贴于遗物四周，以此来增加遗物外围的整体强度。

第三，根据起取对象的个体大小和形状等，选择适当的起取方式，如箱取法、插板法和托网法等。对于硬度能够达到可以托起效果者，直接使用木板作为遗物的支垫物体将其完整取出，移运到室内。

第四，使用丙酮溶剂把合成树脂充分溶解，取下围贴于四周的纱布，再进行其他必要的保护强化措施。

2. 潮湿环境下的处置方法

潮湿环境下出土的遗物，其周围和内部的含水率也有较大差异。如果在遗物的金属结构和外观保存良好，能够在较短时间内自然缓慢地脱水干燥，而且还不会导致遗物变形损坏的前提下，可以采用干燥环境下处理遗物的程序进行。否则，须采取专门的方法。潮湿状态下铁质遗物处置的方法有下列三种方式。

第一，用水溶剂的聚醋酸乙烯酯乳液（80%左右的水分，需要依据铁质遗物的饱水状态及吸收能力来确定）浸渍强化遗物，持续不断地滴渗和涂抹溶液，使之能够充分地吸纳加固液体，达到可以托起的强化效果后再行取出，经粗略密封后置放于包装盒内，运回室内实施进一步的处理程序。此法应用于小型铁质遗物。

第二，根据起取对象的体积大小和形状等，选择适当的起取方式，如箱取

---

① 对于文物修复保护工作者常用的材料的外文名称，不再译为中文。全书相同。

法、插板法和托网法等。另外还有一种办法是：遗物完全处于饱水状态，加固剂无法对其进行渗透强化，可暂时不做其他形式的加固处理，只在遗物的外围周边设挖一周沟槽，中部护围于遗物侧面的泥土暂时予以保留，在遗物的上方铺设柔软纸张等隔离物品，利用聚氨酯（氨基甲酸乙酯）发泡树脂（A、B两种原料，1∶1进行配比，混合一处均匀搅拌即可发泡。还有一种是罐装产品，商店有售），把遗物四周完全包裹起来。包装体成型之后，将遗物下方的土体部分掏挖至相当程度（但要特别注意其内部是否存在其他的遗迹遗物现象），顺利完整地将此物安全取出，回到室内依据遗物不同情况和特点再进行与之相适应的办法强化处理和保护。

第三，对于破损和疏解粉化较为严重的遗物，使用干冰（－78摄氏度）或液氮（－196摄氏度）把遗物外围一定范围内的泥土一并冻结，于冻结的状态下，遗物和周围的泥土共同组成一个整体。切割起取后，放置于冷藏设备中，对遗物也可以起到很重要的保护作用。

（三）金银遗物

金银遗物外观形制普遍精致小巧，雕刻纹饰工艺繁杂，器壁较薄，金属结构比较柔软。金质和银质遗物又各有不同的特点。

通常出土的金器都属于小型遗物，相当数量是器具及饰件。金质遗物大多出土于土洞墓、窖藏和砖石墓葬以及祭祀场所（图1－3、图1－4），受外部土体压埋的影响较小，几乎不会造成严重的形体变化。另外，金具有较为特殊的金属结构成分，从内部产生自我腐蚀的状况基本不存在，同时对外界水土中酸碱的腐蚀因素也有较高抗御能力。所以，一般出土现场金质遗物的外观完好程度和受到腐蚀的影响较其他金属遗物要轻微许多，常见者多为经过长期葬埋之后于其表面形成的水垢覆盖层。另外，常常发现商周时期金质遗物以金箔的形式装饰于棺椁或马车等遗物上，清理后往往采取与本体整取的办法。即使是脱落的金箔，往往也比较容易起取，而不需要特殊方式。

银质器物的金属结构相对比较脆弱，也容易受到外界各种因素的影响，经过数百年或上千年的葬埋，其金属的结构成分会有不同程度的降低。不同纯度的银器在发掘出土之后，表面可以产生出不同的色别，95%以上纯度的银器基本仍能保持原本色彩，85%纯度的银器表面呈现出一层灰黑色，75%以下纯度的银器其表面则可能变化为墨绿色，纯度越低，墨绿颜色则会越浓。随着时间的推移，银质遗物均不同程度地受到腐蚀劣化之影响，纯度高者，影响轻弱，对器体之柔韧性的改变不太明显；而纯度较低者，受到腐蚀氧化的影响较深。纯度高低与其颜色深浅相互关系明确，颜色深浅与腐蚀劣化程度成正比，颜色越深，说明已经被腐蚀劣化越严重。对于腐蚀劣化严重的银质遗物而言，其柔韧性已经完全丧失，器形发生扭曲变化及

图1-3 出土金质遗物

图1-4 出土金饰

破缺残损也就在所难免（图1-5、图1-6）。在清理和处置上述遗物时，存在四种基本情况。

第一，银质遗物和其他遗物一同出土于遗址（或葬墓），处置方法和操作过程与青铜遗物相同。

第二，出土于窖藏者。窖藏内的存放面积一般都很有限，而遗物的数量却比较多，许多口径较大之遗物相互重叠于一起，并且相当部分常常互为粘连，连接程度一般比较牢固，彼此分离有一定难度。如果在现场实施分离，极易造成器体的变形破损。对于已经有裂痕缝隙或者残破的遗物，要把所有的脱离组合部分按个体单位集中收集。另外，清理时还需注意每一个体外围是否依附着丝麻类的包装物品等。对于此类状况，在完成各项记录和编号后，用套箱法将其整体搬移到室内，再做进一步的处理保护。

图1-5　出土银质遗物

第三，出土于砖室墓者。砖室墓葬中的金银遗物和其他陪葬品基本是置放在耳室、后室、供台及尸床上，也存在少数个体散落于他处的状况。清理过程中，首先要仔细观察每一件遗物的外部特征、腐蚀和破碎状态以及遗物内是否装填着其他包含物。准确把握遗物之间的相互内在关系，做好收集现场原始资料的各项工作。此后按照编号顺序依次进行密封包装。

第四，出土于墓主人体上者。墓主人身体上及周围如果保留有相应数量佩戴的金银饰物，有可能和其他的饰品互为连接，形成一组不可分割的完整环节，处置的

图1-6 出土银质遗物

办法则需要采取整体迁移的方式（即托网法）。具体办法为以下几点。

①采取适当的加固措施：使用水溶剂聚醋酸乙烯酯乳液进行滴渗，再利用胶带纸将其稳定连接，使得处置对象、人骨和周围一定范围内的堆积遗物连接成一个整体。

②使用若干条粗细适宜的铁丝，从墓主身体一侧的下方紧紧贴附尸床横向穿越至另一端。为了保证整体起取的安全系数，铁丝之间的相互间隔不宜过宽，5厘米左右为宜（如需要间隔距离可以更加密植），以防止小件饰物的移位和遗漏。

③两端的铁丝要留有相当的长度，利用其长出的部分缠绕并固定在一木柄上，柄体长度与起取物体的规格相互一致。

④用力抬拉两侧的柄体，使整体部分缓缓上移，稳妥地脱离尸床。遗物整体悬空距离不宜过高，以能够顺利安全地置放木板即可。

⑤将准备好的整体木板垫托于遗物下方，平稳地把起取物放置于木板之上。

⑥拆取缠绕在柄体上的铁丝，并把两端的铁丝固定于木板上，对其外部进行有效的包装，安全稳妥地运回室内即可。

托网法的实施前提，一般针对的是砖室墓葬和在山体间开凿的石质洞穴墓葬，遗物下方是砖石垒砌的实体和坚硬的石材部分，与土墓葬有着本质的不同，无法实施掏空操作。

（四）铅器

铅器的金属结构较其他金属遗物脆弱许多，就铅器特有的固定金属成分而言，经过数百年或上千年漫长的葬埋阶段，其本体结构很容易从内部产生氧化腐蚀，或者遭到其他外部矿物质的氧化腐蚀以及土壤和水的侵蚀。铅器的外观形体出土时就已发生了明显变化,多数遗物的器形遭到了严重破坏,相互扭曲叠压,其器形识别难以把握。特别是小型遗物的足和耳等,或者是器壁较薄的部位已经被氧化殆尽,仅能识别出轮廓痕迹(图1-7)。

图1-7 出土铅质遗物

已经断裂破碎为若干部分的遗物,其衔接缝线两侧的边缘范围常常均已受到腐蚀,相互对接的可能已经不复存在。在现场清理铅器的过程中,按照遗物特点要求,其程序则应该相对简化,只需将遗物的基本轮廓范围搞清楚,有利于其资料工作的收集即可。

铅器起取的方式有三种,应根据遗物的数量及形体大小,采用不同的方法和程序。

第一,单一个体者,其长、宽程度均为20厘米,属中型以下的遗物,操作的方式则较为简单。使用工具把遗物四周的回填土体取出,切割边线与遗物的距离不得少于3厘米,使遗物下方之土体形成一个具有相应厚度的土台。土台厚度一般不低于10厘米,使其能够具有一定的承受能力,而又不至于让土台出现散乱。

①使用土质文物加固剂MH-1,或者可逆性31J丙烯酸非水分散体加固剂或250M型(该材料是高分子量的丙烯酸树脂微粒在有机溶剂中的胶态分散体,当有

机载体挥发后可形成丙烯酸树脂的膜状物，其浓度要根据土体的具体情况进行合理配比），对土台侧面实施全面的滴渗加固。使土台形成稳固的整体，并且具有一定的承载能力。

②待其凝固后，将土台与下方的填土隔裂开来，随之稳妥地取出。

③包装时，遗物上端需要铺设较为柔软的纸张，并对遗物周边适当地予以加固，将之存放于密封的包装盒（箱或袋）中，取回室内再行下一步处理。

第二，遗物形体较大，或有数件小型遗物相互并靠叠压于同一区域内，需要起取的平面面积长、宽为30～50厘米。采取的方法则是以下几点。

①在遗物四周掏挖出一周沟槽，遗物与沟槽内边线之间的距离不应少于5厘米，沟槽的宽度一般为3厘米左右。内面平直规范，四侧互为一致，深度需要超过遗物埋葬的总体高度。

②在遗物上衬垫数层柔软纸张并使其紧紧地贴靠在起取物表层，然后向沟槽内注入调制均匀浓度适宜的石膏浆。顶部纸张之上也需要使用浆液贴附一层略加固定。取回室内另行处理。

第三，有多件遗物共处同一范围内，现场没有条件将彼此逐一分开处置的，起取面积长、宽均超过50厘米以上者，则需要采取整体套箱方式对其实施操作，程序结束后使用小型起重设备进行吊装，运输至实验室再做处置。

二 非金属材料类

包括玉、石、琥珀、玛瑙、水晶、料器、珠子等天然材料制成品和陶器（彩绘陶、低温陶）、瓷器、玻璃器、彩绘陶俑、砖（彩绘砖、画像砖）等合成材料制成品。其埋葬环境和出土状态较金属遗物更为多样化。如：薄弱器壁类（蛋壳陶和玻璃器）破碎严重的遗物如何处置、瘫化粉碎严重（低温陶）的遗物如何处置、遗物表层贴裹着丝织物和颜料的如何处置、遗物表面彩绘的有效防护、有机质类和无机质类相互混杂一处者如何处置等。

（一）陶瓷遗物

首先需要搞清楚遗物的类别。

第一，高温陶。烧制温度高于800摄氏度，器质硬度较好，完整遗物也相应较多（包括瓷器，其烧制温度更高）。在清理过程中重点要留意器内是否存放有其他包含物，一般对器物内的填土不要随意掏取。如果此时室外温度较高，水分蒸发过速，容易造成器内包含物的损失及破坏，那么可以对其实施分方位分层次地起取，保留尽可能全面的信息资料。此类遗物本身没有或较少受外界的腐蚀影响，不用刻意地进行加固保护。

第二，低温陶。烧制温度一般偏低，均在500摄氏度及以下，有的部分甚至没有经过烧制。作为一种陪葬品，常见于墓葬中，部分史前早期遗址也有出土，保存状态一般很差。因受潮湿环境的长期影响，出土时通常处于饱水状态，质地十分脆弱，或非常易于疏解。这类低温陶如长时间暴露于干燥的环境下，水分蒸发速度过快，器体便会产生崩裂，并且也有可能使形状发生扭曲（图 1-8）。

图 1-8　出土陶质遗物

所以，在清理环节中要随时对低温陶器予以必要的加固处理，还要尽量缩短后续工作的时间，争取尽快运回室内进行全面彻底的综合保护。现场加固处理的方式依据器形的大小，灵活处理，或采用石膏固定，或采用套箱等方法。

第三，薄壁陶。器壁非常薄的陶器，称为"蛋壳陶"。发现遗物时往往已经破碎，而且破损状况严重，但互为连接的位置尚未被扰动，清理时切忌随意挪动改变其原始方位。具体的处置措施和方法是在留取各类记录资料后，把遗物表层及周围的泥土稍加清理，使用20%的聚醋酸乙烯酯乳液水溶剂予以固定。待凝固剂具备了一定的强度后，使用潮湿的纸张粘贴于起取范围的外表，作为破损遗物外侧的保护层，起到对器体的破损部分加以固定的作用。然后，采取连同周围泥土一起整体起取的方式，运到室内再实施进一步的拼接、粘对和复原程序。

第四，彩绘陶（包括彩绘陶俑、彩绘砖等）。彩绘陶存在的主要问题是器表不同色别彩绘的处理保护问题。彩绘陶器出土时，其表面的颜料非常容易与附着土体粘在一起剥落，或在干燥过程中粉化脱色。陶器表面的颜料多为无机矿物颜料，通过调配稀释程度适宜的动、植物胶（如鱼胶、骨胶、桃胶等），连同颜料一同绘在烧制完成之陶体上，完成器表纹饰绘制程序。在出土前，一方面彩绘陶器会随着陶体膨胀收缩而变化；另一方面颜料中的胶结材料也会随着时间推移缓慢老化，失去作用。失去胶黏性的颜料在地下可溶性盐类的影响下，慢慢开始粉化。因此，很多彩绘陶器在出土时，随着陶器含水率的迅速降低，容易出现掉色和脱色现象（图1-9）。这种情况一般需要在考古现场对其湿度保持控制，并在发掘清理过程中对彩绘层进行必要的预加固处理，一般使用水溶性胶液即可。此外，还有一些器物表面在出土时包裹了大量的黏土，这些黏土在器物表面形成了比较结实的"被壳"。随着考古发掘，其表面开始干燥，"被壳"也会随之出现龟裂、剥离，并且带下整片的彩绘。所以，发掘清理时要注意保持器表泥土的湿度，无水乙醇具有松动土体的作用，可用竹签细心剥离彩绘层上面的泥土。如果现场的温湿环境变化太快，那么可以放弃现场的泥土剥离，把相关的资料工作收集完整，将彩绘陶器按个体分项实施起取，使用数层柔软纸张将遗物围裹起来，于纸张表层喷洒适度的水分，快速装入密封袋内，防止遗物的水分快速蒸发。并且尽可能地立即将遗物脱离发掘现场，在室内进行综合处理和保护。

图1-9 彩绘淡化

(二) 玉石器

此类遗物在出土时大多属于完整状态，少数部分是受到外界的重压或者埋葬时已经为破碎状态，仅有断裂现象存在，不需要进行特殊的现场处理。在清理过程中要注意观察遗物表面是否有比较特别的印迹（如彩绘、漆皮和织物等）（图1-10、图1-11），以及与此有相互联系的饰物、构件等。如商周时期大中型墓葬中常见组合佩饰等（图1-12、图1-13），理想的处置办法是采取整体起取的办法，将棺室整体套箱起取回室内，然后逐一仔细清理。对此，应将遗物出土的相对位置和角度描述清楚，留取相关的图像和文字资料。对于出土时因材质不同而出现严重粉化或酥解状况的玉石器，则需要使用丙烯酸非水分散体250M加固剂进行滴渗强化处理，然后根据具体情况采取灵活的方式取回室内进行处置。

图1-10　玉石器破损粉化

图1-11　石器断裂褪色

图 1-12　出土组合玉饰

图 1-13　出土组合玉饰

(三) 玻璃器

包括中国不同历史时期制造和从西域国家传入的玻璃遗物,出土于发掘现场的玻璃器往往多数都不同程度地受到腐蚀和破坏。如有的于表面生毛起雾,失去原有的光泽和透明性;或整个器型断裂为若干碎片,表层还有粉末脱落;有的颜色或黄或灰,已经完全发生变化(图 1-14)。造成这种损坏的原因很复杂,既有玻璃本身成分和结构上的因素,也有外界环境和温湿度变化的因素。

图 1-14 玻璃器出土状况

被长期埋葬于地下的玻璃器物，大多已经被挤压为粉碎状的破损小块，清理程序需要倍加细致与耐心，不可挪动和改变每一组成部分的存放位置，尤其是数件遗物共处同一范围内，它们相互之间的连接方式对于此后的黏合复原具有决定性的参考标准。

玻璃器物自身的特殊性与其他遗物之间存在着本质的不同。首先，在材质构成方面，器壁十分薄弱，极易破碎，往往一件小型器物破损至数十片甚至上百片。其次，器物破碎（裂）后，碎片既小又薄，断面特别光滑，互为相连的接触面积过于狭窄，很难把握相互之间衔接的位置和角度。如果于清理和起取过程中采用的方法不当，造成了彼此间较为混乱的情况，能否成功地进行拼接粘对和复原就成了较为麻烦的问题。所以，在实施剔剥和起取阶段，需要采取合理有效的针对性措施。具体方法如下。

第一，初步清理程序结束后，使用透明胶带将每件遗物所有相互连接的缝隙固定为一个整体，实行整体起取。

第二，如果该区域内出土了数件或更多的遗物，一时还难以分清其归属，那么除了相应地整体固定外，还需要利用整体套箱的方式，将其稳妥地运回室内，按照原有位置逐片地进行揭取，此后拼合粘接。只有这样，破碎程度相当严重的玻璃遗物才能被处理和修复成型。

三 有机质类

包括骨角牙贝蚌制成品、人和动物尸体（包括湿尸、干尸、骨架）、皮革制品、竹木简、漆木器、纺织品、纸张、植物遗存（籽粒、果实、茎叶等）。此类物品的出土状态要比上述两项更为复杂和多样化，需要解决的已知和未知的出土问题更多。其中，存在有难以识别的出土遗迹现象、高度糟朽腐蚀的遗迹现象、严重扭曲变化的遗物遗迹现象、断裂残缺破损的遗迹现象、严重粉化和弱化（不可触动）的遗迹现象等。这些遗迹受现场环境因素的影响很大，一旦有所改变可能就会造成不可逆转的损失。

（一）骨角牙贝蚌制成品

出土现场主要面临着此类遗物的粉化酥解现象，在饱水及潮湿环境下损坏程度尤为严重，其表现形式为按照年轮的次序由外及内层层粉化剥离。处理办法通常是使用可逆性树脂类加固剂进行预加固强化处理，起取后还要实施密封包装，防止水分蒸发过速和环境的进一步污染。

在考古发掘中，骨质遗物及象牙的损坏，除了常见的有破裂、糟朽、粉化等现象，还有骨质矿化造成各部位膨胀系数差异而形成的崩裂（图1-15）。骨和象牙都是由无机物质和有机物质复合组成。无机物质大都是磷酸钙和一些碳酸盐及氟化物。磷酸钙是构成骨和象牙的主要成分，这种物质使它们具有很好的抗裂、抗压、抗折等机械性能。构成骨和象牙的有机物质是骨蛋白和油脂类物质，它们约占总重量的30%。当遇热或受潮时，容易发生翘曲。骨蛋白及填充于骨内的油脂类物质，很容易受到氧化和水解，同时也容易受到细菌的侵蚀和破坏。地下的酸、碱类物质不仅能使骨蛋白和油脂变质，而且还会破坏骨的无机成分，使骨质完全酥化。由于骨组织具有特殊的细胞隙，孔隙多，而且易被污染，所以出土时常见颜色发黄或变黑。另外，由于地下长期埋藏，受到盐和水的侵蚀，骨的无机物质大部受到破坏，从而变得非常脆弱。若骨中的有机物质逐渐被矿物盐类，特别是二氧化硅和碳酸钙所代替时，骨质将发生矿化，长期发展下去，骨质便形成化石。

第一，在考古发掘中，常常会遇见表面看来似乎是很完整的骨制品，但拿不起来，甚至触之即碎。这是因为骨的结构已经被破坏，骨中的有机物质消失，甚至有的无机物成分也已破坏（图1-16）。遇到这种情况，一般可采取连周围土体一同起取的方法，也可采用加固取回，再清理修复。对于在考古中发掘出土之较为脆弱的骨质遗物，为避免搬动过程中发生意外，应立即进行现场加固。若骨质尚干燥时，可用5%的聚乙烯醇缩丁醛溶液滴渗或喷雾，进行渗透加固。若骨质处于比较潮湿的状况，可用浓度为10%的聚醋酸乙烯乳液或3%的250M丙烯酸非水分散体渗透加固。

图 1-15 牙质品

图 1-16 骨质品

第二，在考古现场出土的象牙，在水分蒸发过程中及此后可能粉化成为一堆粉末，发现后及时采取处置及起取措施，使用带有保湿功能的箱子将象牙遗物运回实验室，在运输过程中注意防震，避免因震动造成的损失，如发现问题，需要及时予以处置和保护。对于象牙容器，由于属于一种空腔器皿，所以保存状况更差，出土时多数已成碎片，并已层层剥裂（图 1-17）。因此，在清理程序阶段，只须寻找出相应范围，使用小型竹木工具将遗物轮廓清剔出来即可。于遗物上滴渗浓度为20%左右的聚醋酸乙烯乳液加固剂，或者5%左右的31J丙烯酸非水分散体加固剂渗透固化。滴渗之后，牙质遗物逐步得到固化加强，能够成为相应的独立个体。体积较小的遗物于表层附贴柔软纸张，周围缠绕胶带纸，置放于保湿箱内运回室内。如果遗物的体积比较大，那么就采取套箱的办法加以解决（遗迹遗物起取一节有所描述）。

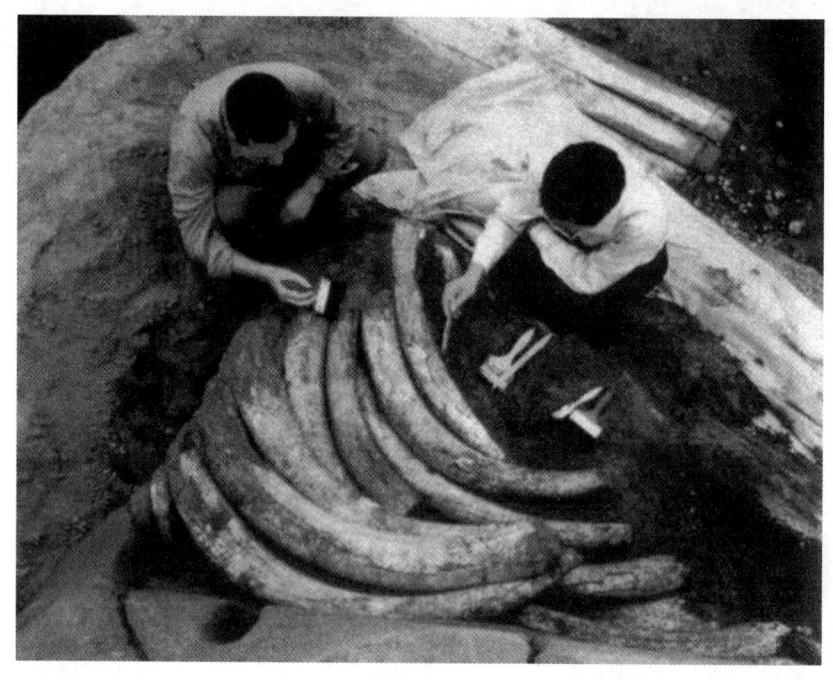

图1-17　象牙

第三，甲骨的处置与起取。个体甲骨通常出土于遗迹地层和灰坑（如成都金沙遗址出土的龟甲、安阳孝民屯出土的龟甲等），清理阶段只需寻找出相应范围，将遗物轮廓清剔出来即可（图1-18）。于遗物上滴渗浓度为20%左右的聚醋酸乙烯乳液加固剂，或者5%左右的31J丙烯酸非水分散体加固剂渗透固化。使遗物逐步得到固化加强，随之在其表层附贴柔软纸张，周围缠绕胶带纸，置放于保湿箱内运回室内。群体甲骨一般出土于祭祀坑和窖藏坑内（例如，殷墟花园庄东地祭祀坑，出土甲骨百余片，呈相互叠压堆积状态）。需要先清理出甲骨葬埋的范围，根据祭祀坑的具体深度，对坑外之泥土实施切割。此后在其表面附贴数层柔软纸张，注意保持原有的湿度，采取发泡包装整体套箱起取的办法，连同坑体一同起取。在室内对每一个个体进行清理、加固处置及分离。

图1-18 甲骨

(二) 人和动物尸体（湿尸、干尸和骨架）

到目前为止，考古发掘出土的古尸主要有湿尸、干尸、蜡尸、鞣尸。

第一，出土时浸泡在棺液中，其外形完整，内脏俱全，肌体丰满，尚有弹性，四肢关节尚能活动；解剖时，肌肉组织层次分明，血管、神经完好无损；镜检下组织结构保存也较良好，在某些组织中还能找到细胞结构；这类古尸的皮肤表面也可能有少量脂肪酸盐结节，骨质也或多或少有脱钙现象，称之为"湿尸"。如马王堆一号汉墓出土的女尸，是中国迄今出土的最完好的尸体，类似一具湿尸。

第二，干尸又称（木乃伊），是处于干燥的环境中，脱失体内水分，或用防腐剂人工制成的。例如，新疆铁板河古墓出土的一具保存良好女性尸体，面目清秀自如，四肢肌肉丰满，毛发、皮肤、指甲都保存完好。

第三，蜡尸，是在空气稀薄，环境润湿，水土含钙、镁量多等条件下，尸体本身由于多脂肪而形成表面似蜡的尸体。蜡多见于浸在水中或埋在水分充足、潮湿，多钙和镁等物质地区或泥土里的尸体，在尸体表面或体内脂肪组织中形成灰白色或黄白色坚实的脂蜡样物质，有油腻感，可以压陷，但脆而易碎。其蜡化的变化一般仅见于皮肤及皮下脂肪，因为尸体在蜡化过程中，腐败大都仍在进行，局部形成尸蜡后，尸体其他组织，尤其是内脏，则大多已毁坏。这是因为环境虽然干燥，但由于尸体一部分已干化，其水分就足以供尸体的另一部分形成尸蜡。

第四，鞣尸多形成于酸性潮湿土壤或泥沼地区。尸体处于温度较低、空气不流通的酸性泥沼中，腐败菌的生长繁殖受到抑制，腐败变慢或停止下来。酸性泥沼中含有大量腐殖质，富有单宁物质和多种腐殖酸。很可能是这些物质的作用，使尸体皮肤呈暗色，变得非常致密，犹如鞣皮；使肌肉和脏器被脱水，部分蛋白质被溶去，因而肌肉及内脏体积缩小，重量减轻；骨骼和牙齿的钙质溶解，骨骼变软如同软骨，容易用刀切开。这类古尸更为少见。在中国历代古尸中，仅发现一例，即上海浦东东昌路明代古尸，经鉴定为鞣尸。

地下特殊的埋藏条件，使得考古发掘能够出土以上几种尸体。出土后周边环境变化与其相对稳定的埋藏环境之间的不同，是造成尸体病害劣化的主要因素，如干尸的吸湿霉变、湿尸的再度腐烂、蜡尸的氧化与干裂、鞣尸的硬化霉变等。因此，对出土环境的控制是尸体保护的关键。由于出土的尸体难能可贵，考古现场必须要有预备方案和临时处理的措施准备。如对于干尸木乃伊，可经过消毒后置于干燥处密封保存。对于湿尸、蜡尸或鞣尸，则须在尽量短的时间内放入含有甲醛防腐溶剂的容器中临时保存。

（三）皮（革）质遗物

考古发掘中，皮革类遗物比较少见。出土有皮质剑鞘、箭囊、衣物等，还有一些遗物的附件和装饰。

皮革是一种多肽结构的网状组织蛋白质纤维。其主要成分是胶原蛋白质，含有多种氨基酸，也含有一定数量类脂化合物，其化学成分包含蜡类、磷脂类、固醇类及脂肪酸类。其结构是由胶原纤维束在三度空间纵横交错编织而成，是一种特殊的立体网状结构，具有较高的机械强度。皮革本身的化学性质和结构、制革的工艺和技术等决定了皮革的保存状态。只有在一个稳定的地下埋藏环境中，皮革才能保存至今（图1-19）。

在埋藏过程中，皮革的物理和化学性能往往已发生极大衰变，一旦出土，就会迅速地硬化、皱裂、变形。在湿润环境下出土皮革制品，很容易产生霉菌变化等。因此，出土之后应当尽快采取起取措施，使用甘油、蜡液等保湿材料封护起来，将其置入封口袋内并加入适量的防腐剂，实施密封、避光保存。于干燥条件下出土之皮革制品，因其所含水分已基本完全蒸发，形制不可能发生变化，使用吹球将其表层泥沙颗粒清除干净即可。装入封口袋置放于干燥的包装箱内（箱体四周加放干燥剂），稳妥地取回室内。

（四）毛质遗物

出土的毛织物绝大多数为羊毛织物。人们利用羊毛的历史可追溯到史前4000年至前3000年的新石器时代。羊和羊毛在古代从中亚、西亚向地中海和世界其他地区传播，羊毛遂成为亚洲和欧洲的主要纺织原料之一，其中使用最多的是绵羊毛。

图 1-19　皮革类遗物

羊毛纤维是一种由不溶性蛋白质角朊构成的多层次生物组织，由大约 20 种不同的 α—氨基酸缩聚而成的蛋白质组成。不同的羊毛品种其毛纤维内部组织成分的氨基酸组成也有所不同。

由毛纤维组成的毛织物属于一种有机物质，所有的有机物质都有随时间推移发生不可逆转的降解直至毁灭的趋势，在这一趋势的进程中还易受霉菌和细菌的侵袭，所以环境潮热，通风不良，接触腐朽的动植物等又是进一步促进其朽坏的因素。

游牧经济的半干旱、干旱地区的墓葬常有毛织物出土。出土大量毛织物的墓葬反映出其生产经济方式以游牧为主，至少游牧业在其生产经济方式中所占比重较大。这种生产经济方式不可能产生过多的剩余价值，所以极少发现随葬品丰厚的墓葬。出土的毛织物也几乎全部是墓主人穿着的随身衣物，其中许多还是生前就一直穿用的，上面缀着补丁，留存有生活污垢。这些毛织物所受的更大损害来自尸体自溶的渗出液。被尸体渗出液污染的毛织物变得黑而硬，部分或完全失去织物原有的光泽、柔韧及染色的色彩。所以考古发掘出土的毛织物的质地都有不同程度的朽坏。尽管如此，这些埋藏了数千年的毛织品出土时，大多仍留存有相当的强度，丰富而艳丽的色彩（图1-20），是研究古代畜牧业、纺织、染色、服饰等多种学科的珍贵的实物标本。

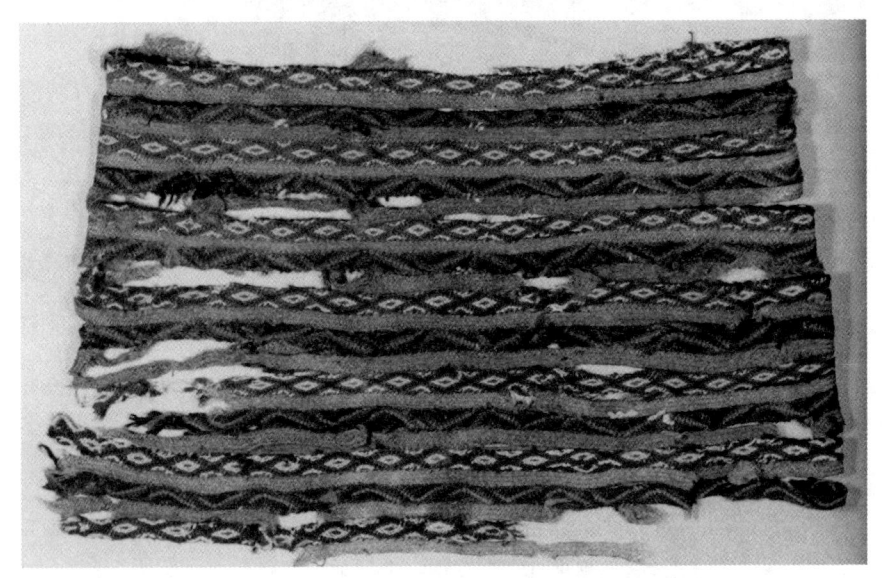

图1-20 毛织品遗物

毛织品是中国新疆地区传统的纺织物。由于这里自古畜牧业发达，从步入文明时代起就以毛织品为主要衣着原料。目前，考古发现最早的毛织品是距今3800年孔雀河古墓沟出土的毛布和毛毯。哈密五堡和焉不拉克、鄯善的苏贝希、吐鲁番的艾丁湖、和静的察吾乎沟、尉犁的营盘、且末的扎滚鲁克、若羌的楼兰和米兰、民丰的尼雅、于田的克里雅和屋于来克、洛浦的山普拉、巴楚的脱库孜沙来等墓葬和遗址也都发现了大量的毛织品，这些毛织品的组织种类众多，纹样图案化特色鲜明，保存状况较好的毛织物数量也很多，仅山普拉一地出土的保存完整或比较好的具服饰价值的毛织物就达160余件。

毛织物的处置方法：

第一，潮湿的环境下出土毛织物的处置方法。

潮湿可使植物纤维膨胀而软化，但是动物纤维浸在水中并不一定会损毁。目前笔者尚不了解这方面的实例。

第二，干燥条件下出土的毛织物的处置方法。

①墓内环境的采样分析：墓葬未打开之时钻孔采集墓内气体及温湿度数据进行分析；打开后采样分析墓葬土壤的盐分构成，含水率及密度。

②就毛织物在墓葬内的状况照相、绘图、摄像、编号并做规范化的文字记录，建立保护档案。为减少文物在外界的暴露时间，该项工作最好与考古发掘的信息采集同时进行。

③采用托板法起取，然后用软纸包装，包装纸外贴填有起取时间、地点、对象名称、编号等内容的标签；装入聚乙烯袋封口；再放入硬质包装盒，用软纸或泡沫塑料填塞文物与包装箱间的空隙，包装箱外再粘贴与包装纸外内容相同的标签。

④运输过程应慢速，力求平稳。

（五）纸张

考古现场出土纸质遗物的保护问题十分棘手，纸质遗物的保护比其他有机材料的保护要求更高。发掘出土的纸张，由于在地下埋藏时间长，本身已经降解、破坏严重，加之地下土壤中微生物的孢子附着，出土后伴随环境的改变，纸张会发生失水、长霉等病变。失水后的纸张最终只会"灰飞烟灭"，不复存在，即使侥幸保留下来的也多面目全非，无法辨认。因此在考古发掘现场对纸张进行第一时间的抢救保护是十分关键的。

第一，潮湿地区考古发掘现场出土纸质遗物的揭取保护，与纺织品的现场揭取、保护方法类似，解决问题的关键在于现场出土遗物的保湿。纸质遗物的发掘要求更加细致小心，对于难以在现场直接清理的可以进行整体揭取，保湿运回实验室，进行发掘整理和处理保护。

第二，干燥地区考古发掘现场出土的纸质遗物，出土时含水率极低，水分几乎全部被蒸发。纸张仅保留形状，在揭取过程中，应该保留其原形不变，放入备好的玻璃容器中。容器应有良好的密封性能，内放干燥剂，保持纸质遗物存放环境与出土环境相似。

（六）竹木简

第一，整体起取方法与程序。

在墓室中保存的状况比较复杂。由于墓葬及椁室坍塌，积水甚多，致使腐朽的竹木简被挤压成饼块，紧密地粘连在一起；有的与淤泥杂贴在一起；有的收缩、变形、开裂，使之失去了原貌，但也有的竹木简因按顺序排列置放而保存得较好。

竹木简是由竹木纤维组成，由于地下水的影响，竹质内部可溶性物质基本被溶去，竹木纤维有着不同程度降解，质地疏松，加上吸饱了水分，重量增加，使得有些竹木简如面条一样，依靠自身的强度是无法起取的。

从竹木简本身来看，由于记录文字，每枚竹木简之间必然存在着前后顺序关系。

对于成束或多枚放在一起的竹木简，在起取时保存它原有的状态是十分重要的。

对于成束、成片的竹木简应尽可能一次全部起取出来。当竹木简与器物交叠时，先清理竹木简外围的器物，使其完全暴露出来，然后决定如何提取。如无法一次提取，可根据竹木简出土时的实际情况分成几批，分别取出，保证其完整性，并记录各批次竹木简相互之间的关系。起取时一般用薄竹刀或牛角刀从竹木简最下部的一端将其与底层轻轻地剥离，一边剥离一边插入塑料托板，待塑料托板已将竹木简托住后，再从塑料板下面插入木板将竹木简托起。竹木简四周的污物可用去离子水小心冲洗干净。起取出来的竹木简千万不要浸入盛满水的容器内，以免扰乱排列顺序。最好在竹木简上面铺一层饱含水的脱脂棉以保持湿度，外面再用塑料薄膜包裹，然后送实验室处理。

清理程序要注意保持出土时的原本状态。对于有文字简，体外侧的泥土不宜进行剔剥处理；对于较为散乱的简体，也要尽可能地保持其原始排列次序。不能随意改变或移动原有的放置方位和角度，更不可任意拾取与组合部分缺少连带关系的零散个体。对于上述出土状态需要进行适当地可逆性材料预加固，将该范围内出土的全部简体整体取回室，如长沙马王堆一号墓出土的简册，因其均是放置于漆器之上，许多支简已经脱落散开，采取的方法就是按照它原本之状态整体取出，在室内进行清理处理的时候，参照某些局部比较完整的排列顺序，方可以将全部简册较为合理地恢复原位，使之复原编排为一个整体。

第二，个体起取方法与程序。

如果竹木简出土于比较深的窖藏或水井，由于环境及操作场地的限制，整体起取几乎不可能，那么，只有采取逐一个体的起取方法。

①根据埋葬区域的规模，按照考古现场发掘的相关程序，将遗物的出土平面剔剥清楚。

②利用先进的资料收集手段，把平面的出土状态完整地记录下来，如绘图、影像拍摄、三维模型构建、文字描述等。

③将遗物平面分作若干区域，于其中的一个区域内进行个体起取，每一步骤起取过程的资料收集工作不能间隔，把每一简体的埋葬位置和角度充分表现出来。

④该区域所有暴露（全部和局部）简体被清理完毕为起取的第一层，此后再起取相邻的另一区域。

⑤起取的每一简体都要进行编号，使用柔软纸张予以稳妥包装，放入硬体包装箱内加以密封，保证箱内的湿度或干燥程度。

⑥遗物的第一层被揭露起取完成之后，依照上述办法与方式进行第二层的操作。

⑦起取过程的资料收集工作十分重要，对遗物所采取的纵向和横向的记录形

式，能够为今后的简体排列提供有利条件。

（七）漆木器

南方的漆木器多出土于墓葬之中，出土时绝大多数处于饱水状态。对现场出土的饱水漆木器，如在空气中长时间地暴露，其各个环节部分因水分蒸发及干燥速度不均匀，往往会造成局部变形和断裂，故此，首要保护措施是一定要保持其出土时的饱水状态（图1-21）。田野现场的环境一般都不具备处理的条件，能够尽快完好取回室内是处理好漆木器的先决要求之一。作为一项临时性的保护方案，短期内实施保存行之有效的处置方法有以下几步。

图1-21　饱水漆木器

第一，水墓的清理。

先将积水抽出。抽水部位的选择和抽水量的确定应视具体情况而定，以不损坏遗物，易绘图、照相，又能安全地起取器物为宜。对一些大的墓葬椁内空间较深，在椁板上无法取到遗物的，应置放安全跳板，工作人员应在跳板上将遗物从墓中一件件地取出。根据考古发掘的要求，一般是取一层器物需进行绘图、照相、录像，待资料工作收集完成后才能进行器物的清理。如此反复直到将最后一层遗物取完，待见到椁底板且能安全下脚后，方可撤出跳板。抽水也可与起取遗物同时进行，因为有些器物需借助水的浮力才能安全起取。

第二，淤泥墓的清理。

与清水墓的清理工序大致相同，但较清水墓的清理难度大，主要是先要去除淤泥，如果淤泥上面有水，还要先将水抽掉，然后再去除淤泥。去掉淤泥后的清理工作与清水墓同。需要注意的是：一是在去掉淤泥时一定要小心，注意不要伤害遗物；二是由于器物相互交错，一定要待器物全部暴露清楚后再提取；三是先易后难。

第三，器物提取。

根据不同出土情况，采取不同的提取清理方法，一般的做法如下。

①对一些质地保存较好的遗物可直接提取，放到事先准备好的托板上。

②对一些保存较差的或器物体积较大的，可采用托取法进行处理，即先用大小合适的托板将器物稳妥地移到托板上固定好，然后连同托板将器物取出。

③对一些特大件遗物，可先借助水的浮力进行完整包装，待其他遗物取完后进行吊取。如随州雷鼓墩战国墓中的彩绘大漆棺，就是将其他器物全部清理干净后，再放水进去，借水的浮力包装吊取的。还有凤凰山 M168 西汉墓中的套棺，天星观 M1 战国楚墓中的大瑟等，都是利用水的浮力进行包装后再取出的。

④对一些质地保存较好、器物较大、胎质较薄的器物，如竹席，可用卷取的方法进行揭取。具体操作是：首先在竹席的表面盖一层皮纸或细布，防止在卷取时竹席相互间摩擦而受损害，还必须事先做一个卷筒作为竹席的载体。载体的要求：表面应较软，对器物不会有损伤，但又要有一定的机械强度，载体直径不小于 10 厘米，因竹席质地已腐朽，折叠强度很小，卷取时易折断。操作时，将竹席从一端开始卷上卷筒，边卷边剥离，直到将竹席全部卷到载体上为止。如包山 M2 号战国楚墓椁盖板上的竹席，长 460~530 厘米，宽 360~380 厘米。卷取完毕，应在表面包一层潮湿的泡沫，再在潮湿泡沫的外面包一层聚乙烯塑料薄膜进行密封，以防干裂。

⑤对一些较长的器物，如兵器杆、木棒、竹竿等，有的长达三四米，部分短的也有一米多，可采用托取的方法，先将器物在大小合适的托板上固定好，再连同托板一并取出。在墓内用托板不方便的，待其他遗物清理完毕后，再进行托取。

⑥对一些相互叠压复杂的，无法在现场弄清其相互关系，可先将四周的器物清理干净，然后用铲取的方法，整体运回室内进行清理。如荆门包山 M2 战国楚墓中南边箱的车马件，当时漆皮很多，相互叠压复杂，在现场无法清理，就是用的整体铲取法进行清理的。结果在室内清理出了完整的马胃、马甲和车幔等漆器和丝织物，在现场清理是绝对不可能将器物清理完整的。

⑦将所有的遗物完全取出后，还要对整个棺椁内进行一次全面的再清理，如果是淤泥墓就更要注意这一点。经再清理后，才意味着野外发掘清理工作结束。

第四，临时维护措施：尽量模拟与地下墓室环境条件。

①防失水干裂，选用含水塑料泡沫或湿布覆盖器物。

②防阳光照射，选用避光性能好的材料。

③防结冰干裂，选用保温性能好的材料。

④对于无水墓葬出土的器物，不能用水泡，而要选用保湿的办法处理。

第五，包装与运输。

如何将墓葬中取出的漆木竹器安全运回室内，也是考古发掘现场清理工作的重要环节，即如何包装、运输。

①包装：根据器物的具体情况，如大小、不同质地等进行分别处理。一般情况下，选用吸湿率强、抗拉力好的材料，将器物包装好。再用含水塑料泡沫包好，最后包上塑料薄膜或放入封口塑料袋装箱。填实箱内空隙，防止运输震动。

②运输：运输工具应采取一些必要的防震和固定措施。另外，在运输途中车速不宜太快，力求平稳，防止遗物碰伤或毁损。

（八）漆木器（蚌饰镶嵌、绿松石镶嵌）

北方地区和南方地区出土的漆木器，其埋葬条件和环境均有很大的区别。由于时代久远，其木质胎骨部分早已腐朽而不复存在，只是留下了原本涂饰于器表的颜料层。如果彩绘层保存比较好，剔剥清理方法和措施也能够恰到好处，那么，遗物的外观形体结构则可以清晰地显露出来（图1-22）。如何将此种仅仅存在着某种所谓"器型"之痕迹剔剥和起取完整，则是件非常困难的事情。

图1-22 漆木器出土情况

第一，个体器型内层清剔方法。

①发掘时经过工具刮削，首先在填土的平面上可以发现"器型"口部或底部的大致轮廓。然后，使用竹木制工具从器口内侧缓慢进行剔剥以清理出器体内的淤土部分，同时需保留距离外侧漆皮0.5~1厘米厚度的土层。

②待到适当深度，再用竹木制小剔刀将前阶段预留的附在木胎灰迹上的淤土剥离下去（同时应注意了解灰迹断面的结构情况），使漆皮和木胎灰迹层保留于器表外部的填土上面。当剔剥到器底时，四周的漆皮层完全暴露，遗物的形状被确定下来（图1-23）。

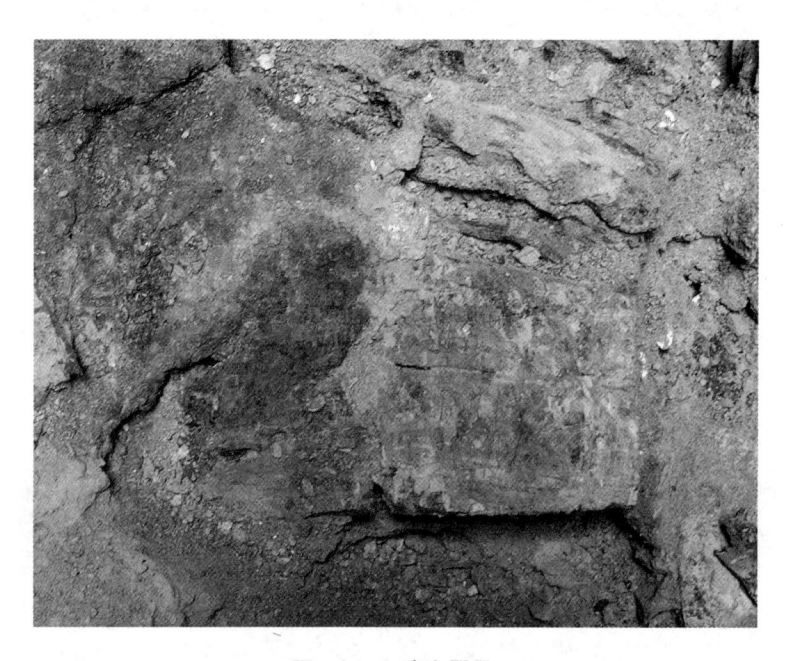

图1-23 漆木器具

③使用土质文物加固剂（3%31J丙烯酸非水分散体加固剂）滴渗于颜料层面上，并促使其互为连接形成保护膜。待加固剂定型后再涂刷一层较浓的桃胶液（该胶液为水溶剂，依据土质干湿程度和吸收能力，确定胶液浓度），当胶液处于半干燥程度时，将调制合适的石膏浆加工到"器型"的四壁内，作为遗物的支撑体。根据遗物型体规模确定石膏层的薄厚程度，一般中型遗物其厚度有2厘米左右即可。桃胶作为一种植物胶，特点是耐久性能良好，可以长期保持凝固状态。

④桃胶凝固后连同木胎灰迹和漆皮层一起被贴附在石膏内胎表面，此时可以把"器型"外围的填土剔剥下来，漆木器的外观原有形貌则完全被清理出来。

⑤使用3%31J丙烯酸非水分散体加固剂全面加固器表的漆皮层。

⑥取回室内，存放于恒温恒湿的良好环境中，尽量避免强光照射以及灰迹

污染。

如果是器型较为复杂的已朽木质遗物，则可采取分段剔剥清理的方式进行。例如豆型器，其两端均呈喇叭口状，上半部分按照上述方法剔剥至器型中腰处，从其口部加固、贴附石膏浆，使用匣取之方法将木豆整体套入木箱中，反转之后从其遗物底部开始进行剔剥清理，滴渗加固层及石膏浆操作程序结束之后，再对遗物外表的彩绘层进行加固处理。

第二，群体漆木器的清剔方法。

在某些墓葬发掘中，常见由数件组合成套的木器，如何作为一个整体将其剔剥清理出来，对于搞清楚相互之间的组合关系则至关重要（图1-24）。

图1-24　群体漆木器

①首先需要从填土平面把所有遗物的口部查明定位，明确每一个体的相应位置。

②待资料的收集工作结束之后，将其他材质的遗物先行取出，留下相应的操作空间。

③采取套箱的方法将这一部分木质遗物起取出来（实施方法在前面已有过具体描述），放置在易于操作的环境当中。

④为保持木箱内的潮湿程度，防止土质出现干裂，需要将木箱的顶部和一侧打开，随时往填土中喷洒适量的水分。

⑤选择一处没有置放遗物的空白区域，将填土清理至墓底，从一侧横向地进行剔剥。当已经触及第一件遗物时，对其显露的漆皮部分，及时使用稀释之桃胶乳液予以滴渗加固处理。待整体器型被清理完成后，使用3%31J丙烯酸非水分散体加

固剂对器型实施全方位的加固处理保护。此前的各个清理阶段都需要留取详细完整的文字及图表资料，为后期制作模型提供必备条件。

⑥待加固剂完全凝固并具有了一定强度，使之能够形成一个十分牢固的型体，将其取出。

⑦对于已经残破的和在剔剥清理过程中形成缺损部分，于现场使用凝固效果比较好的石膏浆（加放适量聚醋酸乙烯乳液，增加石膏凝固之后的强度）对其进行补配复原，使其恢复原有的基本器型。

⑧第一件彩绘木器的操作程序告一段落，按照上述清理手段对此后的数件依次进行剔剥处理。

（九）纺织品

考古发掘现场出土纺织品多为墓葬中的织物，且多是死者的衣服、饰物及葬仪用的物品等，这其中占有相当比例的材料属于动物和植物纤维。该物品经过相应时期的葬埋，多数已经趋于朽腐，即使能够保留下来的部分也残损不全。清理时应该反复推敲认知了解织物成品原有的结构与形制，准确及时地保留详细的原始资料，然后着手进行清理和起取。

考古发掘现场出土纺织品遗物时，应及时采取网托办法整体转移到室内，在避光、低温的环境中进行揭取。避光是因为纺织品中的丝纤维对紫外线很敏感，会发生光氧化降解，使之断裂。织物上的染料也会加速氧化褪色。低温则是为防止织物出土后发生霉变。出土时漂浮在水中的织物，一般可用纱网托捞起取，放于室内避光处缓慢干燥。如果棺椁内发现有纺织品，并且棺内有大量积水，应首先将积水排除，否则棺内织物在吊装和运输过程中，积水的强烈晃动可造成织物的移位及损坏。

第一，纺织品揭取要掌握好揭取时的干湿程度。

一方面如果在饱水状态下，纺织品几乎没有机械强度，织物如烂泥状；另一方面，如果纺织品含水率过低，也不适于揭取，在湿度过低的情况下，纤维壁很脆，机械强度很差，纤维无弹性，不耐折、压。这时揭取，也会造成织物断裂，甚至成粉末状。因此在揭取出土织物时一定要准确把握湿度的尺度。

①将织物用卷曲的方法，按顺序由外及里、由上而下进行揭取。用卷曲的方法是为了使织物受力均匀。

②穿在尸体身上的衣服，由外向内一层层的用卷曲的方法进行揭取，展开。

③对黏附于棺椁上的薄质织物，可用湿的、强度好的纸张，均匀刷上浆糊，贴于织物。略干后，揭取下来。再用揭裱字画的方法去纸后，装裱保存。

第二，在地下环境干燥的新疆等地区，问题相对简单。

西北干燥地区古代纺织品是干燥埋藏，干燥出土。这些长期埋藏在干燥条件下的织物，一般都保存得比较完好，也易于起取。例如在新疆沙漠地带民丰的尼雅、楼兰和吐鲁番阿斯塔那等地所发现的汉唐丝绸，这些遗物的质地、颜色保存大都比较好，纤维还具有相当好的强度，颜色也鲜艳。不过，在起取过程中应该注意过于脆弱的纺织品不可以卷叠，防止纤维断裂，起取后放入干燥剂以保持其原有的干燥环境，注意避光保存。

如果现场织物的数量比较多，短时间内难以弄清和解决这一复杂问题，可以采取遗物套箱的方式将织物妥善取回室内再进行处置。

如果仅仅是保存着某些零星碎片，也不应该简单轻易地舍弃，即便是织物已经炭化或者被火烧成灰迹的残片，也要尽最大可能地收集起来。虽然是微不足道的几个小残片，往往也能够鉴定清楚它的种类和品相，甚至可以寻找到某种具有重要价值的织物标本。

四 甲胄、玉衣

（一）金属甲胄

考古现场出土的金属甲一般分为两种情况，一是整套或数套比较有规律地码放排列于相对范围内，二是胸甲、背甲、袖甲等不同部位呈散乱状单独存在。清理时应注意相互之间的连接方法与形式，根据锈蚀程度确定是否需要于现场应急处置，具体处理及起取方法见金属遗物采取的相关措施（图1-25、图1-26）。

图1-25 出土铁甲

图 1-26　出土铁胄

(二) 皮质甲胄

甲胄现场清理办法与皮革制品略有不同，甲胄由若干不同形状的个体组成，能够清楚它们之间之连接方式是解决处置问题的关键所在，所以，保持原始形貌就显得尤为重要。具体处理及起取方法见皮革遗物采取的相关方法和措施（图 1-27）。

图 1-27　出土皮甲

（三）玉衣

玉衣一般出土于秦汉时期的埋葬，如果保存完整的话，全部不同位置的玉片可达数千片之多，保持出土原始状态对后期组合复原具有十分重要的意义。所以，尽可能采取整体起取的方法将其移至室内。

第一，起取之前需要进行绘图、照相，并对边缘区域的散乱玉片逐一编号记录。

第二，制作一规格合适的木箱，在箱底铺设相应厚度的衬垫物体（聚苯板和海绵），此上再铺衬数层纸张，备用。

第三，使用若干条铁丝一字排列，从玉衣下方横向穿插过去，将其抬入箱体之内。

第四，于玉衣上方铺设数层纸张，使用发泡材料将其整体包装，此后固定箱盖，防止运输过程中玉片的移位散乱。

五　植物遗存

植物遗存（籽粒、果实、茎叶等），在发掘现场发现的植物遗存，一般情况下不宜采取任何处置保护方法，防止环境及人为地造成污染影响，只需将其放入玻璃包装内即可。

六　样品的采集与包装

（一）样品的采集

在考古遗址发掘中，既有肉眼看得见的与人类活动有关的遗物，也有肉眼看不见的与人类活动有关的遗物。

第一，采集遗址周围的典型自然沉积物或遗址文化区范围内的受人类活动影响较小的文化层，进行古植被、古气候等古环境复原，进而研究环境演化与区域古文化之间的关系。

第二，通过典型考古遗址中的土壤样品（根据其研究目的，可采遗迹、遗物及文化层中的样品），分析考古遗址的人类活动状况，然后与未受人类活动影响的反映自然环境变化的泥炭、沼泽、湖泊等典型剖面的孢粉进行对比，探讨当时的农作物种植、农田耕作范围、牧草的种植、放牧活动、器物的功能、获取植物性食物的种类、森林砍伐等人类活动特点。但是在讨论农作物种类、农业起源与发展、古人类对周围植被的利用及影响等问题时，应与植物遗存的浮选、植物硅酸体分析、人骨的食性分析结果相对比，互相验证，才能得出准确的结论。

（二）样品数量

采样最好是从剖面底部向上依次进行。采样间距应根据实际情况，如考虑文化层的分层延续时间、堆积厚度、堆积物的岩性岩相变化、沉积速率等。原则上每一堆积层至少采集 2 个或 2 个以上的样品。关于采样量，黏土、亚黏土、亚砂土应采 100 克左右，砂、沙砾应采 150 克左右，泥炭应采 30 克左右。

（三）样品的防污染处理

采样时动作要迅速，及时使用锡箔包装，将其装入玻璃器皿或封口袋内，以免飞进现代花粉。并且需要保湿和避光保存，用油笔在塑料袋上记录名称、样号、采样深度、文化类型、采样日期、采样者等信息。

（四）特殊样品采集注意事项

主要是指动物的骨骼样品。依据 DNA 检测分析的要求，样品的纯度需要十分精准，不能受到自然气候条件和人为因素的影响。样品起取工具与包装用品须非常干净，不能带有任何污染源。

针对上述六个类别遗迹遗物的出土状态，采用何种技术线路和方法手段，把出土现场遗迹遗物的处置保护工作做到位，是考古现场出土遗物应急处置保护的主要工作重点。

第三节　遗迹遗物起取

"起取"一词是指将遗物从土里剥离出来的过程，它是遗物出土后的第一次移动，需要将保护对象在保持原来结构和形态的前提下，原封不动地从遗址或墓葬中迁移出来。起取质量的优劣，直接影响以后的保护修复工作，它是考古发掘现场保护技术的重要环节。整体起取一般有箱取法、插板法和托网法。

一　箱取法

箱取法又称"套箱法"，是在考古发掘现场应用最广泛的一种手段，即将需要起取的遗存同周围的土分割开来，然后套上木箱，再将底部掏空，使遗存能够安全顺利脱离发掘现场之方法。

整体起取的操作方法。

第一，选择具有重要学术研究价值、骨质较好及保存完整的骨架作为起取标本。把骨架上方及周围的泥土剔剥干净，暴露出其总体部分的二分之一。

第二，根据骨骼现有的规格范围，沿其外侧四周挖一道宽度和深度均为 30 厘米左右的沟槽，沟槽内侧的土壁一定要修饰整齐，使中间部分形成一个凸起的土台，将大小适度的木箱框套于土台的四周。箱框板的厚度要与箱子的规格成正比。一般起取一个单体的人骨架，所用木板的厚度大约 3 厘米即可。四侧箱体的高度要超过骨架的平均高度 5 厘米左右。于骨架上方衬垫比较柔软的纸张，纸张表面再铺设一层软质聚乙烯塑料薄膜，薄膜之上需要铺设一层细沙土（便于此后清理时容易识别）。箱体内侧与土台之间的缝隙，使用潮湿的粉状泥土进行充填，并利用工具将此打压牢固，目的是让两者互为连接成为一个整体。随后就地取材，将挖取沟槽堆积起来的泥土回填至箱体之中，稍加拍压，使之与四侧箱体同处相应高度，把盖板扣合于箱体之上，用螺丝钉使盖板与箱体相互连接加以固定。

第三，安装底板，单个底板宽度不宜超过 20 厘米。依照第一块底板之宽度沿箱体底边把此处的泥土向内实施平行掏挖，使箱体底边处于同一水平。使用加工成长条状的扁铁予以固定。在箱体下方悬空部位用硬质物品充垫支撑，使整个箱体形成一个绝对的稳定体。按照上述方法和措施，依此类推，完成全部操作程序。另外，在操作时对箱体尽可能地避免剧烈的震动，防止造成箱内填土松动以及骨架相应位置的变化，让箱内遗迹遗物完全保持出土时的原始状态。

二 插板法

又称"托板法"，是指在需要起取的遗存下插入薄板，而将欲起取的遗存放置于板上整体取出，以便回到室内做进一步的清理。插板法通常用于体积较小、重量较轻的遗存。另外当遗存是安置在砖石等坚硬的基础之上，不能采用箱取法时也可以考虑使用插板托取的方式。目前插板法应用最广的就是墓葬中随葬简牍或其他成组物品的清理。过去使用的插板多是木质的三合板或五合板，现在薄板的材质很多，其中具有一定硬度和韧性的金属板或塑料（树脂）板，都可以作为插板来使用。为了便于插入土中，最好将插板的前端制成比较锋利的刃状。插板法的关键是要固定拟取对象，使之保持出土时的原状而不能变形。故此，为配合插板法的使用，可考虑采用干冰或液氮冷冻的办法先对拟取对象进行冷冻处理，然后在进行插板操作。

三 托网法

所谓托网法，是插板法的一种变化方式。需要完整起取的遗存，往往并不是在一个平面上，如果起取对象之下还会有遗存，则不宜使用插板的方法，于是在工作实践中，工作人员就逐渐摸索出托网法。托网法具体来说就是在需要起取的遗存下面，用细铁丝按照遗存的实际形状逐一插入，最后将这些铁丝编结在外围的粗铁丝上形成网状，则可以托起需要起取的遗存。托网法的好处在于可以利用较小的缝隙插入承托物，由于铁丝具有良好的韧性，可以随形而曲，这样就可以尽量避免对下面或周边的遗存造成破坏。

第四节　应急处置和保护所需材料、工具及用品

第一，加固材料。

丙烯酸类三甲树脂、丙烯酸类合成树脂（PB72、B44、NAD-10，用以金属类遗物）、聚醋酸乙烯酯乳液、502快速黏接剂、环氧类合成树脂（10分钟快干型黏接剂、10分钟硬化黏接剂）、丙烯酸非水分散体加固剂（250M、31J）、MH系列土质遗物加固剂、NS系列土质遗物加固剂、PS系列土质遗物加固剂。

第二，稀释材料。

丙酮、丁酮、环己酮、无水乙醇、去离子水、甲醛（防霉）、干燥剂。

第三，包装设备和材料。

封口机、便携式电焊机、聚氨酯（氨基甲酸乙酯）发泡剂、聚苯板、脱脂棉、柔软纸张、锡箔纸、密封袋、绳带、包装箱盒、三角铁、扁铁、槽钢、各种型号的螺丝钉和铁钉。

第四，常用仪器。

便携式硬度仪、便携式pH值检测仪、便携式湿度检测仪、盐分检测仪。

第五，常用工具。

便携式（充电式）电动工具（电钻、切割刀锯、电刨、加热吹风机）、便携式气泵（蓄电池）、具有不同功能的（电动工具箱、手动工具箱）手动工具及杂物若干、千斤顶（负荷2吨、数量8个）。

第六，一般用品。

玻璃器皿（量杯、烧杯、磨口瓶、滴管、包装试管）、刷子、吹球、油画笔、毛笔、胶带纸等。

第七，防护用品。

口罩、面罩、手套、操作服装、防滑鞋、遮阳伞、移动遮阳篷等。

第八，记录系统。

笔记本计算机、数字照相机、胶片照相机、红外紫外照相机、数字摄像机、3S记录系统。

第五节　出土现场环境控制

一　遗物的埋藏环境及其变化

在遗迹遗物的埋藏环境中，土壤的腐蚀能力与土壤的含氧量、含水率、温度、电阻率、可溶性盐类种类与数量、pH值、有机质与微生物的存在等因素有关。因

此，埋藏环境对遗物的腐蚀情况十分复杂。

地下埋藏环境的平衡体系对于地下埋藏遗物的保存非常重要。影响平衡体系的因素有自然因素和后期人为因素。自然因素方面，由于客观原因很多地区很难形成地下埋藏环境的平衡体系。主要原因有土壤的通气能力一直存在，不能做到断绝氧气；土壤含水率也会随着地下水活动或降水而相应地变化，遗物随着含水率变化而反复进行着膨胀与收缩的变化；地下微生物与昆虫的活动也在不断地进行着，遗物一直经受着它们的侵蚀。在这样的埋藏条件下，多数埋藏遗物会被深度腐蚀，甚至被完全腐蚀殆尽。例如在中原地区的墓葬中，很少出土比较完整的有机质类遗物，如丝绸、竹木漆器、尸体，有时连尸骨也被腐蚀光了。这些都与平衡体系的不能建立有直接关系。人为因素方面，主要指考古发掘对地下埋藏环境的平衡体系所造成的影响。在考古发掘过程中，随着遗物埋藏环境一层层地被剥离，这种多年建立的平衡体系被打破，遗物将面临新的保存环境，面临新的环境腐蚀。

自然因素是客观的，已经发生了的，不以人们的意志为转移；人为因素则是相对可控的。在考古发掘清理和保护过程中，及时对遗物地下埋藏环境进行检测分析，根据检测结果提出良性的保存环境方案，以最大限度地阻滞或停滞遗物劣变速度则是可行的。

遗物与埋藏环境建立的平衡体系，必须根据埋藏环境土壤、水质、微生物等多项分析来确定。故此，在遗物出土现场的应急处置和保护实施过程中，应对遗物本体和周边土壤的成分、含氧量、含水率、硬度、温度、电阻率、可溶性盐类种类与数量、pH值、有机质与微生物等同时进行全面检测和采集，进而提出针对出土遗物保存保护环境的应对方案。

二　遗物出土后的环境变化

遗物在出土前后是必然要经过一次存在环境的改变，这种改变与其地下环境和地上环境的差别有直接关系。遗物在地下经过若干年的埋藏，地下的埋藏环境基本处于平衡状态，能够使遗物相对较好地保持其原始状态。但是一经发掘出土，这种平衡状态被迅速打破，各项因素变化给出土遗物的承受能力带来巨大考验，如果这个变化超出了它的承受能力，遗物将受到不同程度的损伤，部分遗物恐怕难以恢复其原始形貌，所以在考古发掘现场进行及时的处置和保护是十分必要的。

在遗物出土的同时，迎接它的地上环境与地下埋藏环境却是截然不同的。具体表现为以下几点。

第一，含氧量变化。

遗物出土后面临的是含氧量丰富的空气，原来遗物与地下环境形成的氧化还原平衡体系被打破了，遗物开始迅速地进行氧化反应。这一点对于有机质类遗物尤为明显。

第二，温湿度大幅度变化。

出土遗物所含的水分在短时间内大量蒸发流失，这种流失在遗物不同部位的不均衡性，导致遗物体积的湿胀、干缩现象的出现，造成遗物出土后干裂和变形。

第三，光线的影响也非常突出。

遗物出土后，直接面临阳光的光分解、光氧化作用，导致出土遗物的各项化学变化加速。例如，有机质类遗物和带有彩绘的遗物，经常会发生质地材料颜色加深、表面彩绘变色、褪色现象。

第四，面临地上环境中各种生物类的危害。

空气中飘浮有大量微生物的孢子、植物的种子、昆虫的虫卵，有的可能是在地下埋藏环境中本身带有的，它们会在出土遗物表面迅速地滋生，给遗物带来很大的损害。

三 出土现场环境控制

鉴于上述原因，遗物出土现场应急处置除必要的样品采集与检测外，对于大型的周期较长的发掘项目，在条件许可的情况下，还应通过保护棚的方式构建对出土现场环境控制的措施。具体有以下几点。

（一）含水率保持

对于出土有机质遗物而言，水分流失速度对其形态的改变有很大影响，但是湿度大又会带来潮湿环境下的病变，这个矛盾是考古现场应该重点解决的问题。对降水的预防比较容易解决，通常是建保护大棚。但要控制遗物水分流失的速度，就要严格控制考古现场空气中的相对湿度，而控制空气湿度就必须搞好保护大棚的密闭性与通风性能。

（二）温湿度控制

利用空气调节装置，进行日常温湿度监测与调节。对于条件比较差的工作环境，就必须结合当地气候条件与工作日程来宏观调整。

（三）空气净化控制

灰尘与大气污染对正在发掘的遗物是有很大损害。在考古发掘现场周围，应该尽量阻断大气污染源。对于保护大棚的门窗尽量进行密封性处理，安装过滤网，对空气中的有害气体、灰尘、悬浮颗粒物进行净化过滤，进而可以长时间地保持遗物表面的清洁与化学性能的稳定。

（四）发掘现场采光中紫外线的过滤

在考古现场的保护大棚中，通常采光是利用太阳光的射入，而阳光中的紫外线含量很高，对遗物表面，特别是有机质遗物影响较大。对于保护大棚，我们可以用紫外线吸收剂处理大棚透明部位，减少紫外线射入。没有保护大棚的发掘现场，就必须采用带有防光涂膜的遮阳伞消除紫外线对遗物的危害。

第六节 遗迹遗物包装运输

从考古现场起取的遗物如何安全运回室内，也是室外清理和处置工作的重要内容。主要包括两个环节，一是包装，二是运输。

一 包装

包装应具有物理保护和化学保护的功能。就前者而言，需要使用防震材料包裹遗物，以避免磕碰。至于化学方面，则要使用不会释放酸气、不受微生物侵害的非污染性的材料进行包装，以达到化学保护的目的。聚乙烯是一种非常有效的化学保护材料，密封后能够防止潮湿气体及污染物的入侵。通常是将遗物装入聚乙烯口袋，然后放到一个硬质的容器中。包装过程避免使用部分易吸收其他物质引起化学反应的材料，如报纸、印染织物、卫生纸及金属材料制成品。另外，遗迹遗物的外包装上需要书写一张物品名称及应急处置的技术卡片。在卡片上详细地填写遗物来源，于处置期间采取的操作处理、分析、取样等技术过程。并在外包装的醒目之处标画出物品的注意类别，如易碎、防潮湿、严禁倾斜和倒置等。

二 运输

运输遗物的工具应该采取一些必要的防震措施。目前此类材料比较多，可在运输工具底部衬垫一层较厚的泡沫，泡沫之上衬垫海绵。运输工具的四周及个体之间也要置放间隔防震材料，在运输途中车速不宜太快，力求平稳，尽量减少不必要的伤害及损失。

第二章

土遗址的加固处置与保护

第一节 概述

土作为自然界中分布十分广泛的天然材料,是人类最早接触和最容易获得的材料,因此,人类在早期生产生活中对土的利用非常普遍。以土为主要使用材料的土遗址是目前能够保存下来的早期人类文明遗迹,是具有历史、艺术和科学研究价值的文化遗产。土的自身物理力学性质和建造工艺决定了土遗址的脆弱性,在长期自然环境作用及人为等多重因素的影响下,绝大多数土遗址普遍存在着不同程度的侵蚀病害,日益严重威胁着这一文化遗产的外观形态和内部机理,亟待采取积极的方式加以保护和利用。采取科学保护方法和技术挽救这些濒临危险的土遗址,是目前古遗址保护中的一项紧迫任务,但中国土遗址处理保护方面之工作开展的比较晚,探索研究也不够深入和系统。因此,土遗址的保护亟须强有力的科技支撑和考古、文物保护界的仁人志士积极广泛地参与。

经过文物保护专家学者若干年的不懈努力,目前取得了较为丰富的研究成果,也为土遗址保护关键技术研究找到了前进的方向和思路。土遗址包括一切人类活动遗留下来的由土和以土为主的遗迹和遗物,所以土遗址的保存形式主要有两类:露天保存和经过发掘之后的地下遗存遗迹。土遗址的特点是其外观的脆弱性和内在的不稳定性,在其他领域并未引起重视的现象则有可能成为导致土遗址损害的重要因素。

国际土遗址的保护开始时间相对较晚,所做工作也较少。真正意义上的土遗址保护是在20世纪60年代以后。目前国际上土遗址保护研究的主要机构是国际古遗址理事会(ICOMOS)下设的土遗址保护专业委员会。另外,设在意大利的国际文物保护与修复研究中心(ICCROM)与美国的盖蒂(GETTY)保护所等对土遗址的保护也有一定的研究。

国内土遗址保护工作开展更晚,20世纪80年代末才开始在少数几个文物部门进行土遗址科学保护试验研究。文物保护工作者为此进行了不断的探索和总结,至

21世纪初，土遗址保护工作取得了长足的进展，所涉及的研究内容越来越广泛，且部分成果也达到了较高水平。土遗址的研究主要集中在以下方面：研究土遗址的病害及破坏机制，如病害成因研究（诸如温度、湿度、降水、地震、动植物等自然因素对遗址土体产生的破坏作用）；土遗址的风化机制研究；研究发掘与现场保护；环境和土遗址的关系研究；现代的测试手段，近景摄影、航空遥感、地震物探、声波仪等的大量应用，极大地推动了土遗址保护项目的发展；研究土遗址的建筑形制，对土遗址的保护加固技术做了大量的室内及现场试验研究，已经取得了明显的成绩；对土遗址表面防风化加固材料的研究更是近年来的热点。

一 土遗址处理保护的理论工艺研究

土遗址防风化研究虽然取得了很大的进步，但土遗址风化机制的研究还不够深入，将现代科学技术新手段之无损检测技术应用到遗址保护工程的具体项目中还有很多工作需要做。在现有防风化加固材料的应用上，还没有形成规范性的施工工艺，在很大程度上限制了它的推广与应用。由于土遗址及其赋存环境的复杂性，对其加固处置等保护技术还有待进一步的探索和完善。可通过现代尖端无损、微损分析技术，利用材料科学和环境科学的相关理论研究，来解决文物保护中的关键技术问题。在重大文物保护项目实施中，要应用文物科技基础研究的新成果，积极运用高新技术，改进现有传统技术，加强对文物保护原创技术和集成技术的攻关，以形成一批具有广泛推广应用价值的共性技术。

二 土遗址的物理支撑加固与保护技术

土遗址的保护是长期困扰中国文物保护、考古界的难点和重点。从已发掘完成的属于潮湿环境的几个重要土遗址如金沙遗址、殷墟宫殿基址、偃师商城宫殿基址、青海喇家房址的保护状况看，目前遗址的病害状况是比较复杂的，主要的病害有：潮湿土体发掘失水产生的干燥开裂和坍塌、土体在水的作用下的软化和垮塌、土体表面在湿度变化和盐分作用下出现的风化，以及在生物因素作用下出现的各种破坏。在潮湿环境中土遗址容易产生软化、风化和植物生长等问题，而在干燥状态下又容易出现收缩开裂，严重影响着潮湿环境土遗址的保护。

物理支撑加固技术也已取得一些进展，在殷墟宫殿基址、青海喇家房址、宁夏西夏陵、敦煌玉门关、新疆交河故城等已经有所应用。但对锚杆的工作机制和锚固机制的研究程度还缺乏相应的深度，还没有形成成熟的系列规范操作技术。

三 保护材料研究的新进展

文物保护工作者曾尝试了多种材料。如对潮湿环境土遗址的保护材料开发，主要有敦煌研究院对 PS 土体加固剂的研究、北京大学对非水分散体的研究、浙江大学对有机硅材料的研究、郑州明宏公司对 MH 系列土体加固剂的研究等。

文物保护工作者曾尝试了多种材料。如无机类材料：硅酸钠、硅酸钾、硅酸铝、氢氧化钙、氢氧化钡等；有机高分子材料类：有机硅树脂和有机聚合物材料（全氟聚醚、环氧树脂、聚氨酯树脂、醋酸乙烯酯、丙烯酸等）；无机-有机复合材料：如硅酸钾-甲基三乙氧基硅烷等。这些材料虽然取得了一定的防风化效果，但是对土遗址来讲，都存在不符合土遗址保护原则的一些缺点，影响了它们的应用和推广。

第二节　土遗址类别与特性

中国土遗址的种类和数量比较多，单位面积有十几平方米的普通遗址，有数百平方米的普通房址，有数千平方米宫殿基址，更有数万平方米的超大型城址，贯穿于中国各个不同的历史时期，并且以不同形式和不同方法被保存了下来。其类别有建筑基址（包括土城址、土城墙）、墓葬（陵墓）、车马坑、窑址、窖穴、水井、道路等。上述土遗址大体可分作两种形式，一种是在裸露条件保存下来的土遗址，比较常见的是目前保存于地面的土城墙和封土陵墓等。另一种是因考古学科的需要而发掘出来的完全土体及其他遗迹现象组成的土质实体，如建筑基址、墓葬、车马坑、窑址等。

对于土遗址分类有着其特殊的必要性，在对土遗址长期的研究探索过程中，人们习惯于分别表述遗址之间的相互关系，单独看待遗址的特性，或者将遗址的研究看成一种完全以材料质地作为分类的依据。比如"土遗址"这个概念，它是土质文物的一个种类，纯粹是以材料特性为依据的划分类别。问题在于单独依据一个或者几个标准进行衡量时，将无法对遗址实行分门别类。遗址除了其本体的因素之外，最主要的还有其社会文化因素，我们不主张将遗址的任何特性作为硬性划分遗址的标准，而只是希望把遗址的各个环节之指标作为考量遗址本身的一种方式。这种方式比较灵活，因为它完全是以文化及地域作为根本依据，与其说这是一种分类，不如说是一种遗址个体全方位的衡量。

当遗址发掘完成之后，遗址本体处在一个有待进一步研究阐释的状态，这个阐释本身就是规划保护遗址的根本依据，甚至是基本方式。所以，在考虑设计土遗址处理保护的参数系统时，不得不将社会文化因素作为基本衡量的对象。如何在对遗址实施具体处理之前进行详尽的数据系统准备，这个数据系统从考古学研究的角度来讲，必须是从考古发掘对象的地表勘探、信息采集、试掘地点、选择发掘位置、实施发掘程序一直持续到规划处理保护阶段。换言之，必须能够在进行发掘之前拥有足够的对遗址进行全面处理保护的准确信息。

一 土遗址的类别

第一，古代木结构建筑的基址，包括宫殿基址、房址、半地穴房址等。

第二，大型聚落、城址、宫室、陵寝等遗址或遗址群。

第三，土墓葬，包括地下墓葬、封土墓葬等。

第四，土城墙、土关隘、土烽燧等防御性建筑设施。

第五，以土体为建筑材料的建筑，包括土坯、土塔等。

第六，古代人类的活动和生活痕迹。

二 土遗址的特性

土遗址的主要构成是各种不同类型的土体，是地表岩石天然风化堆积的产物，具有成分复杂、结构疏松、吸附能力强、易崩裂的特点，属于极易受外界环境影响、结构稳定性比较差的复合体。遗址土体之间的相互连接方式非常脆弱，天然土体的强度也比较低，加上各种病害都是受遗址所处的地质状况形态及周边环境等诸多因素影响而产生的，其保存状态与其周围环境有着密不可分的关系。由于处于不同的历史年代，长时期地受到自然地质和环境因素的破坏，土体表面风化严重，开裂、坍塌的病害情况时有发生，危及土遗址的有效保存，甚至导致彻底地损毁遗址。

土遗址的土体有着不稳定的特点，所处区域范围又是不易控制的自然环境。根据目前实际存在的自然因素，对土遗址稳定性有着直接影响的环境因素包括以下几个方面。

第一，气象环境因素。

温度，包括土遗址内外的年温度变化及最大温差，日温度变化及最大温差，以及不同部位的温度差异。湿度，包括土遗址内外的年湿度变化及最大湿度差，日湿度变化及最大湿度差，以及不同部位的湿度差异。此外，还要考虑自然光源和人为光源的照射情况，还有大范围的天气变化，如雨雪风沙等天气情况。

第二，地质环境。

包括土遗址的土体厚度及分布情况，土体底部基岩的深度和种类，地下水的水位及水的迁移活动情况，地表水的径流情况等。

第三，人为环境因素。

空气污染，如各种气体污染的含量及日、年变化，粉尘的成分含量及变化，周围的建筑、交通运输和工农业生产容易导致环境的污染。农业生产活动中也会影响土遗址周围的小环境，如农业生产中的引水灌溉和施肥等对土遗址造成的破坏影响。

第三节　土遗址保存状态和病害成因

考古遗址是文化遗产的重要组成部分，也是近年来文物保护领域重要的工作对象之一。作为土质文物的遗址和墓葬，具有科学性、历史性和艺术性，是见证人类物质文明发展的重要实物。保护和利用好现有遗址范围，具有十分重要的历史意义和现实意义。根据保护土质文物的原则和要求，经过针对相关样品的分析测试，在取得一定经验的基础上，可以使用土质文物加固剂对遗址进行全面的处理和保护。

一　土遗址的保存状态

第一，在考古发掘过程及完成后相当一段时间内，由于遗址裸露及气候干燥等因素，导致土体内部水分蒸发过速，致使土体收缩，这种收缩是土体开裂的主要原因。长期裸露于野外环境，受到夏季雨水冲刷浸泡和冬季低温的影响，遗址表面的原始保存状态被不同程度地剥蚀破坏，这也是土体缺损改变其固有形态的主要原因。遗址开裂的另一个原因是土体的卸荷应力造成的，卸荷是由于遗址的发掘而形成条块状，使土体内部的应力分布不均而产生的。在一般情况下，土体中的任何一个局部，其受力都应该是比较均衡的，来自各个方面的应力相互抵消。而土体内部的向外压力没有平衡点，因此导致土体具有向外向下逐步移动的倾向，使土体产生了开裂现象。

第二，遗址表层酥松脱落。土体是由许多大小不同、形状各异的矿物颗粒组成的。土体中各个颗粒的连接，主要是依靠土壤黏粒形成胶膜、土壤中的盐类在颗粒之间结晶来实现，有的是通过有机物的作用来实现。在遗址的发掘阶段，土体的结构是比较紧密的，但随着时间的推移，暴露在大气环境中的原有表层在外界环境的作用下逐步发生变化。其中湿度的影响最为明显，湿度的变化对土壤中吸附水分能力较强的颗粒产生下列影响：湿度高时吸水膨胀，湿度低时脱水收缩。这些颗粒的收缩膨胀，对周围颗粒产生压力与拉力，导致土体颗粒之间起连接作用的胶结物破碎，连接受到破坏，颗粒之间的距离不断增大，最后某些颗粒失去与土壤团聚体的连接而脱落。另外，由于湿度的周期变化，导致土体内部盐分的循环结晶与溶解。这种结晶和溶解过程在土体颗粒之间的空隙内进行，结晶对土体产生巨大的压力，导致土体破坏、颗粒脱落。温度突然降低造成水分在土体表面的凝结，低于零摄氏度以下时水分在表面的结冰也能够产生相同的破坏作用。

第三，灰尘腐物覆盖。遗址发掘之后，部分遗址虽然采取了修筑简易房屋的保护措施，但是也仅仅属于半封闭状态，遗址在一定时期内也会完全处于半裸露状态，遗址表面沉落了相当数量的灰迹腐物。另外，还有众多游人无意之间的随意踩踏，在一定程度上改变了遗址清理之后的完整面貌，并且使部分遗址原本的土质颜色变得发暗发黑。人们难以看到整体真实的、发掘完成时客观原始的遗址原貌。

二 土遗址的病害成因

中国历史悠久，幅员辽阔，处于潮湿环境的土遗址分布广泛、数量众多。但多年来对于潮湿环境下遗址土体文物保护的关注度与其价值是不相称的。鉴于目前对潮湿环境土遗址的保护研究尚处于起步阶段，需要对潮湿环境土遗址的病害及其成因进行认真的梳理。通过对潮湿环境土遗址的分析，专家认为应当将潮湿环境土遗址分为半湿润环境和湿润环境两类，分类的标准依然是遗址所处地区及气候的不同。通过对半湿润地区和湿润地区的多个遗址点进行病害调查及描述，尝试对潮湿环境土遗址的病害原因进行归类，并对影响病害的因素进行综合分析。

潮湿环境土遗址的病害可以初步分为表面劣化和结构变化两大类，表面劣化可导致结构变化，结构变化则由表面劣化发展而来。表面劣化又可以分为开裂、生物影响、水蚀、积水、盐析、剥落、粉化、降尘等，这些病害又可以按照成因进行分类。

土遗址本身的病害类型主要有：土质风化酥粉（图2-1）、土体坍塌（图2-2）、土体裂隙（图2-3）、表层泛碱脱落（图2-4）、鼠洞蔓延、杂草丛生等问题。造成上述病害的原因主要由两方面的因素构成：一方面，土遗址本身多为自然地质土体、人工处理的土体（土坯、夯土等），具备多孔性，其特点就是吸水性强。另一方面，自然因素和人为破坏是造成土遗址破坏的外部因素，这些因素主要包括以下几点。

第一，温度变化。

地表的温度通常都要经历日变化与年变化等周期性变化。常规下物体热胀冷缩，这种变化随着温度的周期性变化而变化。对于土遗址，这些变化产生的土体的胀缩应力，必然导致稳定性的下降，具体表现为开裂，脱落等。另外，由于温度传导的梯度，产生内外张力，破坏也很大。这种现象在土遗址暴露于自然环境中时非常强烈，温度低于冰点时还会导致水分结冰。

第二，湿度变化。

空气中湿度的变化是土壤表面风化的重要影响因素之一。通常情况下，白天湿度低，晚上湿度高，温度低于露点时，水分会在土壤表面冷凝，低于0摄氏度时冷凝水在土表面结晶，由于表面张力和结晶压力，造成土体表面风化破坏；湿度的循环变化可使迁到表面的可溶盐反复溶解结晶，产生破坏作用；高的空气湿度还可促进霉菌的生长繁殖。

第三，可溶盐。

可溶盐在水的作用下，在土体内迁移运动，根据条件的不同，可迁移到土体表面结晶，造成土表面结构的破坏及外观的改变；也可在土体内部富集结晶，造成空鼓、开裂、表层脱落。

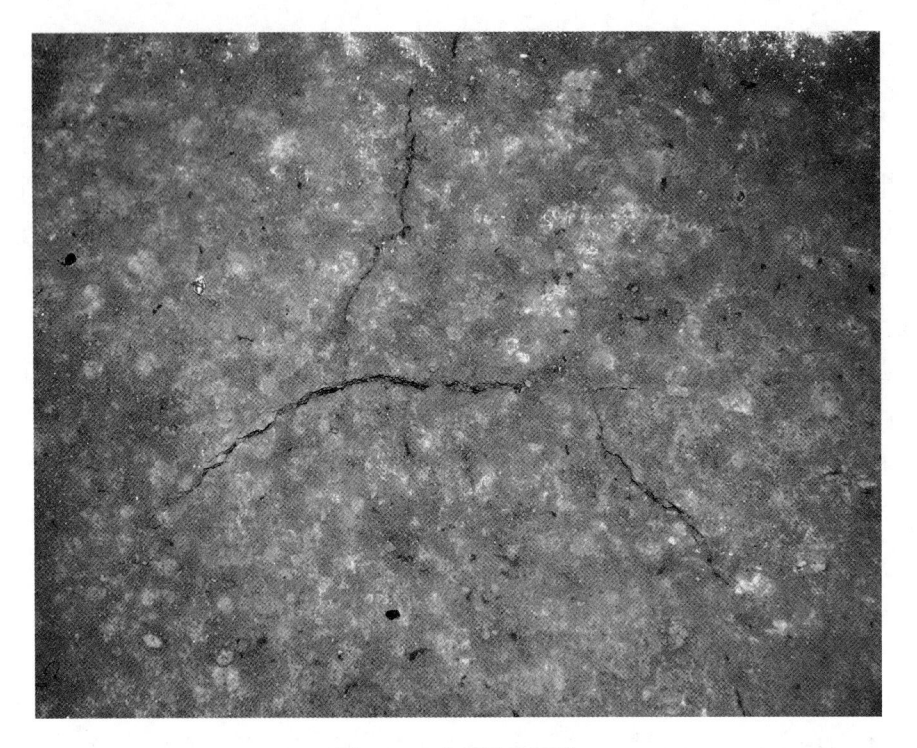

图 2-1　土质风化酥粉

图 2-2　土体坍塌

图 2-3　土体裂隙

图 2-4　表层泛碱脱落

第四，水分。

水在土壤毛细管内的迁移运动，产生毛细压力，对管壁产生破坏；低温下在土壤毛细孔中结晶，造成土体的破坏；地下水的毛细上升造成可溶盐向表面迁移与富集；水可以造成黏土颗粒的膨胀而导致机械强度降低；水分可以溶解对土壤微粒有黏结作用的物质，从而导致土壤崩解；霉菌在含水高的土遗址上容易滋生等。雨水滴蚀、进水冲刷等对土遗址造成直接破坏。潮湿环境土遗址的病害可以初步分为表面劣化和结构问题两大类，表面劣化将导致结构问题，结构问题多由表面劣化发展而来。

第五，霉菌。

霉菌的生长改变了遗址面貌，对土体表面产生机械破坏，霉菌在生长过程中产生一些具有破坏作用的酸碱分泌物，破坏土壤中的结合物。

第六，动植物的影响。

动物如蝼蛄、白蚁、蚂蚁、老鼠等，在土遗址内部掘穴生存。植物类在土遗址表面生长同样存在一定的破坏作用。

第七，气体污染物。

气体污染物包括二氧化硫、二氧化碳、氮氧化物等，可以被吸附能力强的土微粒所吸附，并与水作用形成酸、碱、盐或者直接在空气中变为酸碱盐溶液的微粒，再吸附到土体表面，破坏矿物及胶结物，并产生膨胀能力较大的结晶，导致土体风化。

第八，降尘。

降尘包括矿物微粒、工业粉尘、孢粉、霉菌等。降尘的破坏在于，掩盖土体表面，改变其外观；带来可溶盐；带来霉菌；增加机械磨损的机会。

第九，震动。

来自地震、工程施工、交通等方面的震动对土遗址会有危害，表现在使表层颗粒脱落、土体开裂坍塌、结构失稳。

第十，人为。

该破坏因素主要来自人类在遗址上进行的生活、生产、建设等活动，有意无意地对遗址造成破坏。

三 土质城墙存在的病害

第一，化学病害。

土质夯土城墙经过几千年的风雨侵蚀，吸附沉积了大量可溶盐类。排水不畅的城址，地下可溶盐类可随着水汽向上传导，上下结合，达到一定含量时，就会出现可见的白色结晶体。此晶体极易溶于水，雨季可吸收大量水分并渗入墙体，遇冷冻结成冰形成冻土，春季融解，直接导致墙体夯土风化，如此往复，逐年层层风化分解夯土。

第二，物理病害。

由于长期雨水冲刷，绝大部分地上土质古城墙都不同程度地存在着水冲沟、滑坡、垂直坍塌乃至内外洞穿的现象。

第三，植物根系危害。

不少土质古城墙上生长有高大乔木及众多灌木，其粗大的根系直接作用于夯土，使其松懈分离，在城墙表面形成大量裂隙，引导雨水进入墙体深处，侵蚀夯土，形成绵软的分离层，加速了土体的垮塌。

第四，人为破坏因素。

包括人为取土造成局部呈陡崖状态，使上部悬空，墙体失稳，遇大雨坍塌；挖掘窖穴造成积水分解夯土，导致局部垮塌；还有人为地攀爬、通过缺口等也都在威胁着墙体的安全。另外，在某些特定的区域环境条件下，风或风沙的吹蚀破坏也可能是主要的威胁。

第四节　多学科应用及土体样品分析

遗址土体保护越来越多地体现了诸学科交叉的综合学科，地质学、应用化学、材料学和现代分析技术在实施保护中均占有非常重要的作用。而从土遗址本身特点和处理保护的角度出发，也需要将不同门类学科纳入到实施过程当中，才能有效地把土遗址处理保护工作做到位。

一　地质学在土遗址保护中的应用

土遗址是一种与地质有关的文物遗迹，其材料大多取自于地表或地表浅层含各类矿物成分的黏土。因此，认识和掌握土质材料的化学、物理、矿物等性质，可以更好地了解土遗址的特性和变化特点，而地质学所涉及的矿物学、岩石学以及土质学理论，能够为保护程序奠定土遗址研究工作的基础，在实际实施过程中，地质勘探手段及土工试验同样可以提供土遗址最基本的信息。

通过地质勘探技术可以获得土遗址所处位置的区域地质构造、不良地质现象的规模和空间分布、地下水的分布情况等客观数据，查明土遗址所处区域内是否存在不良地质现象及其对土遗址的影响，还可对相应区域的稳定性和考古现场的稳定性做出合理评估。同时对不良地质条件提出处理保护土遗址的措施建议和实施方案，并且在保护工作结束之后对周围地质环境和土遗址本体的影响做出准确预测。

二　现代分析检测技术

现代的分析检测技术能够帮助我们直接认知了解土体的微观结构，包括不同的矿物种类、无机盐成分等。该分析检测技术在土遗址保护中应用较为普遍的是晶像显微镜、X射线衍射等现代分析检测设备。

三　环境气象数据的采集与分析

随着土质文物保护研究工作的不断开展及深入，对土遗址周围环境的监测和控制就显得十分重要和必要。因为改善土质文物所处环境是对此进行长期保护的有效手段，比在土质文物实体上实施的保护也显得更有必要。因此，对周边环境的监测在一定程度上成了土遗址保护的一项长期工作。

环境数据采集一般包括遗址所处区域大环境和遗址本体的小环境。大环境数据采集可以通过当地气象台站来获得，与土遗址有关的气象数据主要包括温度、湿度、降水量、蒸发量、风向风速、大气污染及降尘等。经过一定时期监测所得到的有关数据，还需对数据进行后期分析和整理，才能对土遗址保护工作起到重要的指导意义。利用长期监测数据可以判断出区域环境的特征和特点，将此特点与土遗址本体的病害情况对应比较，可以得出其病害与环境之间的相关联系，从而制定治理土遗址病害所采取的处理保护措施及方法手段。

对于土遗址具体部位环境数据的采集，一般情况下使用便携式分析检测仪器。比如，对某一具体部位的温度湿度变化进行测定、对土质表层及内部的 pH 值进行测定、对土遗址表面的含水率及蒸发量进行测定等。这些便携式的监测仪器携带方便，使用简单，可以对土遗址局部展开有针对性的环境数据监测，利用这些数据能够直接了解遗址局部的环境特征，为治理遗址病害提供必要的依据。

四　化学保护材料

化学试剂材料是土遗址处理程序中最后采用的保护方法手段。因为试剂材料需要直接作用于土遗址内部，从某种程度上讲它改变了土体中的部分物理性质，同时也对土遗址有比较明显的视觉影响。目前，土遗址保护材料的研究与现代材料科学有着非常密切的关系，特别是有机高分子材料在保护实施过程中占有十分重要的地位。

从土遗址保护材料之种类上可以分成无机和有机两大保护类别。无机保护材料主要是改性硅酸钾材料，适合于在干燥环境下使用，其主要优点是有较好的表面效果，具有较强的抗风蚀能力和耐老化性，对局部区域可以重复使用等优点。目前在中国西北地区土遗址保护项目中得到了较大范围的应用，尤其可贵的是在近 20 年的土遗址保护过程中，逐渐摸索出了一套成熟的操作工艺，于实际应用中同样取得了良好的保护效果。

适用于土遗址保护的有机材料，近年来研发的种类比较多，经常使用的是丙烯酸类和有机硅类材料。以丙烯酸类为代表的主要有 31J（丙烯酸树脂非水分散体）及 Paraloid B72 等，以有机硅类材料为代表的主要有正硅酸乙酯、MH-1（氟硅化合物）、WD（长链烷基有机硅）等。这些有机类保护材料均在不同区域、不同环境下做过部分试验性研究和使用，取得了相对较好的保护效果。有机类保护材料的主要特点是对土体具有良好的渗透能力，并且多数都具有一定的憎水性，对土体的加固效果比较明显，在潮湿环境下也能起到一定的保护作用。

五 土质样品结构分析试验

在进行遗址处置和保护之前,需要对不同土质进行必要的检测分析。我们选用了两种土质(夯土、回填土),分别制作成相同规格面积的三种样品,并且分别用不同浓度比例 MH-1(氟硅化合物)的原液、2 比 1、1 比 1 土质文物加固剂(图 2-5、图 2-6、图 2-7、图 2-8、图 2-9、图 2-10),对夯土与回填土的各三种样品进行加固渗透试验。以观察不同组块的渗透厚度及强度,便于得出比较合理的加固数据,然后可以根据不同情况有针对性地实施不同的方法和手段。

图 2-5 加固试验之 A 型(原液,渗透前)

图 2-6 加固试验之 A 型(原液,渗透后)

图 2-7　加固试验之 B 型（2 比 1，渗透前）

图 2-8　加固试验之 B 型（2 比 1，渗透后）

图 2-9　加固试验之 C 型（1 比 1，渗透前）

图 2 - 10　加固试验之 C 型 (1 比 1，渗透后)

夯土样品的测试结果表明：因其土质结构缜密坚硬，少有孔隙，按照上述的三种浓度对土块依次进行滴渗处理加固。第一种比例之加固剂的渗透深度比较理想，效果良好，但因其试剂浓度不足，凝固后没有形成相当程度的连接网络，于完全拒水方面距离土遗址的加固要求也还存在不足。第二种比例的加固剂之渗透深度较第一种略有不同，但加固厚度完全可以达到设计要求，其强度和拒水能力要优于前者。第三种加固溶剂则由于其浓度偏高，对土质结构缜密的夯土之渗透能力有一定的局限性，虽然经过加固的遗址之强度表现出比较良好的状态，但渗透厚度难以达到遗址的保护要求，可以视为一种加固剂的配比方案作预备之用。经过若干次样品加固试验及相互综合比较，第二种试剂的渗透厚度和加固强度等诸多有效数据显示，其应该是遗址处理保护的首选方案之一。

回填土样品的测试结果表明：于遗址的表面夯层下方（从解剖沟的剖面观察），有不同时期的夯土与夯土之间、夯土与回填土之间互为叠压的情况出现，在解剖沟剖面需要进行加固的面积中，回填土占有了一定比例的份额。回填土的土质结构较为疏散，硬度与夯土相比有明显的区别，而且其中还包含有部分考古信息遗存。在样品试剂加固的试验中，回填土对试剂的渗透均具有较强的吸纳能力。通过使用上述三种加固剂对回填土样品的试验，3% 试剂浓度的样品于渗透深度、凝结强度及外观效果上都能够符合遗址加固的要求。其他的两种由于前提条件不具备，还存在某些局部方面的不足，只能留下相关试验资料以待后用。

（一）样品加固之后的特点

第一，外观状态良好。不改变物体的原有色别，表面不会形成可视的溶膜，没有光泽，符合文物保护修旧如旧的原则和宗旨。

第二，渗透性能较强。根据遗迹的土质特征、潮湿程度、环境状态等，渗入深度可达 10~40 毫米。

第三，具有较强的拒水性能。将测试样品放入水中浸泡30天后取出，其含水率与浸泡前相比较，渗水量小于1%。

第四，保护层具有抗盐类破坏性能。样品在2%盐水中浸泡30天后取出，损失率小于0.5%。

第五，保护层具有抗酸类破坏性能。样品在pH2～pH6的盐酸溶液中浸泡15天，无疏松、无膨胀现象发生，重量损失率小于0.1%。

第六，保护层具有抗碱类破坏性能。样品在pH3～pH13的氢氧化钠溶液中浸泡15天，无疏松、无膨胀现象发生，重量损失率小于0.1%。

第七，保护层具有一定的耐高温破坏性能。样品在50摄氏度的干燥箱内加热处理，外观没有明显变化，防水性能没有明显下降。

第八，保护层具有一定的抗冻融破坏性能。样品在0～25摄氏度的低温状态下，外观没有明显变化，防水性能没有明显下降。

第九，保护物体防霉性能良好。样品在相对湿度为40%～80%的环境下放置30天之后，问题表面无斑点、无色别变化、无霉变出现。

（二）加固处理土样检测

处理土样的膨胀率：-0.3%；膨胀力：12.5千帕；干密度：1.52克/立方厘米；土粒比重：2.71；空隙比：0.783。

处理土质抗剪强度。在自然状态下黏聚力：191千帕；内摩擦角：43.6度；在饱和状态下黏聚力：120千帕；内摩擦角：37度。

（三）检测结果分析

上述测试结果显示，MH保护材料在对遗址土质不改变其空隙比、膨胀率和膨胀力的同时，对所检测的物理性能具有较为明显的提高。其中，在自然状态下，黏聚力提高了3.7倍，相应内摩擦角提高了0.8倍；而在水饱和状态下，黏聚力提高了8.2倍，相应内摩擦角提高了1.6倍。此次所有检测项目结果，又一次表明了MH保护材料对土遗址基质的化学加强保护作用，其效果明显。

第五节 土遗址的物理支撑处置方法

针对部分土遗址在发掘之后出现的裂缝及坍塌现象，须按照发掘清理时的实测图表和影像资料，进行适当的物理加固和填补复原。加固和复原的方法手段是根据遗址残缺和损坏情况，采取以下三种不同的操作措施。

第一，对于遗址局部存在着宽度较窄、形体较小的裂缝问题，为了保证遗址的原始状态，保障其完整程度，可以使用不同规格的螺纹钢钎，前部锻打呈尖体，后端部焊接呈"丁"字形十字交叉之形态，制成锚杆（图2-11）。根据墙体裂缝的状态，于土体侧面最具有拉拽效能的部位，上下协调左右兼顾分作数点，将锚杆呈横向角度打入墙体之内，并且使十字形后端嵌入土体表层（图2-12）。使缝隙两侧的土体吻合衔接为一个整体。缝隙外侧的土体由内侧稳定的区域为承重依托，其牢固程度是能够得到保证的。随后，在锚杆插入土体的外表固定一些原址泥土，经过工具的表面修饰，使其与邻近的土体表层发掘效果保持一致。

图2-11 金属锚杆

图2-12 嵌入锚杆

第二，对于遗址外侧有一定厚度的、形体有相当规模的土体裂缝现象，采用的方式是在缝隙两侧挖出呈"工"字形的沟槽，其深度要根据土体内侧相应高度和拉拽最具备的强度能力。具体的办法是：挖掘的沟槽应具备一定深度（依据土体高度而定），工字形沟槽也应具有相当的长度和宽度（图2-13）。在沟槽底部放置一加工成型的工字形木架或金属架（为增加木架的牢固程度和持久能力，需要在木架两侧缠绕数圈粗细适度的铁丝），于上方放置适量的潮湿泥土，经过反复不断的夯筑，使其与周边的土体在于强度及硬度水平互为一致。在距地表30厘米之深度再放置一同等规模的金属框架，实施进一步的夯筑，直至与土体上部表面保持同等水平。

图2-13 工字形沟槽

第三，对于部分土体已经出现的局部坍塌情况，土体坍塌的厚度在20~40厘米之间。采取的复原办法是：将墙体坍塌范围内的土体沿坡度呈垂直状态向下进行掏挖，直至下部没坍塌的土体界限为止，三个垂直衔接面需要形成不规则状态，有利于与复原上去的土体的连接。在其底部根据土体宽度向外侧掏挖平行的数个孔洞，深度20~30厘米，直径为10厘米左右。在距离底层空洞向上约20厘米处，掏挖第二排空洞，依此类推，根据土体坍塌的高度来确定空洞的排列数量（图2-14）。在此基础上，将适合于每一空洞的木棒（或金属结构的）全部加工准备到位。首先，把木棒插入到底部设定的空洞之中，土体坍塌的内侧则用木板实施合理挡拦，并设法将木板牢固地固定于适当的位置上。其次，在其底部木棒周围进行填土夯筑。鉴于三个侧面的土体均是生土结构，具有一定的密度和硬度，夯筑时需要准确把握，才能与原有的生土结构相互匹配。当夯筑填土量向上进行约20厘米时，把第二层木棒插入设定好的孔洞，再实施进一步的填土夯筑，进行第二阶段的操作。按照上述方法依次进行第三、第四阶段的操作，直至进行到与土体上部平面互为一致为止。最后，把挡拦的木板拆除（图2-15），将夯筑的土体面仿照左右两侧的墙体形状修饰出来。

图 2 – 14 嵌入木棒

图 2 – 15 夯筑土体

在该建筑遗址内，有几处探沟形成了相互交叉的格式。依照遗址保护方案的实施程序，横向的部分解剖探沟需要完整地保留，纵向的解剖探沟则做回填处理。就是说纵横探沟的交汇处纵向一端需要完整地再现出夯土层位剖面，并且与横向的探沟剖面保持相应的一致性。经过现场反复的推敲与试验，基本达到了所要求的效果。采取的具体步骤是：在纵向探沟的一端树立起互为连接形成一体的数块木板，在其后侧加工制作稳固的支撑，随后向探沟内填充经过筛选过滤适度潮湿的泥土。每当填充的土层厚度接近20厘米左右，将此梳理平整，进行反反复复的夯筑。待填充土层达到约50厘米的时候，需要在土层上方置放数根长短不一的具有相应承载能力的金属棒或方木条（图2-16、图2-17）。回填土方中夹带一些固定物体，目的是让填土端部的牢固程度得到加强，使其于相当时期内不会出现裂缝和局部坍塌。

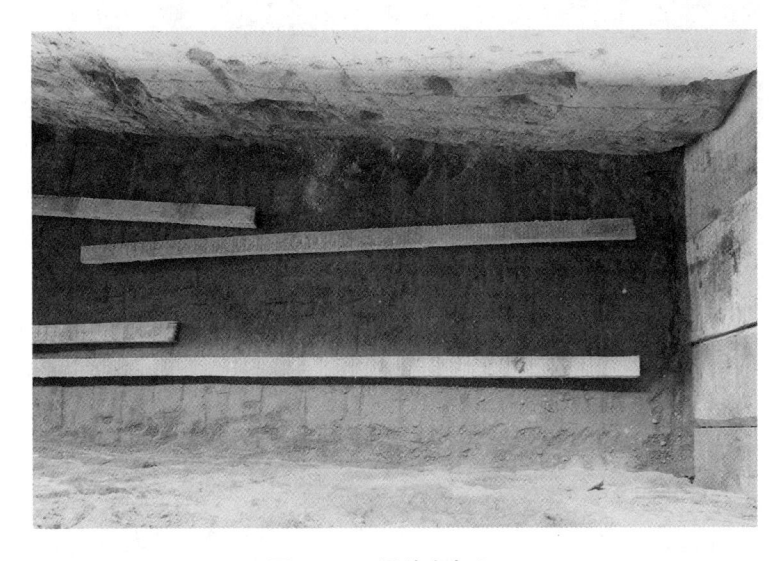

图 2-16　置放木条之一

图 2-17　置放木条之二

然后，在方木条上再实施土量回填，进行第二阶段的夯筑。依此类推，按照此种方法直至将解剖探沟填充到遗址保护的应有高度。操作程序结束之后，拆除护围挡板，对其回填夯筑的纵向剖面实施合理的修饰，使其能够与两侧相邻的夯位层次和土质形式结构保持相对一致。

将所有需要回填的解剖探沟全部填充处理完毕之后，要对宫殿遗址的总体平面及剖面进行全方位的整修处理。原因是在宫殿遗址发掘完成后的一段时期内，包括自然条件和人为因素均对遗址的原有状态造成了一定程度的损坏，有若干处的遗址部分呈现出破败现象，与发掘之后的完整格局之间存在着较大差距。为再现其原始的发掘现场，需要对遗址进行合理的复原和修饰，使之能够完全按照田野发掘程序以及应该显示的遗迹内容，在相当程度上达到考古现场的清理要求。

第六节 土遗址的化学保护方法

一 以殷墟宫殿基址处置保护为案例

殷墟，是中国商代晚期的都城，也是中国历史上第一个有文献可考，并为甲骨文和考古发掘所证实的古代都城遗址，距今已有3300年的历史。殷墟宫殿宗庙区划分为甲、乙、丙三组基址。甲组建筑基址共发现15座，是宫殿宗庙区内建设时间最早、使用时间最长的建筑，被认为是商王室的宫室、寝居之所。乙组建筑共发现21座，多数结构繁复，面积庞大，互相连属。这些建筑被认为是殷王室的宗庙建筑。丙组共发现17座，被认为是商王室的祭坛建筑。目前，在宫殿宗庙区已发现大型夯土建筑基址80余座。这些建筑基址形制阔大、气势恢宏、布局严整，按照中国古代宫殿建筑"前朝后寝，左祖右社"的格局，依次排列，分布在以宫殿区为中心的范围内。一个世纪以来，随着考古发掘的日益深入，殷墟的范围和内涵仍在不断地扩大。尤其是近年来，殷墟考古仍不断有惊世发现，一系列重要的考古发现，震惊中外学术界，从而更加证明殷墟的学术价值与潜力。殷墟的范围还会随着进一步的考古发掘和科学研究而得到扩展，而殷墟这一人类共同的文化遗产必将会得到进一步的保护。

（一）试剂加固程序

经过上述物理加固和修饰处理，基本上恢复了遗址原有面貌，经过与考古专家学者协商并取得一致意见后，就可以对遗址采取全面的试剂加固保护。按照前面土质样品的分析测试结果，对不同区域之土质状况实施有针对性的喷洒加固处理。

第一，调配出适合于夯土遗址准确比例的加固试剂，使用带有喷雾装置的器具对夯筑土体进行喷洒加固。操作时的注意事项：需要把探沟内所有属于夯土的部分全部纳入喷洒加固之列，喷洒时间以土质的吸纳渗透能力为标准，前提是不能让加固液体出现流痕。如果存在这种情况，就可能使夯土的表层效果发生变化，改变了夯土固有的原始表现状态。所以，准确把握液体喷洒量的多寡，在该过程的环节中显得十分的重要。第一遍加固剂喷洒完成之后，对夯土的剖面之液体吸收情况进行仔细地观察，当液体全部地渗透于夯土内部之时，还需要进行第二遍的加固剂喷洒。依照此种方法，每一区域的夯土遗址都需要实施三遍以上的操作程序，其目的是使探沟剖面之夯土部分能够充分吸纳尽可能多的加固试剂，增加试剂的渗透厚度。有相应的试剂加固厚度作保证，凝固之后的夯土强度才能得到进一步的加强，同样遗址部分也才能长时期保存下去。

第二，调制出适合于探沟内回填土的加固试剂，用相似的方法手段和程序对回填土体部分进行喷洒加固。回填土的土质结构比较疏散，相对来讲其表层较为容易产生疏解和塌陷，但吸纳试剂的能力非常强。为了避免上述情况的发生，试剂加固的次数可以得到适当的增加，使之能够凝结形成相应的厚度，确保回填土长时期的安全效能。

第三，在所有的探沟剖面试剂加固完成之后，可以对遗址的平面展开全方位的加固处理程序。从宫殿遗址的一端作为平面喷洒加固的起始点，有规律性地逐次对遗址部分进行试剂喷洒。于试剂量的使用上要保持大体的均衡，但遇到较为特殊的情况也需要区别对待。如遗址平面与探沟剖面的连接角度以及被灰坑打破的边角部位，都需要视为关键区域之一重点加以保护，可以在该范围内多喷洒两遍加固剂，让加固之后的土质凝结程度和牢固状态得到进一步加强。

通过上述不同环节、不同程序的系统操作，宫殿建筑遗址的处理和加固保护工作就可告一段落。从土质文物保护的角度出发，所采取的这种方法和手段均是不可缺少的，但这也只是对土质文物本身所能够执行的保护措施，是事物的内因关系，有一定的局限性。还需要在遗址的周边范围修造适合于土质文物保护的永久性建筑，创造一个对文物能够起到保护作用的良好外部环境，为遗址长期保存提供必要的前提条件。

（二）遗址保护后的室内环境要求

第一，控制温湿度剧烈变化。

采取适当的有效措施使小范围内的温湿度得到控制，使遗址土体在较为稳定的环境中发生缓慢的、小幅度的变化，能够逐步适应及趋于平衡。

第二，控制光源。

光线（自然光和灯光）直射能够导致遗址表面的温度提高，对现场展示的土体文物具有一定的破坏作用。调整和准确控制光源，避免或者减少对土质文物造成的损害，是保护后续程序中需要认真考虑的一个重要因素。

第三，控制降尘和污染物的影响。

降尘和污染物很容易侵入到遗址表层，改变和破坏遗址表面的固有状态，所以，需要对土体遗址进行保护之后的综合护理。此后再进行吸尘清除，土体结构就不会改变。

实施对土质文物的处理保护，前期阶段需要进行认真的调查分析和合理规划。包括：遗址的土质结构、地理环境因素、温湿度变化等自然条件，以及遗址和遗物的展出陈列等人文因素。均需要依据文物本身的特点，遵循文物保护的要求，规划出切实可行的解决实际问题的方案措施，拟定出符合不同区域特点的实施办法。另外，还要对已经处理保护完成的土质文物之保存状态实行跟踪监测，随时了解土质结构的变化情况以及能否适应环境的具体指标数据。因为对遗址实施保护所使用的是丙烯酸非水分散体加固液，为一种化工试剂产品。大家可能都有所了解，所谓的化工产品保护剂均有其时效性，在一定时期内可以起到凝固固化的作用。超过这一期限，固化效能逐渐减弱，直至最后分解消亡。所以，遗址在保证了相当时期的固化稳定之后，还需要再一次地对遗址进行处理和保护。

二 洛阳"天子驾六"土质文物处置保护方法

洛阳的"天子驾六"是见证人类物质文化发展的重要实物。保护好这一珍贵的文化遗产，向世人展示其独特的文化内涵，是目前的重要工作内容。但由于埋藏时间久远，主体是木质的"天子驾六"马车已腐蚀朽烂为泥土，目前仅能依据木纹残存痕迹及马骨遗骸辨别其形制。加之后期各种因素的破坏，使"天子驾六"这一重要文化遗迹的保存受到相当大的威胁，亟待进行保护处理。同时，由于破坏原因，现存车辆各部件如车轮、车厢等均有不同程度的残损。为了更好地展示当时车辆的形制，在不损坏现有遗迹的前提下，参考同时期出土的车马坑资料及相关史料，并积极听取有关专家、学者的意见和建议，遵照土质文物处理保护的方法和原则，准备对部分车辆进行复原保护。车马坑内共有26辆破损状态不一的马车，据考古人员现场勘察，依据其破损状况，此次需要复原保护的车辆可分为四类。

第一类：全部残损（复原部分100%）；第二类：大部残损（复原部分75%）；第三类：半部残损（复原部分50%）；第四类：小部残损（复原部分30%）。

（一）土质文物处置保护复原

第一，根据不同车辆的残损状况，需要进行认真具体的分析了解，测量和绘制出车辆复原草图，拟定出操作的方法和步骤。首先，在残损车轮的上部顶端，按照需要制作出比例合理、位置角度准确的厢体模具（图2-18），随之向模具内填充经过搅拌加工完成的潮湿泥土。该泥土的选择条件要求，与坑内车辆之土质的结构成分和色别基本互为相似，经过筛滤向泥土内加放一定比例的树脂类非水分散体加固剂，使其形成半潮湿状态。加放于模具内的土量不宜过多，土层厚度一般控制在 5 厘米左右，使用工具反复锤打夯筑，将松散的泥土夯成较为硬实的土层。其次，于土层上方继续填充泥土，再一次实施上述操作，最终使夯筑的泥土高度达到模具的顶端部位。使下方的遗迹土质部分与填充部分相互黏合为一体，完成该阶段的填补程序。

图 2 - 18　厢体模具

第二，将厢体模具拆解，按照车轮补配的形式和内容要求，进行准确合理的雕刻。该阶段应顺应下方车轮的具体趋向格式，把握复原部分的形式要求和平衡角度，使车轮的原始状态和复原部分之间的衔接过渡合理、顺畅（图 2 - 19），充分体现复原土质文物的准确性及外观特征。

第三，雕刻程序结束后，所复原的车轮目前还处于潮湿状态，随着时间的推移，泥土中的加固剂稀释部分会逐步挥发，加固剂原液黏合能力发挥作用，使其泥土能够互粘接于一起。但粘接凝固程度还远远达不到土质文物的加固要求。待其基本干燥之后，需要使用另一种比例的加固剂对复原部分进行表层喷洒或滴渗，使复原之土质文物得到更进一步的系统加固，完成土质文物复原处理和加固保护的项目。

第四，按照《中华人民共和国文物保护法》的有关规定和宗旨，本着修旧如旧的原则，处理复原的车辆部分在外表色别方面与原始部分要有所区别。此次处理保护的车辆部分因土质的结构成分和色别等原因，与原有遗迹有相应程度的区分。

图 2-19　复原雕饰

所以，是符合有关规定和宗旨的。但鉴于复原土质文物保护的特殊性，及此复原工作所使用的加固材料有一定的时效性，因而保护项目不可能做到一劳永逸。建议定期检查，根据复原遗迹保存状况，另行采取相应保护措施。

（二）骨质文物病害分析

因这批骨质（马匹遗骸）发掘之后尚未进行必要的科学处置保护，在陈列展示及维护保养过程中受不宜保存环境的影响，造成该骨质文物一定程度的缺失残损。根据这批骨质文物的受损状况，可将其病害状况分为以下几类。

第一，骨质表层脱落。

这批文物于发掘出土未经过相关系统的处理保护环节，经历了较长时期的陈列展示，完全处于基本属于自然环境条件下，受所处区域温度、湿度、光照、酸碱、气体等因素的影响，骨质文物的表面保护层与内侧骨体之间丧失附着黏接力效能，出现表面保护层脱落现象。

第二，骨质颜色淡化。

由于这批骨质文物在日常展示和保存过程中，骨质组织成分受到气体污染、温差剧烈变化及不同光源等因素的影响，致使骨质表层固有颜色淡化甚至消失，并形成色别病害。

第三，残破缺损。

骨质文物本体自身强度较低，容易破碎，对保存环境要求较高。在发掘清理、收集整理、存放收藏、陈列展示过程中出现残断在所难免。这批骨质文物均是在保护不到位之前提下，造成的缺失、残破、断裂等非人为破坏状态，该病害的出现可能误导视觉效果。

第四，沉积物。

在这批陈列展示的骨质文物中，有相当部分文物表面附着有影响外貌的泥土、胶质沉积物，在一定程度上对骨质文物产生了破坏作用，并且严重影响着骨质文物的视觉效果。

第五，钙化物。

该批骨质经过数千年的埋葬时期，其葬埋于环境潮湿的泥土之中，受到水土中各种有害物质的侵蚀影响，在骨质表面形成了薄厚不一的硬结钙化物，其质地较为致密坚硬，成为钙化物病害。

第六，裂隙。

这批骨质文物在出土、展陈和保存过程中，由于没有进行必要的处理封护，外加受各种不确定因素的腐蚀影响，其较为脆弱的骨质部分逐渐出现开裂及缺失现象，形成裂隙病害。

第七，酥解粉化。

陈列展出的骨质文物在发掘之后及展示阶段，很大程度上受到外围保存环境之影响，有的表面酥碱粉化，触碰即成粉末状，形成酥粉病害。

第八，盐析。

陈列展出的骨质文物受保存环境的影响，潮湿土体和空气中部分盐碱成分及一些微生物在骨质文物表面滋生，致使文物表面出现泛白盐化痕迹。

（三）处置保护理念

保持文物的历史价值、艺术价值和科学价值，就是文物保护的实质。只有保留文物的本来面貌，才能保存其珍贵价值。依据《中华人民共和国文物保护法》的基本原则："保持艺术品原状"。所有的工作程序、处理方法，均必须遵守不改变文物原貌，全面地保存、延续文物的真实信息和历史、艺术、科学价值，确保文物安全以及增强文物的抗腐蚀能力，以不影响此后再次进行处理保护为前提。

第一，尽可能采取预防性保护措施，减少对文物的干预，即最小干预原则。

第二，保护处理不能改变文物原貌，即可辨识性原则。

第三，保护处理不能留有隐患，不能使文物在一定时段内发生不可预料的变化，增加文物对外界有害因素的抵抗性。

第四，不能破坏文物携带的信息或残留，以及对进一步研究有影响的因素。

第五，对于所使用的材料，如加固剂和封护剂要强调其可逆性，以备将来更加优越的材料可以替代或置换，即可再处理性原则。

第六，遗物在维护处理之前，都要进行仔细详尽的观察、分析、检测，确保对器物有全面了解之后方可实施。

第七，新方法或新材料均要经过反复试验及一定时期的验证，确保对文物无害、无隐患，方可使用。

根据以上原则，在全面观察分析的基础上，遵照"保护现状、修复原状、消除隐患、延长寿命"的依据，保持骨质与土质文物的原有艺术风格、历史特征和科学价值，减少人为干预，尊重科学，运用现代科学技术分析检测手段和方法来有效地保护文物，根据处置保护文物数量及需要达到的展示效果。

（四）骨质文物处置保护操作步骤

第一，清理附着物。

对于围裹和黏附在马骨遗骸表面的附着物，根据不同部位需要，使用竹木质自制工具在放大镜下实施手动操作，在清理基本完成之后，使用去离子水（或蒸馏水、纯净水等）对其进行清洗处理。

对于部分遗骨表面附着之胶质物，使用丙酮溶液实施溶解处理，器皿浸泡和滴管滴渗两种形式兼用，完成胶质物溶解清洗的程序。

对于比较干硬的沉积物，可以使用滴管滴渗或脱脂棉蘸取乙醇水溶液局部涂擦，待沉积物松软后进行剔除及清洗处理。

对于遗物表面的硬质钙化物，可以使用小型洁牙仪器实施机械剔除清理，此后进行清洗处理。

第二，盐析去除。

根据埋藏土壤可溶盐含量以及遗物表面可溶盐的相应数据，确定是否需要脱盐及脱盐程度。依据骨质文物的保存状态，在对其实施局部加固后进行脱盐程序。采用纸浆包裹法，即将吸水性能较好的纸张（滤纸或宣纸）浸泡于蒸馏水中，加热并搅拌成纸浆，把纸浆围裹于遗物的局部表面，利用毛细吸附性能，骨质文物内部的可溶盐可顺利地吸附到纸浆上。该程序需要定期更换纸浆，尽最大努力把可溶性盐清除干净。

第三，骨质加固保护。

上述溶解和清理程序结束之后，让遗物在室温下缓慢干燥。使用胶原蛋白溶剂、阿拉伯树胶水溶液、Paraloid B72 等骨质文物加固剂对遗骨进行加固保护。具体操作方法是：

马匹小件遗骨可以直接浸泡于加固溶液器皿中进行渗透加固，也可以利用减压渗透方式实施加固。

马匹大型遗骨可以采用喷涂、点涂、滴渗等方法进行加固保护。

喷涂：该方法实用于长型肢骨的加固保护。常规情况下选用雾化效果良好的小型喷雾器实施喷涂，要求喷距适宜、用力适当，并且用量不宜过多，遗骨表面能够形成裸眼看不到之薄膜为宜，避免或减少加固封护层表面形成溶液留痕。

点涂：该方法适用于马骨边缘脆弱部分的加固处理。选择使用毛质柔软的小号毛笔，用毛笔蘸取少量加固试剂对马骨边缘区域实施点涂，并使其能够充分地吸纳之，随后对马骨表面进行全面点涂加固。操作过程中避免或禁止使用反复涂刷行为，以免造成遗骨边缘脆弱部分的损伤。

滴渗：使用滴管吸取加固剂按顺序滴渗至马骨表层，但用量不宜过多，需要恰到好处，在遗物表面形成一层薄薄的膜状物即可。

第四，遗骸拼配。

根据"相似相近互配法"原则，按照完整马骨遗骸骨骼的结构、数量及组合方式进行编排拼配，使马骨遗骸形成相对一致的完整形式。这种速配方法的优点是依据遗骸不同组成部分规格编号相近，位置相近的原理，在相当程度上可以节省了大量拼接时间，能够达到"事半功倍"的工作效率。

第五，粘接。

在上述溶解和清洗的环节中，已经把断裂、破碎骨质文物的衔接断面清洗干净，并对其进行了渗透加固，为互为之间的组合连接奠定了良好基础。在实施粘接过程中，需要把黏接剂均匀地涂抹在衔接断面上，但要保留两侧边缘一定宽度的空白区域，防止多余黏接剂可能产生的溢出现象而污染骨质文物表面。在涂抹黏接剂时，使用量需要合理计算，并且要涂抹均匀，避免胶液中产生气泡，影响粘接强度，使用材料为：

Paraloid B72：文物保护黏接剂，粘接使用50%左右的浓度，对溶剂吸收较慢的骨质文物可以降低浓度。

三甲树脂：是由甲基丙烯酸甲酯 MMA、甲基丙烯酸丁酯 BMA 和甲基丙烯酸 MA 通过自由基聚合形成的共聚体。

"合众三A"丙烯酸树脂：是专门用于骨质类文物的黏接剂。

第六，补配复原。

对于骨质文物的缺损部分，需要进行合理的补配复原，使遗骸可以得到相应程度的稳定保护，能够展示遗骸的全面和独特效果。

使用191型不饱和聚酯树脂对小型化骨骼完全缺失部分实施补配，其理由是细小的物体易于断裂破碎，凝固之后的树脂强度能够达到补配的要求。

使用凝固效果良好的模型石膏粉，对其较大型骨骼缺损部分进行补配复原。水与石膏粉比例大约为100∶50，调和时间3~5分钟，凝固时间约10分钟。固化强度90（兆帕）左右，膨胀系数为0.07。

上述补配材料，操作简单、方便，实施过程容易把握，对骨质文物本体不存在腐蚀侵害影响，是一种比较良好的补配材料。

第七，外观修饰。

待补配材料凝结固化到相对程度时（完全固化后比较坚硬），对其进行修饰处理，使其互为衔接的两者之间过度顺畅吻合，达到处置保护文物的最终目的。

第八，效果处理。

对补配部分进行色别效果处理，采用附着力和遮盖效果好、不易退化变色的丙烯颜料和矿物颜料。在实施过程中，需要对马骨遗骸的色别变化进行详细观察，明确掌握骨质文物本体色调和质感。模仿骨质自内而外的自然感觉，做到这一点十分的关键和必要，可以直接反映文物的整体效果及历史面貌。

第九，模拟遗骸出土形式。

根据马骨遗骸发掘出土时的表现姿势，应以原始图片为参考借鉴依据，结合适宜的合理艺术加工形式，对上述马匹遗骸的埋葬方式实施码排组合，形成比较真实的视觉效果，再现发掘之后遗骨的原始出土状态。

第七节　土遗址于展示中的保护

中国是世界文明古国，中华文明源远流长，在漫漫历史长河中，留下了许许多多弥足珍贵的土质文物，其蕴藏之丰富、品种之繁多、门类之齐全，为世界所少有。这些土质文物遍布全国各地，真实见证了中华民族自强不息、百折不挠的伟大发展历程，蕴含着中华民族特有的精神价值、思维方式和意识形态，体现着中华民族旺盛的生命力和不竭的创造力，凝聚着中华民族的杰出智慧。保护、利用和展示这一珍贵的文化遗产，对于弘扬祖国优秀文化传统，推动人类文明进步均具有十分重要的作用和意义，同时也是对考古学科的发展和进一步探讨以及土质文物保护的必然要求。

考古学科和文物保护的研究是建设考古遗址公园的基础。必须对遗址进行全面的考古调查、勘探、必要的发掘和研究，全面了解遗址的性质、内涵、范围和布局，合理推测原有地上建筑的形制、形态，准确判断该区域内地下可能埋藏遗存的分布。只有掌握了这些信息，遗址的保护和展示才具备充分的科学依据，遗址展示内容才能更加丰富、系统、深入。考古遗址本体的保护与展示，融合了文化教育、科研、学科发展等成果，是对考古类文化遗产资源的一种保护、展示与利用方式。

不同类型遗址的展示应有不同的侧重点。对建筑基址，应以表现原有地上建筑的结构、形制、规模为主；对古墓葬群，应在墓葬本体展示的基础上，将周围的山形水系等自然景观一并纳入展示内容，以便阐释古代墓葬文化中"风水"等哲学理念；对于聚落遗址，则应考虑如何重现特定历史时期的原始自然风貌、生态系统，以及古代居民的生产生活方式；对于城址或宫殿遗址，应将其范围轮廓、格局、各功能区域的划分、其间的道路、排水系统设置等规划层面的内容作为展示重点。

自改革开放以来，随着经济建设的发展，城市化进程的加快，许多古代大型遗址的保护与发展成为必须要面对和解决的重要课题。在长期的文物保护实践中，形成了符合中国实际"保护为主，抢救第一，合理利用，加强管理"的工作方针，并以法律的形式加以确立，从而明确了包括大遗址在内的各类文物在保与用上的关系。保护是基础，发掘是前提，研究是关键，利用是目的。保护与利用、保护与经营、保护与展示的关系，不管提法如何变化，说到底，都要以保护为主，而合理有序的利用，反过来又能推动和促进对文物的保护。笔者在此，特举例几个说明。

殷墟遗址由于历史久远，长期湮没于地表下，虽然历史上曾遭受一定程度的毁坏，但遗址保存完好。有关部门以不改变原状、保存历史真实为原则，采取传统技术与现代科学技术相结合的方法对殷墟进行专业性保护展示，在遗址保护的设计、材料、工艺等方面均保持历史的真实性。现在，殷墟仍保存着丰富的地下遗存，包括宫殿、陵墓、手工业作坊遗址等。已经考古发掘的遗址除少量作保护性展示外，大多进行地下封存保护，地表上基本保持了殷墟原有的环境和历史面貌。殷墟保持着很高程度的真实性与完整性。

对殷墟宫殿宗庙遗址和殷墟王陵遗址进行的保护展示，是根据遗址特点和文化内涵的不同，分别对宫殿宗庙遗址的建筑基址采取地下保存、地上标示，对妇好墓墓圹进行复原展示，对王陵遗址采取建设保护设施和地下封存、地表标示相结合的保护展示方法。在保护展示文物的同时，对总面积约30平方公里的殷墟遗址周边环境进行了保护和整治工作，搬迁了位于遗址重点保护区域的部分村庄，拆除了与遗址环境风貌不相协调的建筑物和构筑物，并整治河道，修建道路，对拆迁地带进行大规模绿化，建成了集遗址保护和生态景观为一体、周边环境优美的考古遗址公园——殷墟宫殿宗庙遗址公园和王陵遗址公园。

金沙遗址的发掘现场展示、汉阳陵出土文物的陈列展示等都依托于外部优美怡人的绿地空间，灿烂的古代文明与良好的外部环境共同构成的遗址，对游客形成了无法抗拒的吸引力。

日本平城宫遗址的处置保护，首先是完成发掘，然后回填，再按原样在遗址上面把当年平城宫的雄姿恢复、再现出来，供游人参观。把发掘的遗址回填，再在遗址上面按发掘获得的资料原样复制一个遗址，供人研究参观，这是日本对世界考古学的一大贡献。

韩国对其境内高句丽遗址的展示方式却是把遗址在地下封存，在地表用树木、揭示牌等进行标示。地表绿化标示的方法是韩国境内高句丽遗址的独特方式。

土遗址的展示有以下几个特点。

首先是文化内涵的独特性。不同的考古遗址包含了不同历史时期、不同地方、不同人类群体的生活信息和文化面貌。在中国，建成博物馆的考古遗址（包括墓葬）都是经专家论证具有重要的历史或其他方面价值而得到原址保护，这些遗址出土的遗物反映了独特的历史文化内涵，这种独特内涵甚至可以说在全国乃至全世界都是独一无二的，如三星堆遗址精美而神秘的青铜面具、良渚遗址的精美玉器、秦始皇兵马俑遗址的高大武士俑等。另外，考古遗址出土的各种遗迹，包括房址、灰坑、墓葬等，本身就是一种独特的历史文化景观，如半坡遗址的原始社会聚落、南越王墓的墓室、殷墟遗址发掘出的墓葬和宗庙建筑等遗迹，都反映出该遗址的独特内涵。因此，依托于遗址建立的考古遗址博物馆首先在内涵上就具有其独特性，这种独特性是其他博物馆所不具备的，而这种文化内涵的独特性也正是各考古遗址博物馆的最大魅力所在。此外，实施原址保护并已建立博物馆的各考古遗址，绝大多数已公布为文物保护单位，其中相当一部分还是全国重点文物保护单位，这一"身份"也成为考古遗址博物馆对外展示的一大亮点。

其次是展示内容时空范围的专题性。考古遗址博物馆所依托的考古遗址所代表的历史文化通常具有较强的时代性，并且表现出明显的地域特色。例如，殷墟宫殿基址展示的是距今3000多年前商末帝王之都的宏大场面，喇家房址展示的是距今4000多年黄河上游因自然灾害形成的灾难场景，半坡遗址所反映的是距今5000余年前渭河中游地区人类的生产生活面貌，良渚遗址出土的遗迹和遗物则反映的是距今5000多年前东南沿海地区的人类文化，而河姆渡遗址则反映的是该地区距今7000年前的历史信息。因此，各考古遗址博物馆所展示的文化内涵在时间和地域上都表现出明显的不可替代的专题性。

再次是展示环境氛围的原真性。实施原址保护的各考古遗址基本上原状、真实地保存了人类历史发展的信息，再现了历史上某一人类群体的生活面貌。这些遗址在地下沉睡数千年后，被考古学家发掘出来，向观众展示，使观众一方面可以通过陈列欣赏遗址出土的文物，另一方面更可以通过实地参观遗址进一步了解古代人类的生活面貌和历史文化信息。即使是有些考古遗址已进行回填保护没有对外展示，观众在遗址博物馆参观出土文物时，也会产生一种置身历史环境的氛围感，从而更深入地理解历史和文化。这种文物与遗址现场相结合的展示方式也是考古遗址博物馆的一大特色。

笔者认为，目前还要加强以下几方面工作。

第一，在考古发掘的基础上加强对遗址材料的整理和研究工作，深入探索遗址的历史、文化内涵。当务之急是尽快将遗址发掘出的重要考古材料整理发表，在此基础上进行科学的研究工作，从建筑园林、文化、技术水平等多方面进行课题攻关，全面提示遗址的历史内涵。遗址发掘出的其他各时期遗迹遗物也是重要的考古材料，对于考古学科及相关问题的深入研究具有重要意义。今天的科学研究已日益呈现出多学科交叉、不同研究领域相互渗透的格局，考古学也不例外，对于土遗址的保护和展示研究，不应当也不可能单独由考古学家来完成。因此，在考古材料整理发表后，应当邀请不同地区、不同研究领域的专家学者共同开展课题立项进行专题研究，以此促进对遗址的全面探索和保护展示。

第二，要做好对遗址的保护工作，对这些重要历史文化遗迹实施有效保护是目前摆在文物考古工作者面前的关键性问题。遗址目前清理出的各时期遗迹均以土、砖、石混合结构为主，一旦清理出来，暴露在地面之后，就容易受到阳光、风蚀、雨水等自然因素的破坏，尤其是夏季的潮湿和暴雨天气对遗址的影响最大，保护的难度就更大。在这种情况下，有关部门和人员首先应当树立发掘与保护并重的思想，在发掘过程中对重要考古遗迹及时采取保护措施，同时，还应当尽快邀请有关专家和专业机构制定遗址保护规划并予以实施。在现阶段展示条件还不充分的情况下，对一些容易受侵蚀的重要考古遗迹，在考古材料收集完成后可进行回填保护，待正式展示时再揭露出来。而对于必须暴露在地面的遗迹，必须做好相关监测工作，及时注意环境变化对它们的破坏性影响，并采取相应措施进行处理。

第三，对遗址的展示要抓住特色，突出主题。根据目前对遗址内涵的理解，博物馆应在展示手法上多下功夫。由于遗址各时期文化层和遗迹叠压打破关系复杂，早期遗迹被晚期地层和遗迹扰乱严重，大多数遗迹都保存得不完整，对普通观众来说，并不容易理解，这就需要博物馆研讨合理有效的展示手段。半坡博物馆采用对考古发掘房址进行复原并配以相关辅助材料的方法进行展示，就容易使观众理解距今5000多年前人类聚落的形态。在不破坏遗址原貌的情况下对一些遗迹进行适当复原，或通过三维技术进行模拟展示的手法进行动、静态相结合展示，再配以照片、图表等辅助陈列，使观众参观时有一种身处历史的环境氛围，感觉自己在与祖先交流和对话，这样的展示就会收到良好的效果，达到陈列展示的目的。

考古遗址博物馆是以展示考古发掘出的重要文化遗迹和遗物的专题性博物馆。同时，考古遗址博物馆还在对遗址实施保护方面具有无可替代的价值，可以说，考古遗址博物馆是文物保护与利用的有效结合点。而要发展建设高水平的考古遗址博物馆，就要有高水平的学术研究。因此，一个考古遗址博物馆，应当在遗址保护、文物展示、学术研究等方面齐头并进，全方位均衡协调发展。

第八节 土遗址保护的发展趋向

坚持"保护为主、抢救第一、合理利用、加强管理"的方针，以抢救加固和消除土体存在的病害为主，而非使其焕然一新，以避免对遗址造成新的破坏。随着多学科的介入和在土遗址中的应用，土遗址的保护也朝着日益规范化方向发展。首先是保护理念的现代化。随着《中国文物古迹保护准则》的制定和推广，保护理念和思路都有了一个较为统一的认识，对土遗址的保护工作有直接的指导意义。其次是工作程序的标准化。经过多年的探索，土遗址的保护程序基本上由敦煌研究院制定出来，目前正在推广应用中。标准的工作程序可以避免在土遗址保护工作中出现大的纰漏。此外，有关的土遗址保护规范也正在制定当中。长期以来对土遗址保护的分析检测工作一直在使用土工力学方面的检测标准，但是由于遗址保护的出发点与之不同，因此在检测中关注的指标和判断标准是有区别的，土遗址的保护更关心遗址本身的性质、病害变化的原因和遗址长期变化趋势，因此土质文物保护规范的制定也为土遗址的保护提供了更科学的统一的判断标准，使不同的保护工作之间能做到相互对比和参考。

土遗址保护由于涉及大面积的保护范围，因此遗址的整体保护规划和综合保护措施也日益受到重视。遗址的保护规划是通过对遗址病害轻重缓急的分析、周边环境、人为因素的综合考虑，提出了对遗址整体保护所达到的目的、保护效果及保护实施的顺序。不仅有利于积累总结保护经验，也使有限的人力物力产生最大的效益。由于土遗址的复杂性和外界环境的多样性，对土遗址的综合保护措施也是今后的研究方向，这些措施包括对土遗址外界环境的监测和控制、病害原因的治理、保护材料的科学使用等，只有在这些综合保护措施的共同实施下，土遗址保护工作才能实现长期有效保存的目标。

到目前为止，国务院（国家文物局）公布的全国重点文物保护单位有2300余处，其中大约有1/10是大型古代城市遗址，约有200多处。中国的大型古代城市遗址具有年代久远、分布广泛、数量众多、类型复杂等特点，这与中国5000年文明史，特别是3000年的城市发展历史有着直接的关系。

在国际上，1964年颁布的《威尼斯宪章》首次提出了古遗址环境的概念，明确了古迹遗址周边环境对于古迹遗址本身文化遗产的价值体现具有十分重要意义。2005年的国际古迹遗址日，主题就是背景与环境中的古迹遗址。针对国际社会一些遗址不断遭到自然界和人为地损毁，国际社会逐渐加大了对大型古代城市遗址保护的关注程度，并出台了《西安宣言》。《西安宣言》第一次提出将古迹遗址与周边环境作为整体，一同纳入保护范围，放弃了以往"遗址做保护，周围做控制"

的传统保护模式。这一理论得到了国际社会的广泛认可，正在不断地被各国引用与强化。其主要内容为。

第一，加强保护理论和技术研究，为土遗址保护提供理论和技术支撑。

遗址的保护离不开科学的理论指导和技术支撑，理论研究包括遗址与经济社会和文化发展的关系、遗址的价值评估体系、保护状况评估体系、保护规划的指导思想和基本原则等。技术研究包括保护措施、保护技术和方法、工程管理、保护规划技术标准或指标体系、保护工艺和材料等。为了加强中国大遗址的保护，必须大力开展对遗址保护的理论研究和技术研究，为遗址保护提供理论和技术支撑。

第二，加强遗址保护规划专业人才培养，为遗址保护构筑人才平台。

要做好中国遗址保护规划工作，必须要有一支训练有素、熟悉遗址保护规划工作的专业队伍。但是，目前国内真正有能力做遗址保护规划工作的专业队伍并不多，在国家文物局这一级别仅有中国文化遗产研究院一家，此外比较专业的是中国建筑设计研究院历史研究所。但即便是上述两家，至今也没有国家合法的资格认证。为了做好中国的遗址保护规划工作，迫切需要加强对遗址保护规划工作专业人才的培训，加强对遗址保护规划机构的规范管理，并建立专门的机构资格认证体系和专业执业标准。

第三，做好遗址的考古调查、勘探和发掘工作，为遗址保护奠定学术基础。

遗址保护除了要有法规、行政和财政等手段的保障外，保护工作还必须有学术依据。各地遗址保护的实践表明，科学的考古调查、勘探和发掘是遗址保护的前提和学术基础。只有充分了解遗址地上和地下文物的基本情况后，才能使保护规划具有科学性和可靠性。首先，要认真做好主动性调查、勘探和发掘工作，确定遗址的范围、布局、结构、性质等，为遗址保护规划提供学术支持。其次，要积极配合基本建设，开展遗址抢救性发掘工作，确保重点，放弃一般，以避免城乡建设、基础设施建设以及农业生产活动对遗址造成严重破坏，为遗址保护提供直接服务。最后，适时进行保护性发掘，弄清遗址的性质、内涵、价值、遗迹的分布、保存状况等，为遗址保护规划的编制和实施提供帮助。

第四，鼓励各类研究机构对遗址保护的研究。

在遗址保护研究方面，应制定适宜政策，鼓励专业研究机构开展对遗址保护的研究，特别要鼓励文物保护科学与考古学、建筑学、园林学、规划学、环境学、社会学、经济学、旅游学、民族学、人类学和地质学等多学科合作研究，为遗址保护奠定科学的依据和准备，并积极推动研究成果向遗址保护应用方面的转化。

第五，加强土遗址保护的管理机构建设。

建立和健全土遗址保护管理机构是保护好遗址的组织保障，特别是要根据遗址的级别和重要性建立相应权威的保护管理机构，配备相应能力的保护管理人才。此外，还应建立有专家学者、当地主要领导以及有关方面领导组成的遗址保护管理工作委员会，从事遗址保护、管理方面的决策，协调和征询工作。

第三章

遗址、遗迹的异地迁移与组合复原

随着国家经济建设的发展与进步，考古发掘的遗址和墓葬也在不断地增多，为考古学研究提供了丰富和翔实的实物资料，其中相当部分具有极高学术价值的遗址和遗迹需要就地或异地保存，包括重要的遗址、墓葬、土窑灶、砖砌窑灶等。这是摆在文物保护工作者面前的一项规划设计严谨、技术要求全面的复杂任务。本章重点介绍两个典型范例——宋代窑址（金凤窑址）的异地搬迁及组合复原和车马坑保护与异地迁移。

第一节　金凤窑址的异地迁移与组合复原

2000年，成都市考古研究所在配合四川省都江堰市拉法基水泥厂的建设中，发现一处较为完整的宋代窑址。这一宋代窑址位于都江堰市金凤乡金凤村附近一座名为窑沙坡的山丘上，每座窑都是按不同角度方位背靠金凤山，依地势傍山而建。窑址有十分明确的布局，有窑炉区、作坊区和废品堆积场，并出土了大量的窑具和精美瓷器。

通过数月的考古调查、勘探和发掘，确认金凤窑址面积（厂区范围内）约30000平方米，是目前西南地区发掘规模最大、保存最完整、遗迹最丰富、遗物最多的一处宋代窑址，并且有保存完好的作坊遗址。该窑址的考古发掘对了解这一地区窑炉的结构和瓷器的制作方法、烧造工艺及外销等都具有十分重要的意义，同时对成都市、四川省乃至西南地区的陶瓷研究提供了宝贵的实物资料。极有维护保存价值和学术研究价值。

这些古窑的结构形制大体相同，古窑四周墙体的上部已经残破，呈不规则状，窑之顶部多呈圆状形态，直径从4米至5.4米不等。现存高度也有所区别，保存稍为完整的局部距窑室底部3.2米，其余部分在2.5米至3米之间。多数窑址的窑门、窑壁、火膛、窑床、烟道等部位保存完好。窑床上有一层铺地匣钵，很有规律地顺序排列。窑炉墙体内壁均抹有一层黄泥，墙体至上而下有三至四道横向凹槽，可能是烧制不同瓷器的高度标志。多数火膛内发现有覆置的排列规整之匣钵。每一座窑炉一般都有两个半圆形烟道，部分还在其中间设置隔离墙将烟道一分为二。根据土质文物异地保护的原则和要求，我们对古代窑址分别进行了必要的实地考察和准确测绘，依据不同窑址的外形特征、内部结构与地层现象，加之考古部门提供的详细测绘图表，经过专家学者充分的论证与推敲，结合以往起取遗址、墓葬的成功经验，实施切割套箱方式方案对窑址进行异地搬迁和组合复原。

一 起取程序

第一，将窑门两侧窑墙外部的护围石块自上而下依次编号造册，拍摄和绘制必要的图样，并在每一石块合适的部位书写编号，明确掌握石块的详细位置与角度，拆除后需加以妥善集中保管，防止遗失（图3-1）。

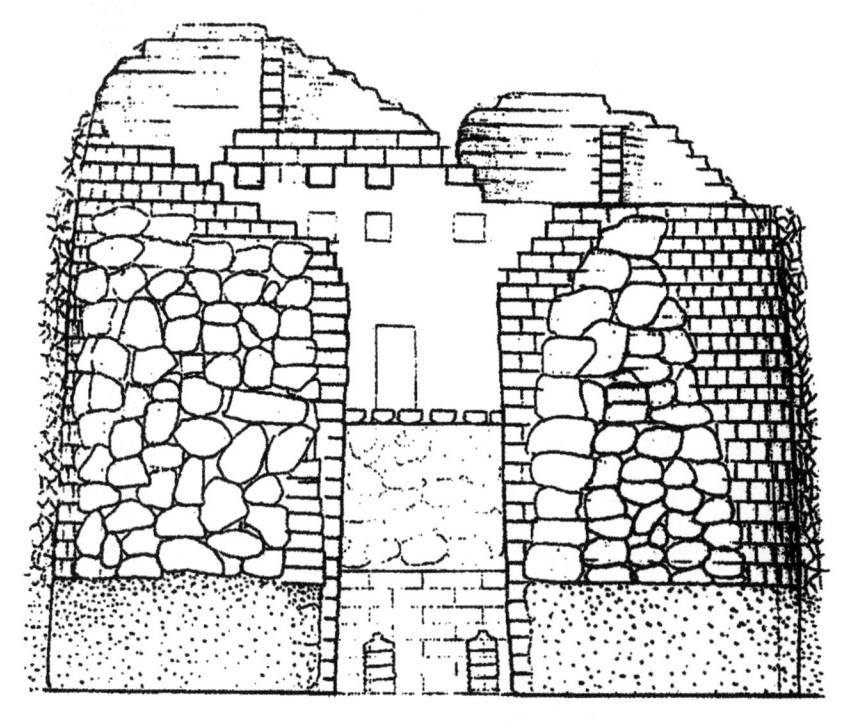

图3-1 窑墙护围石块示意图

第二，在确保尽可能地减少对窑体的损坏和便于下一步组合工作的前提下，合理地划分每一切割组块的规模和范围（图3-2），使各组块之间的比例和重量基本趋于均衡。切割口按设计要求严格控制在10厘米左右。同时，在窑址四周以窑室底部下方10厘米处设定一条标准基线，在不影响窑址底部的基础上，此基线是衡量起取每一切割组块的唯一标准。此后，对其准备切割第一、第二组块，针对该区

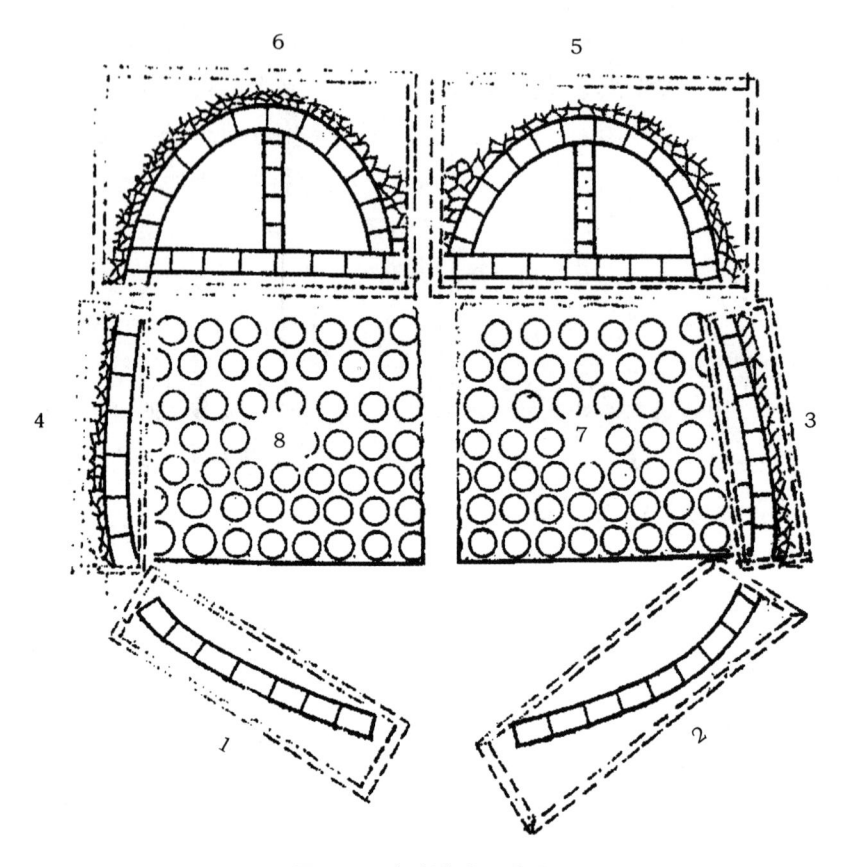

图 3-2 切割部位示意图

域窑墙固有的弧度及倾斜度,以设定的基线为标准,丈量出具体的长宽高度,并根据上述获得的数据,设计并制作与之相适应的木质套箱。

第三,于窑体切割前期,因窑墙具有相应的高度,中部和上部的墙体厚度只有 10~15 厘米,并且向内有角度倾斜,需要在窑墙两侧设立支撑点,使用适当的物体予以支撑,防止窑墙于切割过程中因角度倾斜出现坍塌损坏(脱离窑体,成为独立部分)。按照设定的宽度在靠近窑床一端将墙体自上而下加以切割,切割下来比较完整的墙体块需编号保存,以待后用。操作中需始终注意观察墙体是否发生松动变化,保证整个窑体的绝对安全。

墙体套箱在制作时,四侧面需按要求分别制作成独立的板块,短面板块用角铁连成一整体,长面板块则需做成高度为 1 米左右的几个组成部分,暂时不予连接,但要准备好相互连接与套箱高度一致的数根 5 厘米×5 厘米的三角铁,并于角铁一侧钻出若干与螺丝钉互为匹配的孔眼。还需准备呈 90 度角的扁铁若干条及与套箱长度一致的 5 厘米×14 厘米的槽钢 2 根。

以上准备环节完成之后,将第一、第二组块墙体底部四周修置平整,使之与基线呈同一水平，开始进行组装套箱。将呈一体的短面板块竖立于墙体两端，协调准确相互之间的各种位置，把两长面的下部板块与之互为衔接，使用扁铁将两者的四角实施固定，这样所形成的边框就把墙体下部围裹起来了（中、上部有物体支撑，需分层段进行）。此时，因墙体固有的弧度，套箱不能与之相随。那么，窑墙壁和套箱之间肯定有许多缝隙，使用稍厚的聚苯板予以充填牢固，置纳不下聚苯板厚度的，可以就地取材，利用潮湿的细土充填其间，填土到一定程度时，要用适当的工具拍打夯实，不让出现任何小面积的空虚，保证墙体在进行吊装、运输等过程中的绝对安全。待填充至与下部板块顶端平行时，把中部板块按顺序扣合至下部板块之上，依照上述方式方法固定四角，谨慎地填充物体，再把土体拍打平整。箱框围裹在墙体四周，其高度约占窑墙的 2/3，此时的墙体已经达到了较为稳固的程度，可以撤下两侧的支撑物体，随之把上部板块与两端竖立的板块相互连接固定。将准备好的角铁从底部开始与上、中、下板块用螺丝连接，使套箱成为一个完整的整体，然后，于墙体顶部铺设一层塑料薄膜，以保护墙体上部的结构不被破坏，同时也有利于后期组装过程中的墙体清理。多余的空间缝隙填充之后，以四周木箱框为标准，把填充物修饰成与其高度在同一水平线上，再用螺丝钉固定顶部板块。

第四，对箱体底部的土体进行掏挖。按照箱体的实际长度，沿箱体的下部外侧四周，挖掘出宽 80 厘米、深 60 厘米的长条形沟槽，以便利掏挖过程时的操作。底板的长度与箱体的宽度互为一致，宽度一般设计为 20 厘米左右。首先从箱体的一端开始，根据底块的宽度由外向内进行掏挖，操作过程注意箱底之土体上方要与周围的边框在同一水平，不能使箱内的土体量出现亏缺。第一块底板的实际面积掏挖完毕后，需要及时地将底板穿置过去，码放正确位置和角度，使用加工成砖形的木块迅速地将底板支垫起来，两端的支撑力量要分布均匀，并且须十分稳妥。此后使用加工制作完成的扁铁，将底板与边框连接在一起，让其牢牢地固定于箱体上。因底板的下方已被物体支垫，整个箱体底部的支撑面积没有因此而缩小，它的稳固程度是有把握的。接着进行第二块底板所属面积的掏挖，操作形式、方法手段与上同。再进行第三块……以此类推，直到整个箱体下部的底板全部穿设就位（图 3-3）。箱体底板两端被稳妥的物体支垫着，中间部位则形成了相应的距离空间，利用该空间把裁切完成的槽钢放置进去，槽钢的平面朝上，增大与底板的接触面积，槽形口向下，同样使用抓钉呈八字状固定于箱体外侧，使两者也成为一个整体。槽钢铁之凹槽向下为起吊时穿设钢丝绳提供了便利条件。然后根据箱体的具体位置，与周围相关联的物体作为参照物，如窑床左右两侧窑墙等，标定两者之间的准确距离角度，在箱体相应的位置上予以标明。划定彼此之间的连接关系，为组合就位程序做好准备。

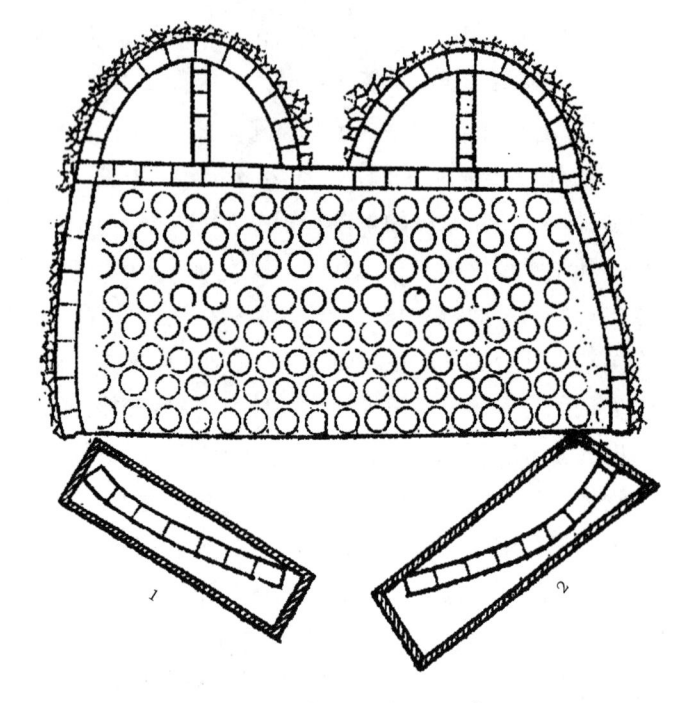

图 3-3A　窑门两侧平面示意图

图 3-3B　窑门两侧侧面示意图

第五，第一、第二组块被吊装起运后，按照设计要求进行第三到第八组块的切割起取，方法和程序与上述相同。只是要根据起取内容的不同，都以设定的基线为标准。如第三、第四组块之两侧窑墙，其起取高度距离基线130厘米（图3-4），而第五组块的基线是向上提高了135厘米（图3-5）。而第七、第八组块的基线与第一和第二组块的基线则属于同一平面（图3-6）。第一组块的一系列套箱、封盖、底部掏挖等结束后，底板距离基线的实际高度就是箱体定位组合的唯一依据。

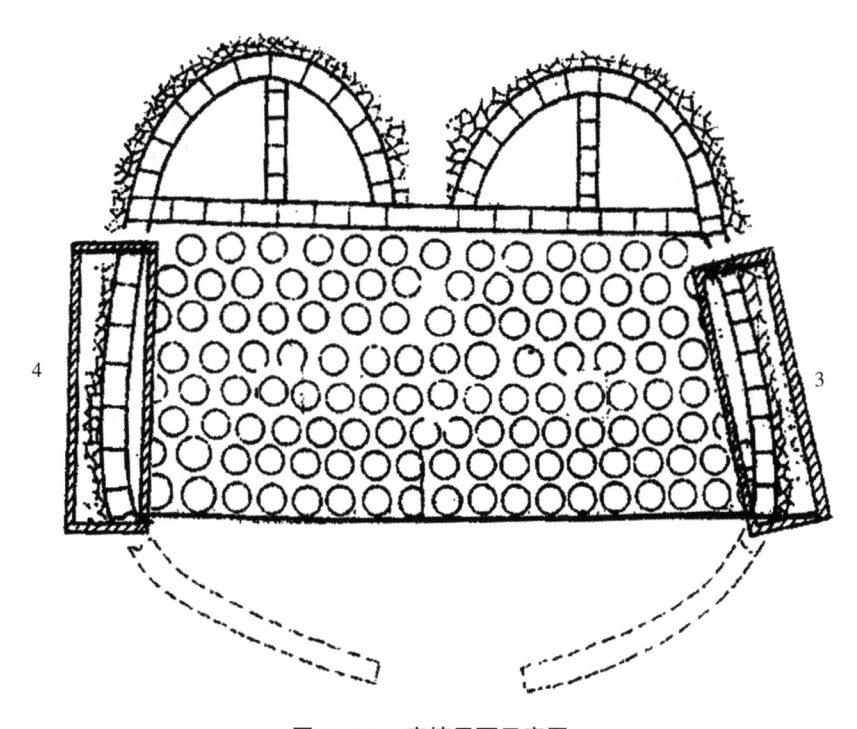

图3-4A　窑墙平面示意图

图3-4B　窑墙侧面示意图

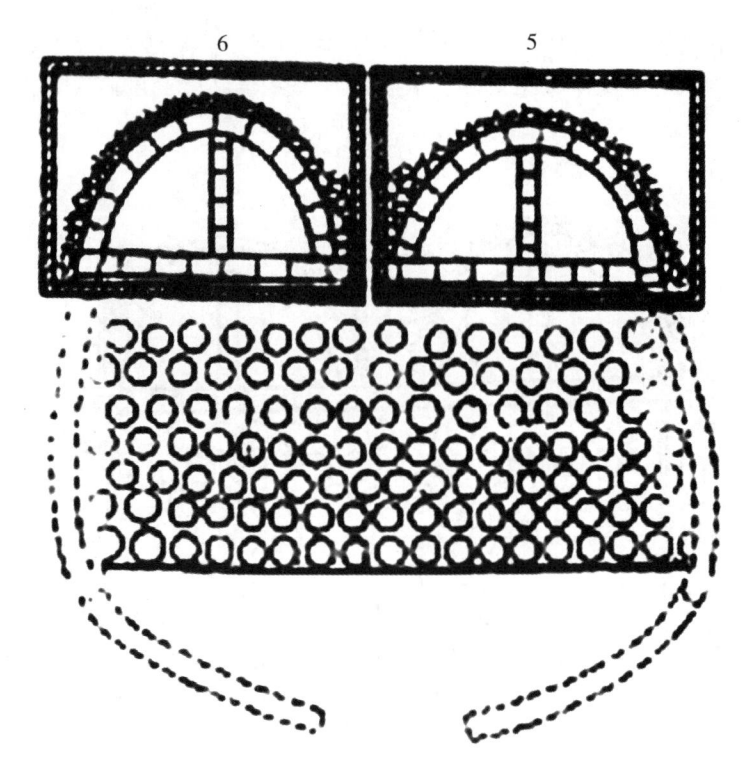

80 考古现场处置与文物保护技术

图 3-5A 烟道平面示意图

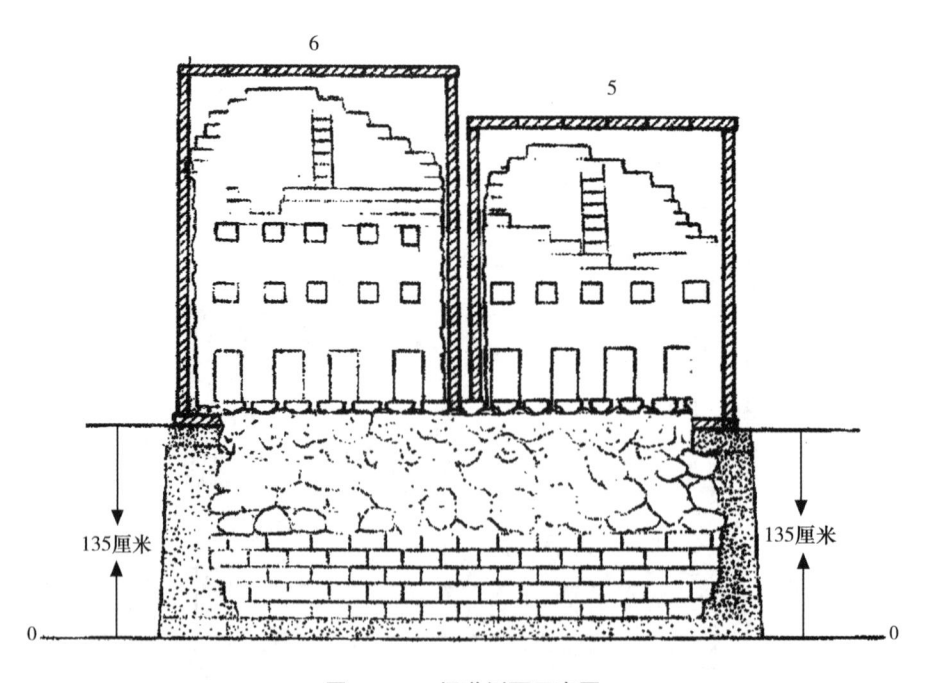

图 3-5B 烟道侧面示意图

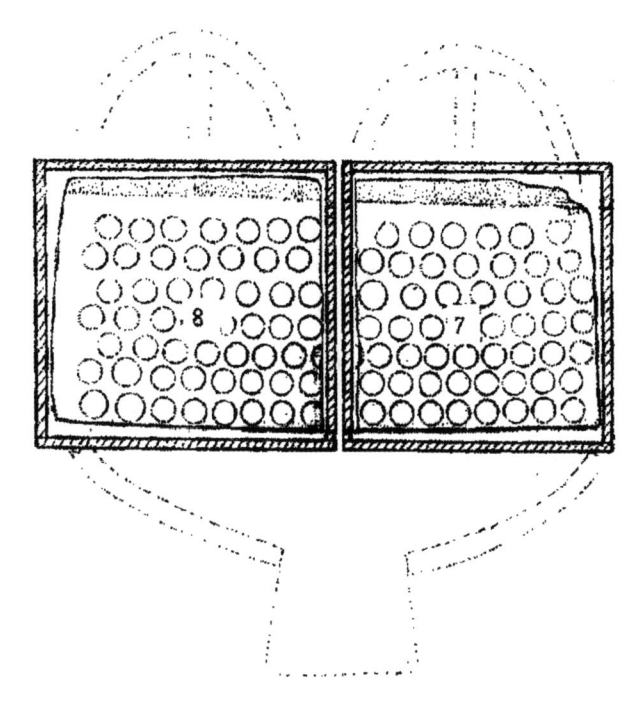

图 3-6A　窑床平面示意图

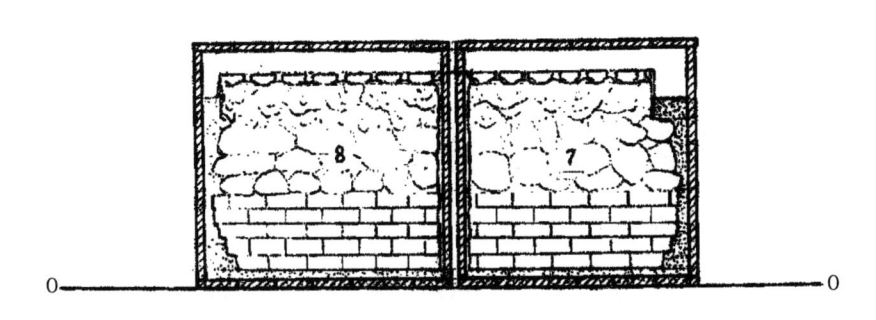

图 3-6B　窑床侧面示意图

二　组合复原

窑址切割起取与窑址组合复原，两者比较而言，后者之操作程序要复杂得多，难度也大得多，每一细小步骤都要考虑得十分精确与到位。存放古代窑址的场所一定要进行隔水防潮处理，防止地下水向上蒸发侵蚀，使窑体在干燥环境中得到长期保护。

按照预定的窑址安放位置，便可按编号的倒顺序将箱体就位，首先是第八组块和第七组块箱体。窑址存放场所的地平面就是该窑址的基点，称作零点基线，核实准确与周围各边的前后距离，用醒目的墨线划定范围，因为此后的诸个箱体都以该位置为衡量标准，箱体就位和拆解后一旦出现偏差，就没有任何可供调整的机会了。第八、第七组块箱体就位后，窑床底部木板和槽钢作为承担该部分的基托，被稳妥地固定在基线水平上，槽钢范围之外的所有空余部分都要支垫与其厚度相适应的砖块及其他替代物，使底板与地面的接触区域增大，增加窑床组块的稳定性。随后撤除顶部盖板及四周部分填充物，揭开铺设在窑址上的隔离布层，仔细观察窑床表层是否发生松动变化。确定无误后把周围固定箱体的角铁拆下，再将四侧挡板自上而下一块一块地依次取出，每拆除两块左右挡板，需将裹贴在窑体上的填充物小心慎重地取除。在整个拆除过程当中，尽可能避免产生过分的震动，防止土质文物出现裂缝与坍塌。

经过上述按照设计要求组合起来的第八、第七组块，使窑床部分恢复到搬迁之前的状态。窑床后上方是第六、第五组块烟道的位置，依顺序目前要进行第六组块。因它的固定底线高出基线135厘米，所以要按烟道下方的形状及高度用砖块砌垒而成。待墙体凝固之后，标示出第六组块的具体前后位置及和窑床之间的组合关系，进行吊装就位。此后的操作程序和方法与上述相同。烟道四周木板拆除时，因其有一定的高度，与其他组块还没有组合为一体，是孤立地单独存在，缺少稳定性，需要用物体于四周进行支撑，给予适当的保护。接着，对第五组块实施就位处理。

随着组合过程的逐步进展，每完成一组块的工作之后，对其切割缝线应及时地把记录有编号的切割部分填补处理，没有形成填补块的缝隙部分，需参照原始图表和照片进行补配复原，增加整个窑体的综合牢固程度。复原部分要根据缝线两侧固有的形态，予以合理的补填，使缝线区域与周边的形态互为一致，过渡合理。

待全部窑体组合复原连接定位和切割部分补配完成之后，将窑门两侧、窑墙外侧的护围石块按照原有的码放规则，依据图表标出的具体位置、角度砌垒成形，与窑墙外侧的原始状态浑然一体。对窑址内壁切割复原部分使用矿物质颜料进行颜色效果处理，直至达到与原始状态互为一致的程度（图3-7）。

图3-7 窑址组合复原效果

三 作坊遗址复原

经过发掘，在窑沙坡东侧、北侧和南侧共清理出数个作坊区，作坊区之间的相互关系是既有合作又有分工。ZF1发现有瓷土坑和堆放瓷土的场所，说明该区域是炼制瓷土的地方。ZF4内有一座约300平方米的大型房屋基址，在其附近发现釉缸，说明是施釉和晾晒瓷坯的场所。ZF7房屋基址内发现有转盘车坑、釉缸、火膛等遗迹，该作坊可能是制作瓷器和施釉的场所。ZF6内发现一个陶洗池、两条排水沟和沉淀池、三个转盘车坑和部分房屋建筑遗迹及两个取土坑，该作坊的功能比较典型，就是淘洗瓷土、制作瓷坯的地方，等等。在窑炉的工作面上大多发现有煤渣，并且在煤炭中有意渗入了部分砂粒，证明金凤窑已经大规模开始使用煤炭做燃料。

从作坊区发掘清理的实际现场观看，每两至四座窑炉附近地域为该部分的作坊区，组成一个较为独立的作坊单位。现在需要将所迁移的四座窑址（Y2、Y4、Y11、Y24）全部置放于长不足30米、宽13米左右、面积约380平方米的范围内（博物馆窑址陈列区），使其区域成为一个完整的窑址作坊单位，再现迁移前的原始状态。根据成都市考古研究所、成都市文物管理委员会等部门领导和专家的建议和意见，参考作坊区发掘时的具体情况和测绘图表、照片等，共同拟订设计出作坊区的复原方案（图3-8）。

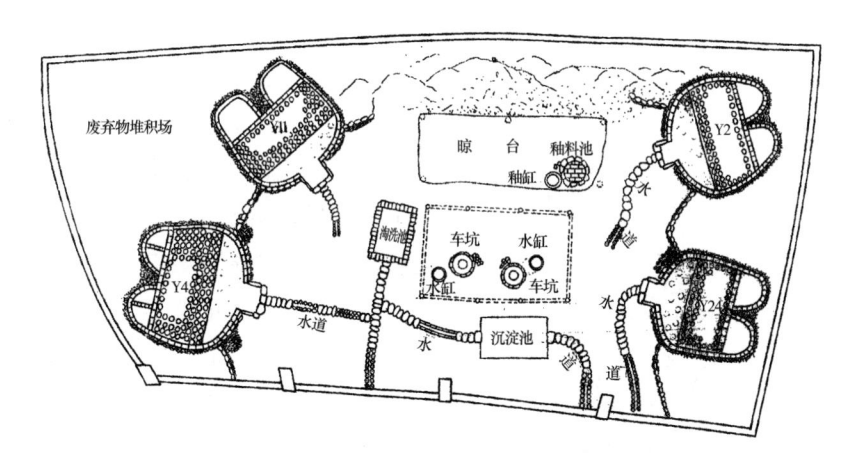

图3-8 窑址复原示意效果

窑炉均是依山而建，利用地势坡度完成窑炉的建设，因此窑炉前后方，高度存在有很大的差距，为适当表现当时的地貌环境概况，同时也要兼顾突出重点地表现窑炉本体，于窑炉的后侧方模拟成山峦起伏状态，这在相当程度上恢复了窑炉周围原有的实际形态，模拟复原出应有的排水设施。排水道多是用废弃的匣钵砌码而成，上铺排列呈一定形状的鹅卵石块，顶部与周围地面同一水平。作坊区域内的地面基本持平，在其周边范围按照发掘时的原始布局及长宽比例，使用原有窑砖将淘洗池和沉淀池砌垒成型，并于池内模拟出具体的过程和内容。在作坊区内制作了两个转盘车坑，车坑附近设置了两口水缸，还有专门晾晒瓷坯的晾台，另外还有釉料池和釉缸。根据遗址现场柱洞排列的具体情况，于作坊区内模拟掏挖了若干个排列规律的柱洞，并在其底部放置相应的础石，说明作坊区上方有搭建的房屋。而窑炉与窑炉之间的空余地方要比作坊区操作面高出许多，将一些已经烧制损坏的瓷器和窑具堆放于一起，形成废弃物堆积场。

四 讨论

我们国家是一个文物大国，每年发掘的遗址和墓葬等数以百计，其中不乏大量填补史料空白、具有重要研究价值的遗迹和遗物，如何处理和有效保护这部分珍贵的文化遗产，是目前需要进行研究和探索的一项重要课题。

按照田野考古的常规，经过发掘整理之后的遗址和墓葬，一般都要进行回填，使土地重新恢复利用。一旦遇到重大考古发现，如石器时期的半坡遗址、商周时期的偃师商城遗址和广汉三星堆遗址、秦时期的兵马俑坑、汉时期的南越王墓等，针对如此规模的有重大考古学术价值的大型遗址和墓葬，文物部门便会根据具体保护措施和设计要求投入大量的人力、物力、财力，依据出土古迹的时代特征和地貌概况，实行就地保护。而我们这次所搬迁的金凤窑址，位于都江堰市东北约 8 公里处，该范围内正在修建一座现代化的水泥厂。地理位置比较偏僻，就地保护存在相当大的难度。经过有关部门专家、学者的现场考察和论证研究，决定以服从经济建设为大局，将集中保存最为完整的四座窑炉从生产区迁移至办公区，并在办公区内修建一个以古窑为专题的博物馆。对此，窑炉如何进行搬迁，怎样组合复原，根据窑炉的现存状况及具体要求，拟就了窑地迁移复原的设计方案。对于任何时期的古物古迹实施就地保护，尤其是针对土质（砖砌）文物，能够保证其整体的组织结构形态特点不发生变化，并可以在适宜的环境中得到长期保存。而异地迁移，则会涉及切块分割，任何土质文物的切割，在一定程度上可能会造成窑体部分结构的变化和破坏，如果采用的加固保护方法手段比较合理得当，把不安全因素和损失降到最低限度，使文物恢复到原有状况，并且能够保证文物不因异地迁移而受到某种不利之影响，那么我们所做的工作才会得到大家的认可和肯定。

前面讲过，需要搬迁的窑炉均有一定高度，底部直径均在 5 米左右，一座窑炉的搬迁体积为 40～45 立方米，每立方米的重量约为 1.7 吨。就是说每座窑炉的实际重量在 70 吨左右，这样的重量采取整体搬迁肯定是不现实的，那就只能采取分块切割的方式来加以解决。更何况该窑址地处山体的中部位置，原本就没有相应的行车道路，只是临时修造了一条简易土路，吊运车辆才得以勉强工作。那么，一座窑址最终需要分割成多少块，于什么部位进行切割最为合理，切割线的宽度又应该是多少。这些都要根据窑炉的形状特征、倾斜角度、现场位置具备的环境条件和起运设备的吊装能力以及便于操作等综合方面都是要必须认真考虑的因素，结合上述情况来制定窑炉的切割数量和切割规模。切割数量越少越好，既能够保证窑炉相对的完整性，又可以在操作顺利的条件下安全地吊运分割套箱。为此把准备起取的窑炉分成了八个部分，使每一部分的体积重量趋于相应均衡，也便于后期组合复原。如果为了减少相对的切割数量，让两个及两个以上部分合二为一，增大箱框的体积，是否可以减少几条切割缝线，使局部区域面积更具备一定的完整性。例如，第七和第八组块呈一整体，或者将第五和第六组块合并为一，那么套箱的体积虽然扩大了 1 倍，重量也翻了一番，四周外围的包装板材也需要相应地加厚，达到能够承担其固有重量的保险系数，只要条件具备和允许，也未尝不可。但是现场的回旋余地过于狭小，吊装机械也达不到应有的吨位起重水平，后期组合块的就位复杂操作也存在不可预料的难度，对上述没有安全保证的方案作了放弃处理。

切割缝线的宽度设置，缝线过窄仅仅只能容纳箱体挡板是不够的，虽然在一定程度上减少了切割面积，尽可能多地保护了原有的形状特征，但是给后续工作设置了种种不利的因素，无法在这狭小的空间施展各项操作功能，并在吊装时难以避免的微小晃动都有可能造成连接墙体的破裂或倒塌。缝线太宽则过多地损坏了文物本体，违背了我们处理文物、保护文物的原则和宗旨，同时于后期窑体缝线填补复原时由于切割面积过大，有可能使该部分的形态和效果与周围原始状况存在较大反差，也是在文物处理过程中所不允许的。所以将切割缝线的宽度控制在 10 厘米左右，既能够在确保安全的前提下顺利地开展起取的各项工作，又可以保护窑体最大面积的完整性。

第二节　车马坑保护与异地迁移

不同时期的车马坑是非常具有代表性的土质遗迹。如何处置和保护这些珍贵的文化遗产，是摆在我们面前一项十分艰巨而又必须认真对待的课题任务。因此，从不同考古工地现场的实际情况出发，严格按照田野考古以及现场处置的操作规程，把出土遗迹遗物的清理方式、起取程序、保护手段等一系列工作过程处置正确，最大限度地保留保存遗迹的原始概貌和遗物的完整形制。

剔剥清理。土质遗迹的范围较为广泛，内容丰富，包括土墓葬、建筑基址、车马坑、窑灶等。但从外观形制和结构特征上来看，车马坑是土质文物中最为复杂的遗迹现象之一。工地现场遗迹现象的清理工作主要应该由考古发掘专业技术人员来具体实施完成（图 3-9、图 3-10、图 3-11、图 3-12、图 3-13）。

图 3-9　定位沟槽

图 3-10　清理车轮

第三章　遗址、遗迹的异地迁移与组合复原　87

图 3-11　清理完毕

图 3-12　资料收录

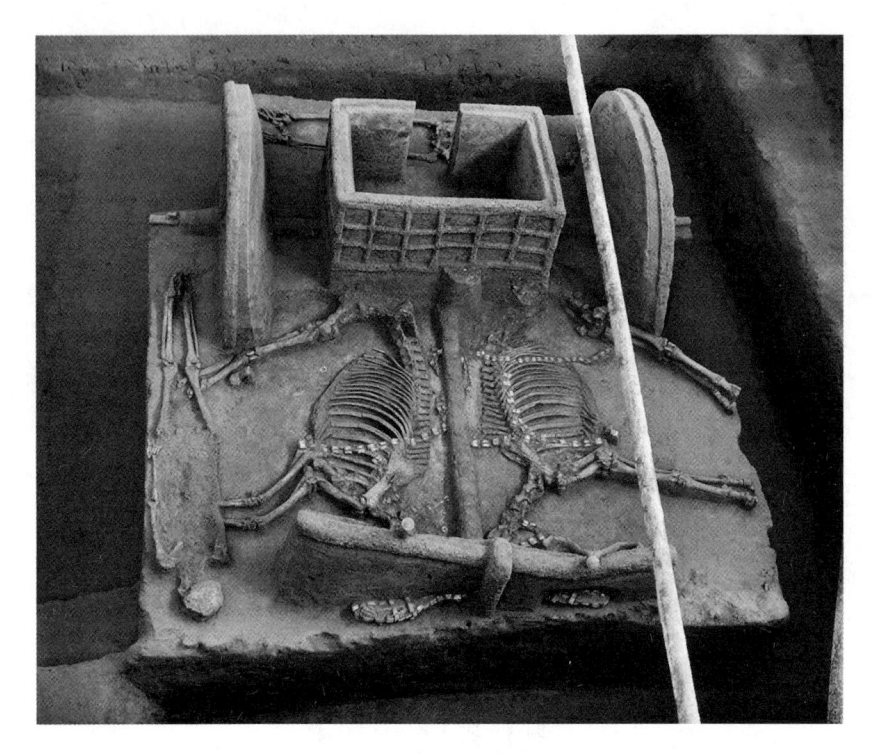

图 3-13　完成状况

样品试验。中国地域广阔,不同地区的土质在硬度、色别、成分含量等方面均有很大差别。所以,在实施具体的加固之前,要求对其样品进行必要的分析检测。比如在色别变化、抗压强度、耐(拒)水能力、耐冻融和高温等方面进行的试验,根据不同的数据结果,采用与之相适应的试剂浓度实施加固处理。

预加固。常规状态下,遗迹土体均需要进行预加固处理,加固使用的试剂量每平方米1000毫升左右。目的使遗迹表面有相应的固定作用,防止和避免此后的一系列操作程序可能给遗迹表层造成的摩擦或损坏影响(图3-14)。

起取操作程序。车马坑的结构形制大体相同,但不同时期的车具也有着不同的制式和风格。根据土质遗迹异地迁移保护的原则和要求,依据不同车具的外形特征、内部结构与地层土质现象,需要进行充分的论证与推敲,有针对性地采取不同的操作方式和运作方法。参照和结合以往的成功经验来具体地实施。

一　整体起取

如果遗迹发掘现场周围有相应的展开区域,场地较大,能够使用吊装和运输设备,那么可以采取整体套箱起取的方式进行操作,这样对于遗物的完整保护是非常有利的。其操作程序与下方的切割起取方式基本一致,不同的是其体积是切割起取

图 3 – 14 预加固处理

的若干倍,按照一般常规车马坑计算,其体积应为 15~20 立方米(图 3 – 15、图 3 – 16、图 3 – 17、图 3 – 18、图 3 – 19)。

图 3 – 15 局部保护

图 3-16 整体保护

图 3-17 底部操作之一

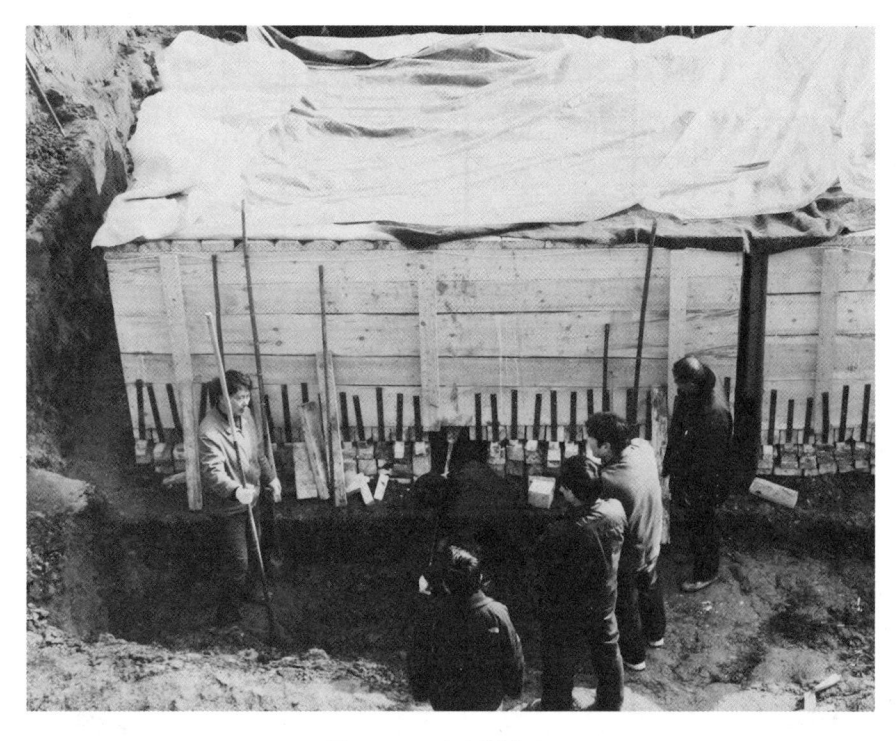

图 3-18 底部操作之二

图 3-19 套箱外观形式

车马坑整体套箱包装示意图如图 3-20、图 3-21、图 3-22、图 3-23、图 3-24、图 3-25 所示。

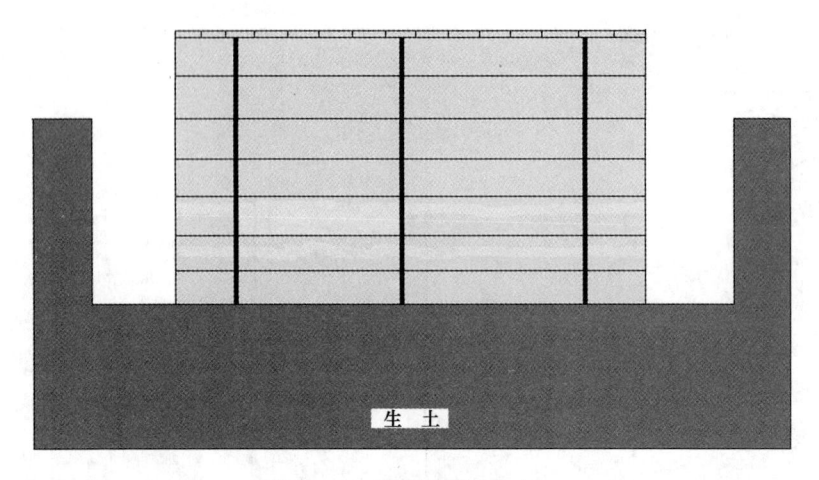

图 3-20　箱体侧面示意之一

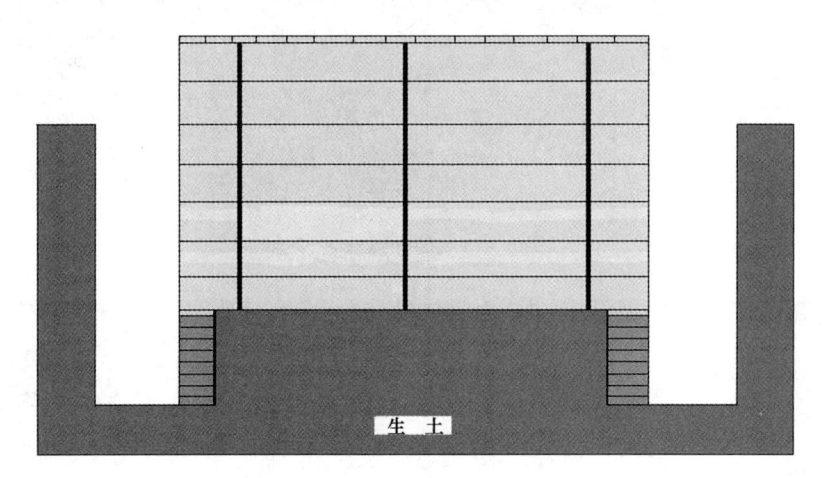

图 3-21　箱体侧面示意之二

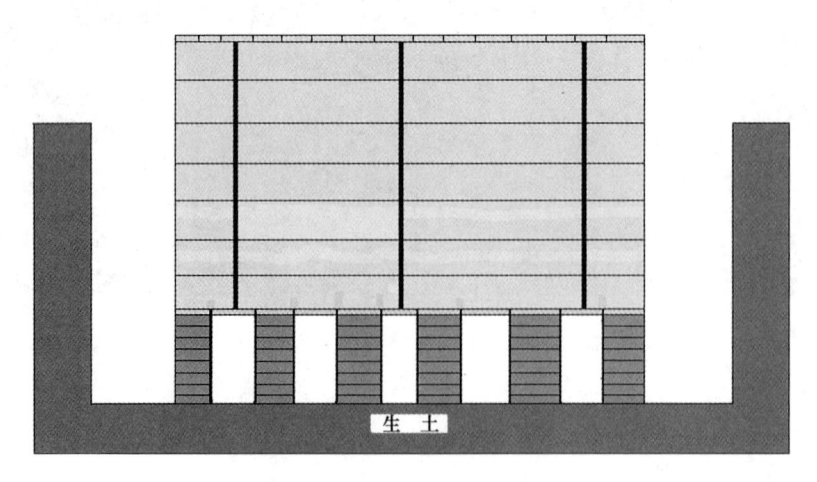

图 3-22　箱体侧面示意之三

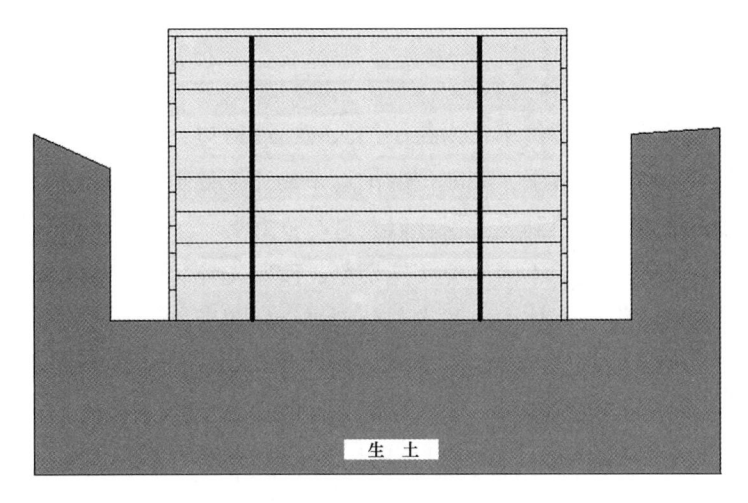

图 3-23　箱体端面示意之一

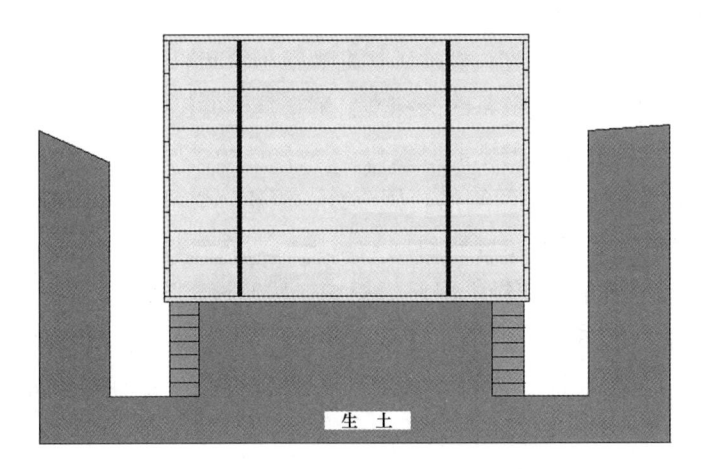

图 3-24　箱体端面示意之二

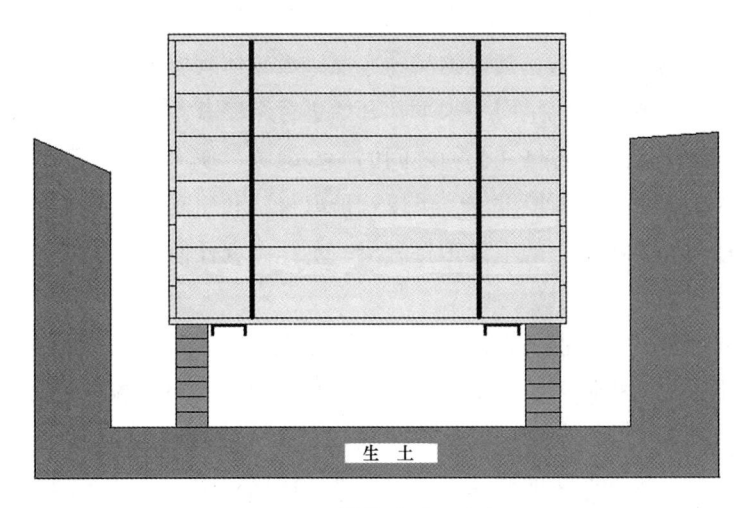

图 3-25　箱体端面示意之三

二 切割起取

考古发掘遗迹部分现场位于较为狭小的区域，或河边，或沟旁，或山腰，或山脚等，道路行驶条件十分有限，大吨位的吊运车辆往来受到一定制约。为了使具有重要学术价值的土质文物得到妥善保存以及进行良好展示，需要采取分块切割异地迁移的方式，对土质遗迹的不同部位实施切割，按照先外后内的程序依次进行。根据车马坑各个组成部分的具体内容要求，分别进行切割套箱起取过程。

第一，将车马坑的整体部分依次编号造册，拍摄影像和绘制必要的图表资料，对显露在外的车马饰件进行编号，明确掌握饰件的详细位置与角度。

第二，尽可能地减少对车马的切割损失，合理地划分每一切割组块的规模和范围，使各组块之间的比例和重量基本趋于均衡。切割口按设计要求严格控制在10厘米左右。同时，在遗迹四周以车马坑底部下方约30厘米处设定一条标准基线，该基线是起取每一切割组块的唯一标准。仔细观察车轮和厢体部分是否存在倾斜角度等不稳定状况。以下方设定的基线为标准，测量具体的长宽高度，并根据获得的数据，设计并制作与之相适应的木质套箱。

第三，首先切割的是车厢两侧的轮体部分，因轮体具有相应的高度（轮体外侧大约是120厘米），如果有角度倾斜问题，则需要在轮体两侧设立支撑点，防止轮体于切割过程中因角度倾斜出现坍塌损坏。按照设定的宽度，在车厢和轮体中间的车轴部分自上而下加以切割，切割下来比较完整的轴体需编号妥善保存，以待后用。操作中需始终注意观察主体是否有松动变化，保证整个轮体的绝对安全。

套箱在制作时，可以将套箱制作成一个完整的整体，也可以把四个侧面分别制作成独立的板块，需要按照实际要求区别对待。准备环节完成之后，使用柔软的纸张把车轮整体覆盖起来，防止其他物品的摩擦造成轮体表层损伤。将车轮底部四周修置平整，使之形成与基线呈同一水平，开始进行组装套箱。这样所形成的边框可以把轮体四周围裹起来。轮体和套箱之间的一些缝隙，使用不同厚度的聚苯板予以充填牢固，置纳不下聚苯板厚度的，可以就地取材，利用潮湿的细土充填其间，填土到一定程度时，要用适当的工具拍打夯实，不让出现任何小面积的空虚，保证轮体在操作过程中的绝对安全。

第四，对厢体底部的泥土进行掏挖。按照厢体的实际长度，沿厢体的下部外侧四周，挖掘出宽约100厘米、深80厘米的长形沟槽，以便利掏挖过程时的操作。底板的长度与厢体的宽度互为一致，单一底板宽度一般设计为20厘米左右。先从厢体的一端开始，根据底块的宽度由外向内进行掏挖，操作过程注意厢底之土体上方要与周围的边框在同一水平，不能使厢内的土体量出现亏缺。第一块底板的实际面积掏挖完毕后，需要及时地将底板穿置过去，码放正确位置和角度，使用相对一致的木块迅速地将底板支垫起来，两端的支撑力量要分布均匀，并且须十分稳妥。用八字形抓钉将底板与边框连接在一起，让其牢牢地固定于厢体上。因底板的下方已被物体支垫，整个厢体底部的支撑面积没有因此而缩小，它的稳固程度是有把握的。接着进行第二块底板所属面积的掏挖，操作形式、方法手段与上同。再进行第三块……以此类推，直到整个厢体下部的底板全部穿设就位。厢体底板两端被稳妥的物体支垫着，中间部位则形成了相应的距离空间，利用该空间把裁切完成的槽钢放置进去，槽钢的平面朝上，增大与底板的接触面积，槽形口向下，同样使用抓钉将其固定于厢体外侧，使两者也成为一个整体。槽钢之凹槽向下为起吊时穿设绳索提供了便利条件。然后根据厢体的具体位置，与周围相关联的物体作为参照物，如车厢前后两侧等，标定两者之间的准确距离和角度，在厢体相应的位置上予以标明。划定彼此之间的连接关系，为组合就位程序做好准备。

第五，车厢两侧的轮体部分起取之后，按照设计要求进行下一步（马匹骨架）的切割起取。车厢部分的起取应该是此项工作的最后一道操作程序。方法和程序与上述内容基本相同。只是要根据起取内容的不同，都以设定的基线为起取标准。

三 遗迹复原

车马坑的切割起取与组合复原，两者比较而言，后者之操作程序较为复杂，难度也大得多，每一细小步骤都要考虑得十分精确与到位。陈列展出的场所一定要进行隔水防潮处理，防止地下水向上蒸发侵蚀，使车马坑在良好的干燥环境中得到长期保存。

按照设定车马坑的安放位置，便可按编号的倒顺序将厢体就位，首先是最后起取的厢体（车厢部分）。存放场所的地面就是该土质遗迹的基点，称作零点基线，核实准确与周围各边的距离，用醒目的墨线划定范围，因为此后的诸个厢体都以该位置为衡量标准，厢体就位和拆解后一旦出现偏差，就没有可供调整的机会了。待厢体就位后，遗物底部木板和槽钢作为承担该部分的基托，被稳妥地固定在基线水平上，槽钢范围之外的所有空余部分需要支垫与其厚度相适应的砖块及其他替代物，使之底板与地面的接触区域增大，增加承载之遗迹部分的稳定性。随后撤除顶部盖板及四周部分填充物，揭开覆盖于遗物之上的隔离纸层，观察遗迹表层是否有改变情况。确定无误后把周围固定厢体的角铁拆下，再将四侧挡板依次取出，将裹贴在遗迹之上的填充物小心慎重地取除。在整个拆除过程当中，尽可能避免产生过分的震动，防止土质文物出现裂缝与坍塌。

车厢部分就位以后，随之进行的是马匹骨架的吊装就位程序，在此后就是车厢两侧轮体部分的组合复原。随着组合复原过程的逐步展开，每完成一组块的工作之后，对其切割缝线应及时地把记录有编号的切割部分填补处理，没有形成填补块的缝隙部分，需参照原始图表和照片进行补配复原，增加整个车马遗迹的综合牢固程度。复原部分要根据缝线两侧固有的形态，予以合理的补填，使缝线区域与周边的形态互为一致，过渡合理。

四　效果处理

待全部车马遗迹组合复原连接定位和切割部分补配完成之后，下一步就是处理切割复原部分的外观色别效果，直至达到理想程度。

补配部分所使用的材料，最为理想的是从工地现场准备一些与起取遗迹相互一致的土体，这样补配部分的外观、硬度和色别等更为接近。如果局部的色别效果还存在有差别，使用自然矿物颜料进行调整。经过全面加固之后，遗迹和补配部分就可达到相对的一致。

五　土体试剂加固

（一）加固材料

第一，31J丙烯酸非水分散体加固剂型号。它是高分子量的丙烯酸树脂微粒在有机溶剂中的胶态分散体，当有机载体挥发后可形成丙烯酸树脂的膜状物。由于丙烯酸树脂具有良好的耐候性，基本可以满足土质文物的保护要求。

第二，MH-1（氟硅化合物）土质加固剂。MH系列材料是由氟树脂、氟硅化合物、有机硅为主材料，又有多元材料组合的应用技术，具有以下特性。

①渗透性。具有较好的渗透性能，广泛适用于文化遗产中的土、砖、瓦、陶、石、骨骼、化石类基质和现代材料，对各类基质物体虽然存在不同的渗透速率，但却具有均衡的渗透度，且渗透程度可根据被保护物体情况而设定，并在控制范围内顺利渗入被保护物体。

②多功能性。为无色透明液体，使用后不改变被保护物体的内在性质、结构形式、外观状态及相关信息，而是提高其对所处环境的适应性，主要是凸显出抗潮湿、抗霉变、抗油污、抗灰尘、抗风化、抗冻融、抗酸碱盐腐蚀等性能。

③增强加固性能。对保护土体具有可控的增强性和结构加固作用，整体增强加固程度与渗透层厚度成正相关，而达到增强加固的时间与物体的含水率也成正相关。

④通透性。它在渗入被保护土体后，在相应厚度形成的保护结构不改变物体的微毛孔隙和应力结构，保持了与所处环境的相对湿度和温度的动静态平衡。

⑤重复再现性：对所保护土体除连续操作外，也可分多次间断操作，具有重复性能，从而达到提高土体强度的保护要求。

（二）加固方式

使用金属体喷雾器对土质文物进行加固，每平方米需要 3000~4000 毫升。因土质硬度的差异，吸纳的速度会有所区别，渗透深度也存在不同。所以，需要反复对遗迹进行喷洒，尽可能地满足其需求，但不能使遗迹表面滞留过多的加固剂，尤其是土质文物的立面，可能形成若干不同形式的流痕，这样会改变或破坏遗迹表层的固有形貌。

前面讲过，搬迁的车马遗迹均有一定立方体积，一座普通的车马坑整体搬迁体积为 15~20 立方米，每立方米的重量约为 1.6 吨，就是说，每座车马坑的实际重量应为 25~30 吨，如果在条件具备的前提下尽可能地采取整体迁移的方式进行，这样对遗迹的保护较为有利。否则，就只能采取分块切割的方式来加以解决。那么，一座车马坑要进行切割起取，最终需要分割成多少块，于什么部位进行切割最为合理，切割线的宽度又应该是多少。这些都要根据遗迹的形状特征、倾斜角度、现场位置具备的条件和起运设备的吊装能力以及便于操作等综合方面，均是必须认真考虑的因素，结合上述情况来制定遗迹的切割数量和切割规模。切割数量越少越好，既能够保证遗迹相对的完整性，又可以在操作顺利的条件下安全地吊运分割套箱。

至于切割缝线的宽度设置，缝线过宽过窄都不好。仅能容纳箱体挡板是不够的，那样做虽然在一定程度上减少了切割面积，尽可能多地保护了原有的形状特征，但是给后续工作设置了种种不利的因素，无法在这狭小的空间施展各项操作功能，在吊装时难以避免的微小晃动都有可能造成连接部位的破裂或倒塌。缝线太宽则会过多地损坏了文物本体，违背了我们处理文物、保护文物的原则和宗旨。所以将切割缝线的宽度控制在 10 厘米左右，既能够在确保安全的前提下顺利地开展起取的各项工作，又可以保护遗迹最大面积的完整性。

车马坑的异地迁移与组合复原的过程及实施方案，大多是引用以往起取遗址和墓葬的经验，只是在操作过程上进行了个别调整和补充，应该是目前起取车马坑遗迹较为成功有效的一种方式。是否还有更佳的形式和方法？就此问题可以展开多层面多角度的探讨和研究。

第四章

壁画现场处置与揭取保护

第一节 考古发掘现场壁画的类型

中国的壁画历史悠久，迄今发现最古老的壁画，可上溯到5000多年前，是一项独特的绘画艺术形式。依存在方式分为建筑壁画和墓葬壁画两种，建筑壁画基本为地上文物，而墓葬壁画则是深埋于地下墓室（含墓道）之中。古代墓葬壁画是中华民族文化遗产非常重要的组成部分，这些深藏于地下的绘画艺术作品，向我们展示着过往时代的真实历史面貌，填补了中国绘画史上的部分空白。在中国北方的广袤区域，从两汉时期开始，经魏晋南北朝、隋唐、五代十国、宋辽西夏、金元明清，均有着十分众多的墓葬壁画。而黄河流域是中华文明发源的核心区域，数千年深厚的文化积淀，为地上地下留下了极其丰富灿烂的文化遗迹。近百年来，许多举世瞩目的考古发现为重新认识和构建中华文明史提供了极其重要的实物证据。在这些考古发现中，墓葬壁画是最具特色的发现之一。这些墓葬壁画绘画题材广泛，内容丰富，是研究古代意识形态、社会生活和绘画艺术等诸多方面最为直观的资料，有着其他文物无法替代的作用，具有极高的历史文献价值和学术研究价值。

考古现场出土壁画的结构大多数由三部分组成：分别是壁画的支撑体、地仗层和画面层。以上结构的差异构成了壁画文物不同的类型。

一 壁画的支撑体

考古发掘墓葬的类型包括土洞墓、砖室墓和崖石墓。从目前资料来看以上类型的墓葬中都有壁画文物出土，因而这三种材质的支撑结构就形成了土洞壁画、砖室壁画和崖石壁画。它是壁画的承载体，在墓葬建造过程中经简单地造或凿而形成相对平整的壁面。支撑体的稳定性直接影响到壁画的保存状况（图4-1）。

图 4-1　北齐大墓壁画

二　壁画的地仗层

地仗层是在支撑体表面加工制作出来的层面，其目的把不平整的支撑体表面修饰平整，以方便在其表层绘画。构成地仗层的材料，或因地域关系或因营造者对工艺的选择等多种因素，在不同地域、不同时期或同一地域不同时期的使用，以及地仗层的厚薄等都存在许多差异。现常见类型有：泥沙土质、麦草泥质、麦草泥夹白灰质、石灰质和石膏质等。在考古发掘中还有另外一类壁画，没有加工制作出地仗层，即直接将画面内容绘制在支撑体上，为了区分于有地仗壁画，该类形式称之为无地仗壁画。

三　壁画的画面层

也称颜料层，基本由壁画底色、表面绘制颜料、调制胶液构成（图 4-2）。是壁画的核心部分。

壁画的支撑体构成了壁画不同的存在形式，地下埋藏环境因素决定了墓葬壁画的保存状况，从而对墓葬壁画的现场清理方式提出了不同要求。而地仗层的存在与否决定着现场保护与揭取办法的不同。

由此看来，考古发掘现场壁画应急处置和保护需要解决两方面的问题，第一是壁画的清理保护问题；第二是因包括环境状况以及其他因素的存在，壁画已不适合在原址保存，采取何种方式进行揭取与迁移的问题。

图 4-2　壁画颜料层

第二节　考古发掘现场壁画存在的主要问题

壁画固有结构及材料本身决定了其机械性能较差,极易受到环境影响而遭到不同程度的损坏,如潮湿或遇水变得柔软疏松,强度降低,各种病害随之而产生。因墓葬壁画长期埋葬于地下,白灰地仗层和颜料层中的植物胶或动物胶由于水的作用，始终处于高湿环境下而逐渐分解，早已失去了原有的胶黏性。另外还有可溶性盐及微生物的侵蚀危害，使得考古现场出土的壁画材质极为脆弱。所以，在考古发掘的所有绘制着壁画的墓室中，壁画都有不同程度的残破缺损，局部地仗层甚至完全脱落，其损失无法弥补。

导致壁画产生病害之原因是多方面的，包括化学、物理、生物、地质等因素的作用，其状况表现为开裂、空臌、剥落、结构性位移、画面起翘、褪色、污染等，严重危及这一土质文物的安全。

第三节 壁画保护的程序及原则

一 壁画保护程序

在考古发掘中出土的壁画文物，发掘清理的程序是：首先需要对墓葬进行常规的考古发掘清理，待考古程序（文字记录、影像拍摄、图表绘制等）基本结束后，壁画则由文物保护人员进行现场保护和壁画的揭取（这其中包括发掘过程中壁画的维护和临时性保护）。壁画保护专业性较强，需要具有长期文物保护工作经验的专业人员参与和操作。在实施处置保护和揭取之前，建立科学规范的保护步骤是必不可少的程序。该程序建立的要求是，在文物保护修复原则指导下，需要根据不同时代不同地域墓葬壁画的实际情况，制订壁画切实可行的保护方案，重点环节是对其结构和分布以及保存状况进行调查和科学评估，依此开展有针对性的处置和保护工作。常规实施程序如下。

第一，壁画墓葬保存状况调查与记录。

调查的主要内容包括：①墓葬时代、环境和结构。②壁画在墓葬中的分布、壁画的内容与艺术特征、壁画的制作材料和工艺。③壁画的病害类型等，并进行详细的文字、照相和绘图记录。通过不同的分析检测试验，对壁画的保存状况进行评估等。④完成上述程序之后，对壁画进行现场临摹记录（图4-3），保护壁画的原始出土状态。

第二，制订壁画处置保护方案。

处置保护方案包括两部分，即现场的清理处置和保护性揭取，以及实验室内修复保护程序。其主要内容包括画面清理方法、工艺、揭取步骤、使用工具及保护材料等，并估算保护时间及经费等。

第三，处置保护试验。

通过必要的实践试验，从技术层面对方案中的材料、方法及实施程序进行系统核准核查。

第四，完善壁画处置保护方案。

在试验、核查、综合分析研究的基础上，对制订的方案进行补充或修正，使之

图 4-3 壁画现场临摹

更加科学而具操作性。

第五，实施处置保护。

按照完善的处置保护方案实施，步骤应严格按操作程序进行，确保文物安全，并认真做好工作记录（文字、照相、绘图）。

第六，编写总结报告。

保护工作完成后，应及时总结，其内容包括壁画的病害类型及其特征和保存状况评估，工作中使用的方法、技术、材料及工具。总结报告亦可作为文物修复档案，将永久保存。

二 壁画处置保护原则

壁画是一类独特文物类型，与古代社会发展、民族交融、文化生活等内容密切相关，涉及政治、经济、艺术、科技、宗教等诸多因素方面，是形象的历史史书，而且所绘内容"无重复性"，每一部分都是国宝，弥足珍贵。同时由于壁画文物受到制作工艺和保存环境等诸多因素影响，出土时文物均属于十分脆弱的性质范畴，也就决定了必须持谨慎细致的科学态度实施保护的原则宗旨，做到最大限度地重现和提取相关原始信息，最大限度地揭示和保留历史遗痕，在此基础上通过使用适宜的保护材料，达到抑制或延缓文物材质逐步疏解劣化的目的，并且为重复处置与保护留下操作空间。总体上应该把握的原则有以下几点。

第一，对壁画的处置保护，必须尊重历史，尊重艺术，最大限度地保存和揭示历史信息，保持原貌，忠实再现固有状态。

第二，所用保护材料应是经过长期实践或试验证明对壁画是具有安全、无副作用的天然或合成材料，直接与壁画（尤其是与画面层）接触的保护材料，都应具有可再处理性（或不影响以后的处理）、柔韧性和优良的抗老化性能。画面层保护材料还应具有透明性、不改变画面色泽等特性。

第三，对画面层进行的各种清理和保护处理，都应遵循最小干预原则。在保护试剂的使用数量上，能不用的情况决不滥用，将施加材料的介入性降到最低。

第四节 出土壁画的现场清理与保护

在考古发掘中遇到墓葬有壁画出现时，一般有两种出土状况：一种是墓葬由于淤泥长时间的淤积作用而将壁画完全或部分覆盖（常规出现在土洞墓和封闭性相对较差的砖室墓和崖石墓）；另一种情况是在砖室墓、崖石墓密闭较好或时代较晚的土洞墓中，当实施发掘的时候，墓室或墓道内的壁画仍然处于裸露状态。

以上不同的壁画出土状况，在清理和处置保护程序上会有所不同。如被淤土覆盖的壁画，相对画面保存状况会好一些，它面临的主要问题是表面淤积土的清理和清理后环境急剧变化产生的诸多病变，就需要采取必要的保护措施保持壁画文物的稳定；另一种情况是壁画出土时其画面仍然裸露在墓室或墓道内，它存在的问题主要是长时间地下埋藏环境中，水溶性盐类作用、微生物生长等造成的画面污染问题。上述两种情况，清理原则一致，方法要区别对待。

一 现场清理保护中的几个问题

（一）壁画现场清理保护目的

墓葬壁画历经千百年的地下埋藏，由于不同的各种因素，或被覆盖或被污染，画面不清晰，因此首要目的就是经过必要的清理重现文物的原始状态。现场清理另一目的是注重现场壁画揭取和实验室修复保护的衔接关系，不至于在实验室复原中与揭取使用材料之间产生不协调，而造成后续清理工作的不确定性，实际上是要确保整体保护步骤的一致。

（二）壁画清理原则

当画面表层的沉积物或附着物影响画面外观或对画面具有危害时，应对画面进行清理。尽可能以画面显露清晰为宜，不能过度，以免损伤画面。特殊情况下，如出现壁画画面沉积物污染严重,过度清理和不确定的使用清理材料,有可能危及文物外观以及长久的保存,应以文物安全为重,不应过度强调清理的程度。

画面清理应从两个层面上进行考虑:一要判断是否需要清洗和清洗的程度;二要清理技术的合理运用。

清理前首先要明确沉积物或附着物的组成和性质(通常需要实验室分析检测),然后再选择适当的清理材料和方法。

(三)清理材料选择

第一,清理材料应是易与除去物作用而对画面层材料不敏感的物质。

第二,清理材料应易于挥发除去或漂洗除去,不致产生二次污染。

第三,清理材料应具有无毒性或低毒性、不易燃以及充分的挥发速度和纯度。

第四,严禁使用对其化学成分和配比不清楚的清洁剂或洗涤剂。

(四)清理方法选择

正确的清理方法对清理效果至关重要。方法有以下几种,方法的选择应甄别不同保存状况、类型等情况分别施用。

第一,机械清理。这里主要指使用棉签蘸溶剂沿同一方向滚擦式的清理,也可使用竹木签一类的工具,使用具备相应的柔韧性、边缘区域不锋利的工具剔除表面较厚的附着物。尽量避免使用解剖刀、摩擦剂、电动钻锯等机械工具,以免擦伤画面(图4-4)。

第二,溶剂清理。溶剂具有溶解、膨胀、软化沉积物的作用,从而使其易于除去。这种温和的物理作用,也是壁画清理的常用方法之一。

第三,化学试剂清理。使用化学试剂必须谨慎,所选试剂性能要适宜,残液要易除去、反应速度和渗透深度都要易于控制。通常可选用挥发性弱碱或弱酸以及温和的螯合剂,采用吸附材料(如宣纸、纤维素浆)吸附试剂溶液制成敷料,来控制渗透深度和作用程度。对难以挥发的试剂,处理后要漂洗彻底,不留隐患。

第四,洗涤剂清理。仅非离子型洗涤剂可用于此目的。阳离子和阴离子型洗涤剂不但不适用,而且有反作用。洗涤剂类物质一般无挥发性,用后要漂洗。

二 现场清理的步骤及程序

第一,对清除对象和画面层材料的化学成分和性质进行分析和观察。在此基础上,结合相关成熟的技术方法,选择清理材料和方法。

第二,画面对清理材料性能试验。选有代表性但不重要的部位进行试验,通常可采用棉签蘸试液滚擦的方法,观察各种颜色对清理材料的敏感性以及画面层对试

图 4-4　表层污物清理

液的吸收作用等，做好试验记录。注意不能在同一部位使用不同试剂连续试验，以免试液的累积作用影响试验结果的正确性，细致观察选择应用。

第三，清理操作。清理操作总是从画面不重要的部位开始，把重要部位留到最后以获得操作上的实践经验。

三　画面清洗常用试剂

第一，除油污、蜡质沉积常用溶剂：三氯乙烷、三乙醇胺（表面活性剂类）。

第二，除树胶常用溶剂：二甲基甲酰胺、乙醇、苯、丙酮或其混合溶剂。

第三，除动物胶常用溶剂：挥发性弱酸水溶液（如甲酸、乙酸等）。

第四，除可溶盐常用溶剂：去离子水、去离子水—纸浆敷料。（如果画面表层存在泛盐的现象，可先用软毛笔轻轻刷去）

第五，除难溶盐（碳酸盐、硅酸盐、硫酸盐）：一般先机械剔除至接近画面层，然后用试剂清洗。常用试剂有以下几种。

①AB57 混合清洗剂：

水：1000 毫升

碳酸氢铵：30 克

碳酸氢钠：50 克

羧甲基纤维素：6 克

10%烷基—二甲基—苄基氯化铵：25 克

混合成敷料使用。

②H^+型阳离子交换树脂或OH^-型阴离子交换树脂。

③1%~2%柠檬酸三胺。

第六，除鸟粪：常用机械法剔除至一薄层残痕。然后用稀氨水擦除。

第七，除霉斑：2%氯胺-T含水乙醇溶液，并用防霉剂处理（如0.02%霉敌乙醇或丙酮溶液）。

第五节　墓葬壁画揭取

壁画文物的保护问题由来已久，关于是原址保存还是揭取异地保护的探讨近半个世纪，若干事实说明，无论从经费使用角度考虑，还是从保护技术方面考虑，加之配合基本建设考古发掘中壁画墓的保护问题，现阶段墓葬壁画的原址保护存在诸多问题，尚不具备保存保护条件。所以，绝大多数墓葬壁画仍采取与原始埋葬环境脱离的形式，即揭取后异地迁移保存保护的方法，因而壁画文物的揭取就成为一项重要的考古现场处置保护技术。

墓室壁画的揭取，随其使用材料和操作工艺的不同而决定了揭取方法的差异，主要可归类为三种类型的揭取方法。第一类，有地仗壁画的揭取保护方法。这是一种类型最多、应用最广、技术最成熟的揭取方法，一般是将画面层连同地仗层一齐揭取。个别情况下是只揭取画面层和部分地仗层或单纯画面层。上述揭取范围的选择，依保存状况之不同而采取不同的操作办法。第二类，无地仗壁画的揭取。一般只揭取壁画的画面层，主要是与壁画的支撑体分离。第三类，墓室解体式异地迁移揭取。由于多种因素造成无法使用前两种方法揭取，或需要维持墓葬整体形制等而采用的方法措施。

揭取保护壁画本身是一个不可逆的操作过程，所以其对象不仅要保护画面或颜料层，还应尽可能地揭示、保存它所承载的所有考古信息。因而在考古现场对壁画画面的细致清理，以及对壁画整体性保护是极为重要的步骤，而且揭取保护中的每一操作环节之间必须相互协调，否则会造成不可预测的结果。

以有地仗壁画的揭取方法为例，说明在考古发掘现场保护中壁画揭取处置的一般工艺流程。具体如下：

考古现场原始记录—画面前期处理—确定分割线和制作壁画夹板—烘干处理—加固封护—涂抹胶液—粘贴纸张—粘贴布匹—再次烘干处理—切割画面—揭取壁画—包装运输—暂时存放。

一　原始记录

首先要对墓室情况和壁画保存状况进行分析调查评估，在此基础上制订壁画揭取方案。墓室情况调查主要包括墓室结构、稳定性、内外部环境及温湿度变化等。壁画保存状况调查主要包括壁画在墓室中的分布、面积、结构、制作材料、病害类别及病害程度等。调查记录的方式包括壁画的临摹、影像拍摄、文字记录、绘制草图和三维扫描。对墓室环境温湿度进行及时监测，其目的是控制墓室环境稳定，避免温湿度骤变。科学系统地环境调查及壁画保存状况的评估，是制订揭取保护方案的前提与基础。

二　画面预处理

壁画属于脆弱质类别文物，出土时往往已经出现开裂、空臌、酥碱或脱落，颜料层起翘、粉化等病害。所以，揭取前对结构性病害形式的治理是减少考古信息损失的一个关键环节。其主要措施包括对空臌部位的加固、对脱落的残破缺损部位的补配、对酥碱和粉化部位的加固，目的是避免揭取时断裂残块的错位或丢失等。对颜料层起翘部分进行回贴，对污染画面进行机械清理，以避免画面的损失，为后续的修复保护程序创造条件。

三　确定分割线与制作壁画夹板

严格意义上讲，对墓室情况和壁画保存状况进行分析调查评估后，壁画揭取分割线已大致确定。实际工作中对壁画分割线的核准认定，是在充分考虑墓室结构和壁画分布等实际情况之前提下完成的，首先需要考虑整体画面的完整性，其次还要考虑修复环节相邻壁画的对接问题等。在画面分割线确定之后，同时准备制作壁画夹板。

四　壁画烘干处理

由于在壁画处置保护环节中，选用国内外文保专业普遍认为综合性能较为优良的 Paraloid B72 作为加固保护材料，该物体需要使用丙酮试剂进行稀释溶解，但此保护溶液与饱水的潮湿壁画互有抵触，不具备渗透能力，达不到壁画本体强化的加固效能。所以，需要对壁画层实施烘干处理，再进行加固保护。根据现场壁画的饱水程度，选择使用暖风机、红外线灯或炭火盆烘干处理（图4-5）。

图 4-5　红外线灯加温干燥

五　加固封护壁画

在实际操作环节中，根据画面的具体情况，随时加固壁画局部。待整幅壁画烘干处理之后，即可对其实施整体封护。壁画封护的目的是增加画面及地仗层的牢固强度，以尽可能地减少揭取过程中造成壁画的部分损失（图 4-6）。

六　涂抹胶液

涂抹胶液需要在壁画封护完成之后进行，粘贴纸张、粘贴布匹使用相同的胶液。在实际工作中，胶液可选用桃胶、明胶、皮胶或骨胶，后两者胶液粘接能力较强，注意把握使用量的多寡。涂抹胶液时需均匀分布，画面不同区域相互一致，但不能超过壁画分割线。

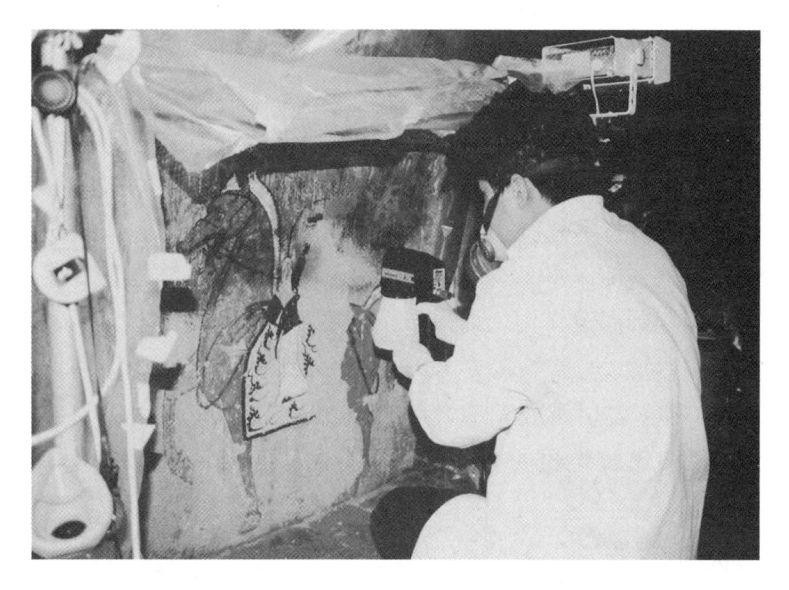

图 4-6　画面加固封护

七　粘贴纸张

贴纸主要是为避免在壁画表面留下布纹的痕迹。另外，纸张本身具备一定的拉扯力，可以起到增加壁画强度的作用，同时也便于后续修复壁画时的清除和清理。粘贴纸张应该选用柔韧性的皮纸，把皮纸裁切为 20 厘米×25 厘米左右，方便操作使用。涂抹胶液和粘贴纸张同步进行，先涂胶，后贴纸，以此顺序进行。纸张与纸张之间的衔接部位互为叠压，要求纸张与画面连接处平整、牢固贴敷，并且不能出现气泡现象（图 4-7）。

图 4-7　画面表层贴敷纸张

八 粘贴布匹

纸张粘贴程序完成后，于纸张层面再行涂抹胶液，实施贴布程序。贴布选用棉质纱布，也可用化纤布。贴布的规格视壁画切割大小等具体情况而定，最好稍大于切割画面的尺寸，以便揭取和后续修复时用于固定及手动提拉，尤其在壁画上端，贴布之富余量尽可能多地保留一些，这样可用多出来的布边缠绕在木质长棍之上，在壁画揭取时可以起到固定作用。如果布幅宽度不够，可以多使用几块，但其结合部位必须贴牢压实。实施涂胶贴布环节中，使用棕刷反复涂刷，让胶液充分渗透于布纹内部，表层不能留有任何气泡和空缺。贴布程序需要实施两遍（贴二层布），以使比较脆弱的壁画具有相应之强度（图4-8）。

图4-8 画面贴布

九 布面烘干处理

上述贴布程序结束后，使用炭火盆、红外线灯或电热风器对其进行烘干处理，直至能够顺利实施切割的程度。

十 切割画面

使用刀具沿分割线进行切割，尽量把地仗层沿剖面完全切断（图4-9）。

十一 壁画揭取

首先，准备一根粗细适宜的木条，其长度略大于壁画的宽度，将富余出来的棉质纱布缠绕于木条上，用金属器具把木条两端固定在墓壁上，开始揭取壁画。其次，使用较为锋利的美工刀，从分割线上使其与相邻壁画分离。再次，使用长柄刀具（图4-10）从壁画背部实施铲揭，让壁画与墓壁支撑体分离。壁画揭取过程一般需要两三人配合进行，从下往上，从左到右，依次进行。待壁画完全从墓壁分离后，拔除固定木条的金属器具，将准备好的托板紧贴在壁画表面，然后缓慢放下，完成壁画切割操作程序（图4-11、图4-12、图4-13）。

图4-9 切割地仗与画面

图4-10　切割工具

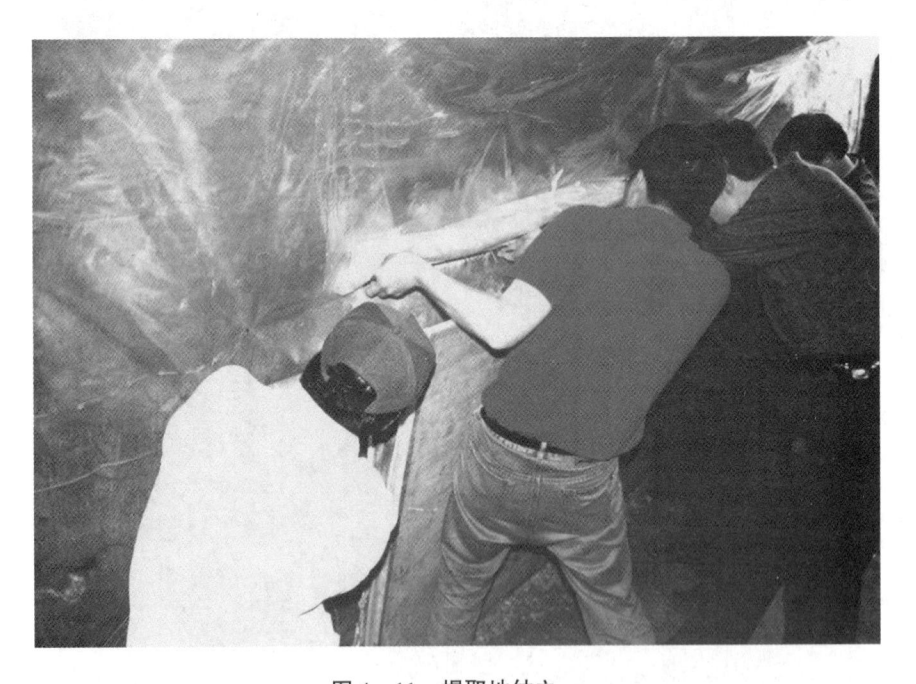

图4-11　揭取地仗之一

图 4-12　揭取地仗之二

图 4-13　地仗揭取完成

十二　包装运输

揭取的壁画放在托板上，需要固定稳妥，在壁画上下两面衬垫轻质包装物（海绵或聚氨酯发泡材料），使用两块规格适宜的木板紧紧将壁画固定于中间位置，形成一个牢固的包装体。在运输过程中，一定要控制车速，避免颠簸。

十三　暂时存放

把壁画平稳放在制作完成的暂存架上，室内应保持恒温、恒湿的存放环境。

第五章

北方地区出土漆木器病害分析与处理保护研究

中国北方地区多数属于半干旱的地理和气候环境，是比较典型的大陆性气候，年降水量一般在400毫米至800毫米之间，包括山西、陕西、河北、北京地区以及河南的北部、山东的西部、甘肃的东部等区域。这一区域范围内出土了属于夏商周时期的漆木器，是研究中国古代文明起源和发展的一个重要的组成部分，而且是不可缺少的组成部分，在学科研究方面具有重要的价值和意义。

北方地区商周时期出土的漆木器，由于器物的支撑构架完全是木质材料构成，经过数千年的埋葬时期，其木质已经完全朽烂，剩下的只是木灰痕迹而已，之所以还能有相应的外观器型存在，则完全是由滴渗淤积，土体填充支撑的结果，所以，已经不是一件完整或具备相对强度的器物。为了保留准确详细的考古信息，保持器物出土时的原始形貌，需要对其残存的表层漆膜、木胎灰迹、镶嵌饰物等以及内侧支撑土体进行必要加固保护，使每件成型的器物能够成为牢固稳定的整体，并且可以得到长期有效的保存与展示。因而，针对上述糟朽漆木器存在的诸多问题，将土体和表层漆膜处理与保护作为该项工作的重点，同时让其他痕迹和镶嵌饰物固定于土体表面，而又避免其脱落、起翘、色别变化等劣化现象产生，该操作程序包括化学试剂加固和物理支撑处理。

漆木器主要出土于这一时期墓葬以及窖穴、灰坑等遗址。北方地区的墓葬、窖穴、灰坑内部多为高湿埋葬环境，相对湿度接近100%。在数千年的埋葬过程中，器物木胎内的部分纤维素、半纤维素和木质素因蚀解流失。器物胎木早已腐蚀朽烂，木胎的空间范围缺乏足量之土体充填，加上器物外部缺少承托，在腐朽过程中器物由于内部失衡而形成的空洞和空腹现象。另外，因物理、化学及生物因素的作用和影响，文物本体发生了明显的变化，绝大多数情况下已变得相当糟朽。出土之后，由于原有的保存环境发生了较大改变（主要是气候干燥、土体内部水分大量蒸发，导致土体过快收缩），文物本体面临着能否完整保存等非常现实的问题。如何采取有效的应急处置和保护措施，是文物保护工作者需要解决的主要内容。

第一节 不同地区遗物出土（保存）情况

一 陶寺墓葬出土彩绘木器

陶寺村位于山西省襄汾县，从 20 世纪 80 年代前期开始，进行了大规模的考古发掘，其墓葬内出土了数量可观的陶器和漆木器。后者均发现于较大型之墓葬中，器身外壁施以彩绘，多数以红彩为底色，以白、黄、黑、兰、绿等色绘出图案，一部分器物仅施单色红彩。在出土现场，彩皮剥落时呈卷曲状，与漆皮较为相似，能否认定为早期漆器，还有待于对涂料样品进行分析检测。所有木器的木质部分均已腐朽成灰，从彩皮出土形状可辨认出的器型有鼓、圈足盘、长方平盘、豆、案、俎、匣、"仓形器"等。其中一件木鼓的器型比较特殊，鼓身作竖立桶形，当为树干挖制而成（图 5-1），出土时器身已倾斜变形，通高 100.4 厘米、上口直径 43 厘米、下口直径 57 厘米，外壁施粉红或赭红底色，以白、黄、黑及蓝等色绘成图案，器身中部施图案一周，回形纹饰较为明显，下部施带一周，有几何形纹和云纹等，图案上下并有条带状的边框数周。

图 5-1 陶寺木鼓

二 殷墟墓葬出土漆木器

在不同时期通过对殷墟墓葬的发掘中，出土了大量不同形制的晚商漆木器，就其品类而言，有豆、碗、杯、案、觚、盘、盒、罍、鼓、筒形器等。就其质地而言，以木胎为主。就其装饰风格而言，花纹有饕餮纹、雷纹、夔纹、蕉叶纹、圆涡纹等。色彩均朱漆地黑色花纹，漆面乌黑发亮，朱地颗粒细小，花纹纤细，比例匀称。表现了当时人们在晒漆、兑色、髹漆等几个方面的成就。就其工艺水平而言，这时期制漆工艺已经出现了薄板胎，有的还在其上漆绘雕花，使漆器表面呈现出浮雕式的美丽花纹。这时相继出现的镶嵌蚌壳、蚌泡、绿松石和玉石等各种镶嵌技术，使漆器色彩更加绚丽鲜明。不论是磨制成圆形、方圆形、三角形的绿松石镶嵌在漆器上，还是在漆器上用蚌片和龟甲镶嵌出虎纹和兽面纹饰，都将证明在距今3000多年前的商代，漆器已经出现了螺钿工艺。说明商代漆工艺已达到了相当高的水平。其中，出土于孝民屯墓地的一件蚌饰镶嵌漆木尊（或壶）非常具有其代表性（图 5 - 2）。

图 5 - 2 殷墟漆木器

三 琉璃河墓葬出土的漆木器

在北京房山区琉璃河镇黄土坡村，发掘的西周中期之墓葬中，出土了数件漆木器，器型有罍、觚、豆等。其中编号 M1043:68 的漆木罍（图 5 - 3），通高 54.1 厘米，器型较为完整，器物形制特殊，纹饰丰富。器物的外表为朱地褐彩，通体的花纹由蚌饰镶嵌和彩绘组成。该墓葬出土的漆木器大多用整块或整段木料雕凿成型，造型别致、庄重，装饰图案的绘制、雕刻、镶嵌技术之精细，达到了相当高的水平。其中，把蚌片磨成厚度为 0.2 厘米的薄片，嵌成各种鸟、兽图案，开创了中国螺钿漆器工艺的先河，使漆器生产的实用性与观赏性结合起来，成为考古学科研究、文化遗产保护及博物馆展陈的重器和精品。

图 5-3 琉璃河漆木罍

四　前掌大墓葬出土的漆木器

位于山东滕州市南 25 公里处的前掌大村，西距著名的薛国故城 1 公里。考古勘探和发掘证明，这里是商代的一处墓葬群，其时代和安阳殷墟相当，都是商代晚期的文化遗存。从 20 世纪 80 年代开始，前后进行了多次的集中发掘，出土了众多精美的漆木器具，另外还发现了部分珍贵的原始瓷器和数量众多的青铜器、陶器等。漆木器上大量使用了磨制成各种形状的蚌片，用蚌片镶嵌出各种抽象的动物形象或几何图案，一般使用在漆牌饰上，而蚌泡多装饰在容器上。从漆木器的外观形态观察大致可辨的器形有罍、盘、豆等，另外发现部分加有铜箍的木器。从漆木器的制作工艺方面看，该墓地出土的漆器主要是以黑漆为地，其上勾勒出各种互为对称的图案，同时根据器物种类的不同分别在容器表面的肩部和腹部镶嵌以蚌饰。在前掌大村遗址发掘的若干座墓葬中，许多墓葬中均出土有漆尊、漆盾牌或镶嵌蚌饰的漆牌饰等（图 5-4）。放置在墓葬中的漆木器木胎均已腐朽，而且多已变形，现场处置保护的难度非常大，不论是容器或牌饰等。在最初对墓内填土夯筑的过程中即遭到一定的损坏，而后期的盗掘则是对这批漆木器形成进一步的破坏，有些甚至是毁灭性的。虽然出土的时候色彩比较鲜艳，由于缺乏相应的内部支撑，多数已经支离破碎。

图 5-4　前掌大牌饰

五　大河口墓葬出土的漆木器

大河口墓地位于山西省翼城县大河口村北台地上，西距县城约 7 公里。目前已发掘了若干座墓葬，其中 M1 最为引人瞩目。M1 为东西方向，土坑竖穴，口小底大，墓口长 425 厘米、宽 322 厘米、深 975 厘米。在墓室二层台之上四壁发现壁龛 11 个，多数壁龛内均放置有漆木器，已知的器形有俎、罍、禁、方彝、豆及牺尊等，在一座墓葬内发现如此多的壁龛在西周时期的墓葬中可能还是第一次。另外，在墓葬的二层台上发掘出漆木俑和漆木盾牌等，中国北方地区西周墓葬内随葬木俑目前还是第一次发现。该墓葬所出土的多数漆木器，虽然部分器物的局部出现了变形和损缺现象，其外观形制基本保持着一定程度的原始状态。花纹有饕餮纹、云纹、回形纹、圆涡纹等，纹饰均由朱漆地黑色交叉而成，花纹纤细，比例匀称，使漆器表面呈现出多姿多彩的美丽花纹。器物表面还镶嵌着不同形状的蚌片、蚌泡等，在部分器物表面还镶嵌有嫩绿色粉状物所形成的条状纹饰，说明这一时期的髹漆和螺钿镶嵌工艺已经具备了非常高的水准（图 5-5）。

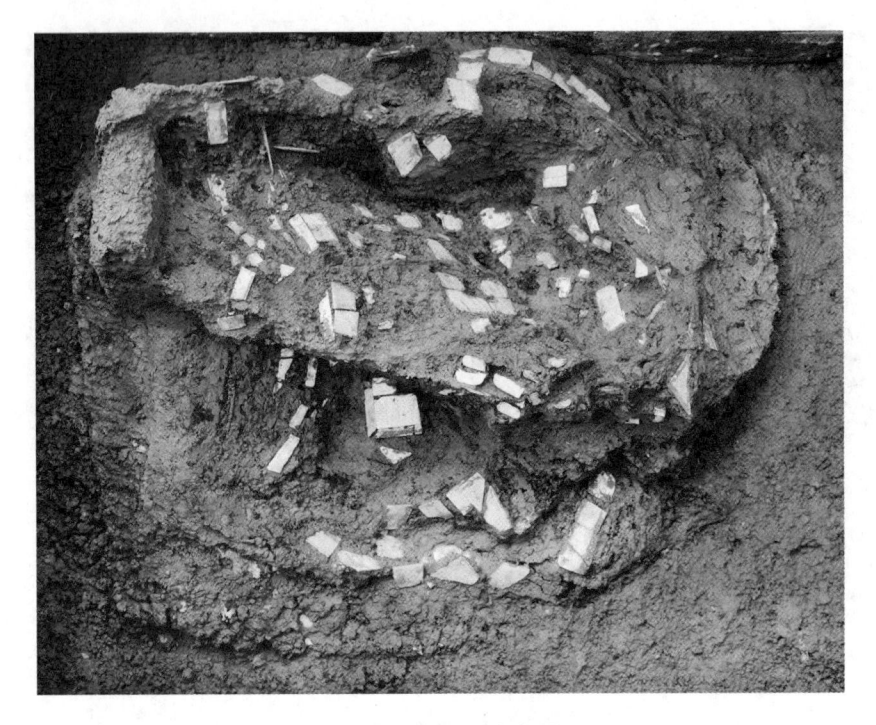

图 5-5　大河口漆木器

六　梁带村墓葬出土的木俑

梁带村位于陕西省韩城市，在发掘 M502 墓葬时，于墓葬二层台上方四角发现了四个人形木俑。从出土现场的保存状态判断，由于年代久远，木俑的木质部分已经完全腐烂朽蚀，能够看到的则是木俑的外观形状，表面没有髹漆的印迹，实际上已经完全转化成一件土质遗物（图 5-6）。文物保护人员于工地现场采取了应急处置保护之方法，通过试剂加固和石膏灌注的程序方式，对木俑实施了定型复原处理。这一墓葬出土的木俑从制作工艺上看，木俑的各个部位均是单独制作，利用榫卯结构和粘接的方法将组成部分互为连接，每一组成部分均是用整块或整段木料雕凿成形，其造型别致、形象逼真。这些都证明了在西周中晚期不同地区的木刻木雕的制作工艺已达到了相当高的水平。

图 5-6　梁带村漆木俑

第二节　器物埋葬时期的病害状态

漆木器属于脆弱质出土器物之一，其本体的抗腐性决定了该文物的腐变程度。由于长时期埋葬于地下（针对北方商周时期的墓葬），受此环境下土壤中各种微生物、酸、碱等物质的侵蚀影响，属于器物支撑体的木质纤维素彻底分解，虽然在一定程度上还保留着相对完整的器型外观，但其内部结构已经发生了根本变化。木质纤维素的分子结构遭到破坏而降解为分子材料，或通过器物表层漆膜破损处流失，或与水、土（淤泥）互为融合的方式连成一体，替代了原有木质素、纤维素和半纤维素的位置。实际上其木质部分已经全部朽蚀，仅仅只是留下薄如蝉翼的木胎灰迹，断断续续地依附于漆皮的内壁之上，漆皮的内侧已经完全被土体所替代，土体支撑着原本木质部分的框架结构，而且能够保持漆木器的外形特征，因而在发掘出土后还可以基本保留其原有的器型特征。

一　器物木胎的朽蚀

在漆木器埋葬时期，与其周围环境形成了一种比较稳定的平衡状态。漆木器一旦被发掘出土，环境因素的突然改变，势必会破坏长时期形成的平衡关系，其原因是外界空气的湿度普遍小于埋葬环境中的湿度，形成漆木器的土体发生自然脱水现象，促使大量水分迅速蒸发，从而造成漆木器内侧土体支撑结构的收缩。由于土体在收缩过程中不同部位出现的不均匀性，必然导致不同应力的产生，其结果就是器物出现变形、开裂及塌陷的状况。

第一，糟朽。

漆木器在埋葬过程中多数受到微生物和地下水中所含的酸、碱、盐的腐蚀，使漆木器原木质中纤维素、半纤维素和木质素等遭到严重破坏，出土时器物表面虽然完整无损，实际上木纤维强度已十分脆弱，加之反复的干湿变化，又会加剧木纤维结构疲劳，从而弹性和强度进一步降低，器物木质纤维组织微结构断裂，致使器物木胎糟朽，严重时则粉化。

第二，失水、变形。

无论是南方浸饱水漆木器还是北方糟朽漆木器，由于木质材质本身的吸湿性，器物吸收或含有相当比例的水分，加上材质内部与外表水分分布不均匀，其在不同区域内的脱水、吸水性能也存在较大差异。另外，出土时来不及采取科学的脱水保护处理，出土后随着保存环境的改变，造成器物干燥失水速度过快，内部和表面应力部分不均衡，产生裂隙现象，引起木纤维结构表面强度的破坏，导致器物形状结构扭曲和翘曲并引起材质的起翘和变形。

第三，残损、断裂。

木器在埋葬环境中受多种因素影响，是一个长期的腐朽过程，木质结构易严重糟朽、粉化，因而残缺不全。有些器物因残损严重，出土时会变成一堆粉末。同时，材质本身的木纤维结构遭到严重破坏，纤维强度降低，加之不同侧面受力不均衡，严重腐蚀导致器物局部强度丧失，从而引起结构断裂。

二　器物漆膜的受损原因

漆膜是涂饰于漆木器表层之生漆所形成的薄膜。生漆是漆树经人工切割从韧皮层分泌出来的天然乳胶漆，未干燥时为白色黏稠液体。主要成分是漆酚、漆酶、树胶质和水。

漆酚是生漆的主要成分，作为生漆干燥成膜的基本反应物，直接关系到漆膜性能的质量问题；漆酶是存在于生漆中的一种含铜多酚氧化酶，是生漆的重要组成部分，实质上是使漆酚固化成膜的高分子催化剂，在它的催化作用下漆酚才能常温固化；水是生漆的主要成分之一，含量占生漆质量的 15% ~ 35%，通常含水率高的生漆质量较差；树胶质是切割树皮时自动分泌出的胶体液，是一种优良的天然乳化剂和稳定剂，使生漆的各种成分成为稳定而均匀的乳液；此外，树胶质对于干燥速度和漆膜性能也有重要作用。

漆膜主要面临两个问题：一是漆膜老化。由于长期埋藏过程中受到环境影响，尤其是碱性物质腐蚀，漆膜与碱性物质发生反应产生降解氧化，导致漆膜失去光泽、颜色变化。二是彩绘脱落。由于长期遭受墓葬环境的影响，造成木器表面彩绘层之间的应力作用降低，加之出土后器物保存环境的改变，以及未对彩绘采取科学的加固保护处理而出现问题；因为脱水过程中收缩比不一样，容易引起木器彩绘的卷曲、脱落。

（一）埋葬环境影响

漆木器漆皮之劣化残损，是因为漆膜本身性质结构和外部环境的影响所造成，埋葬环境中的湿度、氧气、微生物等都会促使器物漆膜的劣化。在漆膜的劣化过程中，外部环境的影响可分为两个阶段。

第一阶段是埋葬环境下的长期老化时期，主要受特定环境中各影响因素的缓慢作用，导致漆膜降解老化，这是埋葬环境起了决定性的影响。第二阶段为加速老化时期，当老化积累到一定程度后，其劣化会加速，造成漆膜降解，漆膜空洞增加，表层相对面积随之增大，加速了漆膜界面反应。在漆膜降解的后期，漆膜吸水性能增强，这时的漆皮就具有了类似木材的性质，会受水的影响产生膨胀、收缩及卷曲。漆皮的吸水率反映了漆膜的降解程度，漆膜含水率越高说明漆皮降解现象越严重。

（二）漆膜的降解劣化

漆膜的降解劣化是一系列复杂反应的结果。漆膜本身具有较强的抗氧化能力，但是若将漆膜长期暴露于强光环境下，那么就非常容易被强光氧化降解。首先，漆膜的氧化降解反应发生在器物表层，漆膜表面受到紫外线光源长时间的照射，并且不断地增加其穿透的深度，使漆膜的降解劣化速度加快。其次，器物的漆膜几乎完全暴露直接与空气接触，空气的供应量十分充沛，并夹带着多种有害气体及污物对漆膜造成直接的破坏，改变了原本的成分结构，使漆膜的色彩弱化变淡，严重者出现断裂缺损现象。

（三）漆膜的干裂翘曲

漆膜的干裂翘曲一般是从表层开始，首先在器物边缘区域或者是不完整漆膜的破损处，呈小面积、小范围地逐渐翘曲，然后再逐步扩展到其他部位。因此，在大部分面积还未产生明显的变化之前，其局部边缘的漆膜表面就有可能出现种种程度不同的劣化现象，如翘曲严重者断裂、部分色彩弱化等。漆木器在埋葬阶段处于较为稳定的环境之中，几乎不受任何光和热的作用影响。但是受地下水的影响则较大，水的因素对漆膜有着一定的缓慢破坏作用。随着器物被考古发掘出土，稳定的平衡埋葬环境被打破，此时已经受到不同程度降解的漆膜可能会受到光、温度、湿度等外界因素的影响，对漆膜的破坏作用是十分明显的。

漆木器出土之后，处于外部环境比较干燥的情况下，漆膜中的水分随着时间推移开始缓慢蒸发，由于漆膜的透水性能较差，水分不会像其他纤维物品那样不断地由内部向外表输送，其原因是不能保持与保证漆膜内外侧的含水率均匀分布，即漆膜外侧表层受水分蒸发的影响，首先干燥收缩。漆膜内侧具备相对体积的土体，土体内之水分蒸发干燥的速度要滞后许多，仍然处于比较湿润的状态之中。由于漆膜在收缩过程中形成相对的拉扯力量，当拉力达到一定的程度时，即拉扯力量超过漆膜的自身强度及其柔韧性，漆膜会从其脆弱处断裂或从开裂处起翘。漆膜断裂的部位也随之发生起翘，起翘后漆膜内侧壁面与空气接触的面积增大，水分蒸发的速度肯定会进一步加强，内侧壁面在干燥过程中也逐渐趋向于收缩，但这种收缩力是随着水分蒸发缓慢地进行，不可能在较短时间内大于漆膜表层已产生的应力，所以内侧壁面水分蒸发的部位无法产生应有的收缩而干燥固定形状，干燥后漆膜保持着起翘的状态，或许起翘的情况能够在一定程度上得到相应的恢复，但最终不能克服外表漆膜已经产生的应力，导致漆膜最后的起翘卷曲。

漆膜发生降解，表面的降解较内侧壁面的降解要严重得多。在干燥的过程中，表面漆膜产生剧烈的收缩，而内侧则相对较弱，造成收缩状况的不一致，从而引发漆膜的起翘。对于降解状态十分严重的漆膜，其孔洞和裂隙数量随着漆膜降解的增加而更加趋于劣化。当孔洞和裂隙数量达到一定程度时，内部土体的水分能够源源不断地扩散到器物表面,表面干燥收缩产生的应力就会缩小,漆膜正反面的性质相对趋于一致,使漆膜起翘现象减缓,大面积的起翘状况也会相对缩小,取而代之的可能是漆膜整体的收缩。漆膜的起翘现象,是由几种比较复杂的因素相互作用的结果,只是各种因素作用的大小强弱不同而已。

三 镶嵌蚌饰的病害状况

蚌饰镶嵌工艺是一种富有特色的装饰手法,是用在髹漆工艺上的一种装饰手段,即用蚌壳磨饰成一定形状按照漆木器表面的图案花纹之需要,镶嵌于器物的表层,再经过表漆磨光等加工工艺后达到光华可赏的装饰效果。所用蚌壳片主要取自于螺壳、蛤蚌等材料,蚌壳的天然光彩加之漆器的光泽如锦如霞,使得螺钿镶嵌别具美妙雅丽。但随着遗物的发掘出土,蚌饰镶嵌物同样受到了诸多方面的不利影响,同样会出现多种残破缺损等不确定之劣化现象。

(一) 蚌饰断裂

镶嵌于器物表面的蚌片,在埋葬阶段由于组成器物本体的木质部分之朽蚀塌陷,其内侧又缺乏必要的支撑条件,加上周围回填土体多角度的挤压,使原本比较薄弱的较大型蚌片相互间断裂破碎成为必然(图5-7)。发掘出土之后的镶嵌蚌片,稳定的埋葬环境被打破,改变原有的存放条件。比如空气干燥、湿度蒸发过速、包装运输不当以及于处理保护环节中的其他因素,均有可能使较为脆弱蚌片的边缘部位再度破碎受损,使之在很大程度上较难如实反映其原本的完整状态。

图 5-7 蚌饰断裂破碎

(二) 蚌饰脱层

蚌壳大小和厚度是由该生物的生长年限所决定的，生长期的长短同样决定了蚌壳厚度之层位多寡，也就是说蚌壳本体是有一层层分体组合而成，类似树木的年轮。在数千年埋葬过程中，其不同程度地受到周边土体和地下水中酸性、碱性等有害物质的腐蚀影响，造成不同层位相互间出现松动之可能，导致部分蚌片于发掘出土时已呈脱层错位状态（图 5-8）。如果在脱离考古现场以后长时间不进行处理保护的话，那么，埋葬环境的改变以及存放条件的不足，更有可能会促使较为脆弱之蚌片劣化。

图 5-8　蚌饰脱层

(三) 蚌饰表层粉化

蚌片表层粉化与脱层有着本质上的不同，后者是埋葬环境的因素多一些；而前者则是在遗物出土之后，由于空气干燥、湿度蒸发过速、强光照射、长时期受到空气中有害气体和污染物的侵蚀影响，部分比较脆弱的蚌片本体已经出现了粉化的前兆。经过相关系统的处理保护程序之后，或用于博物馆展陈，或暂时存放于库房内。由于其外部环境不具备恒温、恒湿的保存条件，正常定期的检测维护不到位。另外，加固封护试剂属于化工产品，此类产品都有它的时效性，超过期限其加固效能便会减弱，甚至完全丧失效能，一些蚌片出现粉化现象也就在所难免（图 5-9）。

图 5-9　表层粉化

第三节　遗物结构显微分析

一　漆膜

对于多数器物表层的漆膜而言，其结构只是薄弱的红色漆层，其下是棕黑色层。漆膜很薄，厚度仅 10 微米左右，漆膜龟裂严重，强度极差。出土时潮湿软弱，干燥后极度脆弱，一触即碎。于显微镜之下观察，漆膜酥松、多孔、裂纹、缝隙较多，尤其表面红色层，脱落严重，极为脆弱，表面又龟裂成极小的片状逐渐脱落，露出其下的棕黑色层。漆膜本体与内侧支撑土体的连接力很弱（图 5-10）。

二　木质朽蚀灰迹

器物（具）原有的木质部分严重朽蚀，朽蚀之后形成了木灰痕迹，呈粉末状，并且处于不规则状敷贴于漆膜层位之下，色别多属于黑色，结构十分酥松软弱，一触即碎，极易粉化脱落（图 5-11）。

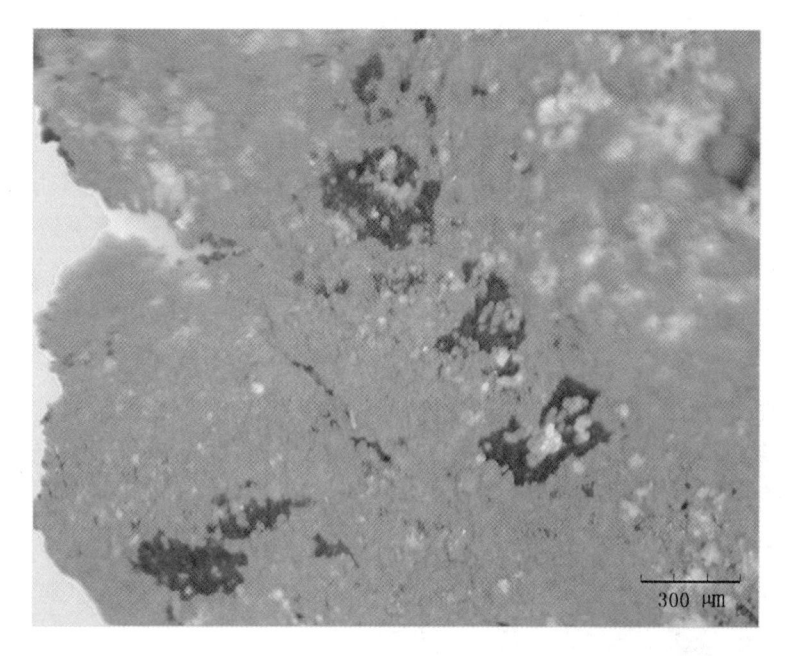

图 5-10　漆膜显微

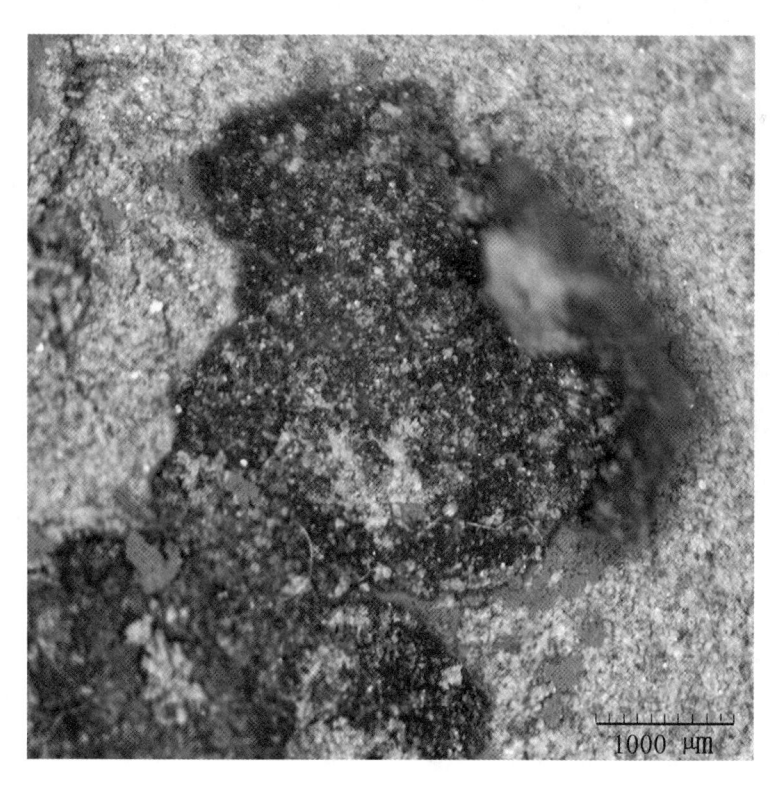

图 5-11　木灰显微

三 矿物（孔雀石）颜料

该矿物颜料多属于不规则之条状及块状，涂饰或镶嵌在器物（具）主要纹饰的间隔之间，疏松多孔，与土体的连接力很弱。在较为潮湿状态下，表层软弱，结构酥散。由于局部早已形成断断续续的脱落现象，小区域完整程度受到一定影响。如果处于比较干燥的情况，其呈条状、块状的颜料部分易于粉状化，脱落状态更为严重（图 5 – 12）。

图 5 – 12 孔雀石粉状显微

四 蚌饰镶嵌物

出土时潮湿，外观一般较完好，但牢固强度很低，饰物本体较为软弱。出土时有破损、开裂、掉渣、脱层错位，甚至粉化现象。蚌饰在显微状态下观察，分层、表面凹凸不平，有凸出的小泡和凹入的小孔，可见其内部空隙较大，易于吸水（图 5 – 13）。

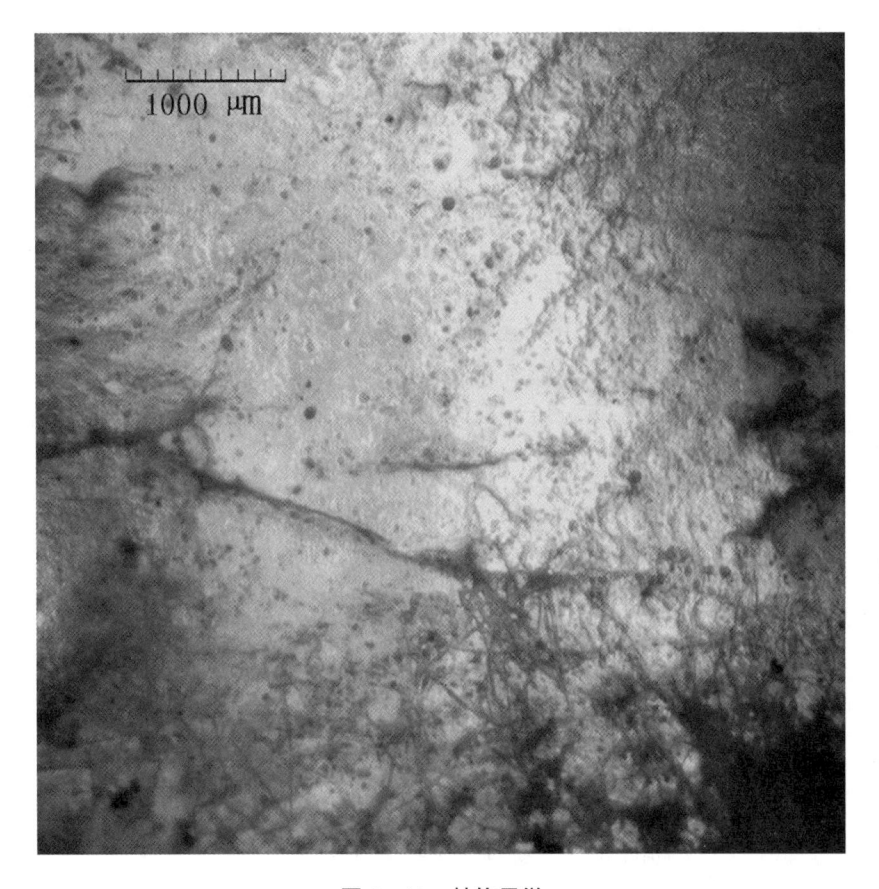

图 5-13　蚌饰显微

第四节　样品加固试验

一　加固材料的要求

糟朽漆木器的主要加固保护对象是器物表层漆膜和内侧土体，器物的形状体积一般较小，与常规土遗址的处理保护方法措施略有不同。在发掘程序结束后，对遗迹现象之范围实施整体包装起取程序，使其脱离考古发掘现场，迁移并保存于室内，在良好的室内环境条件下，可以更有效地对脆弱质遗物进行诸项环节的处理保护程序。

第一，就器物的内侧土体而言，多为渗水淤积的泥土，土质细腻结构较器外回填土体松散。要求加固试剂具有良好的渗透性能，可以均匀地深入土体内部，能够使土体的牢固程度得到明显加强，在土体强度大幅度增加的同时，表层漆膜也能与其牢固的粘接在一起，而且不能影响若干年后的再次保护。

第二，对于加固漆膜的材料，处理之后不能改变原有的外观特征，色调接近发掘出土时的湿色状态。加固材料同样应该是可逆性试剂溶液，于若干年后再次实施保护时，可以进行有效的稀释置换，或者也能与其他加固材料交叉使用。其前提是不能影响和妨碍更为有效之材料的再次处理。

二 试验程序

（一）试剂材料

水溶性试验材料：如阿拉伯胶、桃胶、建材乳液 BA-154。

溶剂性材料：MH-1、31J、Paraloid B72、AAA 胶。

阿拉伯胶是一种热带野生刺槐科胶树上所得的树胶，胶的分子量极高，加适量水调制即成胶液。桃胶为蔷薇科植物桃或山桃等树皮中分泌出来的树脂，适用于文物的加固、粘接等。建材乳液 BA-154 是由丙烯酸酯与官能单体共聚而成的自交联乳液，具有高固化性和较强的湿黏性等特点，稳定性和耐水性好，外观呈白色液体，建材上多用作胶黏剂。

MH-1 是氟硅化合物的多元组合，无色透明液体，可溶于乙醇、丙酮等溶剂，根据需要调配不同的稀释浓度，是广泛适用于土、砖、瓦、陶、骨骼、化石类基质等文物的加固材料。31J 是丙烯酸树脂的非水分散体，适用于北方地区土遗址的加固保护。Paraloid B72 为甲基丙烯酸乙酯共聚物，用于常规文物保护的加固剂、黏接剂、封护剂等。AAA 胶（合众牌）是一种环氧树脂胶，高黏度透明液体（可稀释），作为普通出土文物的常用黏接剂等（见表5-1）。

表5-1　　　　　　　　　加固材料及浓度

加固材料	溶剂	加固材料浓度	
		溶质:溶剂（质量比）	质量百分比
阿拉伯胶	水	1:20、1:15、1:10	
桃胶	水	1:20、1:15、1:10	
建材乳液 BA-154	水		1%、20%
PEG-400	水		10%、20%
MH-1	乙醇	原液、2:1、1:1	
31J	丙酮		1%、2%、3%
Paraloid B72	丙酮		2%、3%、5%
AAA 胶合成	乙醇	1:8	

（二）土样制备与加固

选择山西大河口墓葬内回填土体作为实验材料。将土体粉碎，经孔径1毫米过筛，去掉大颗粒，控制相对湿度一致（约11%）。称量10克土体装入模具内，在应力测量仪（CXL-101）操作面上以40千克（与原土块强度相同）的压力下，压制成直径2厘米、高1.6厘米的圆柱形土样。

土样制备后，选用25个土样为一组，每组用一种试剂材料及浓度进行加固。每个土样以2毫升液体为加固标准，从土样顶部缓慢滴渗加固试剂。对于MH-1浓度1:1的加固液，做了两组实验，一组以上述方法相同加固一遍，另一组则用同样方法加固两遍（第一遍干燥后加固第二遍，每个土样共约加4毫升液体）。记录每一组加固过程中的土样表层变化情况。另外，留取一组土样，不做任何加固处理，待其干燥，作为空白样品。与其他加固处理的土样进行对比。土样加固后，在室内环境下自行干燥，3个月之后对其进行测试。

（三）测试方法

样品制备完成后，对使用各种试剂加固完成后的样品，进行如下的分析测试：强度、颜色、表面状态、水渗透性、溶剂渗透性、耐水性等。

①强度分析。应用CXL-101应力测量仪，采用仪器自上而下单轴压碎土样方法，压力最大值作为土样的强度，每组样品测试10个土样，去掉最大和最小值后，取平均值做为该溶液加固后的土样强度。

②颜色分析。应用便携式精密色差仪（HP-200，上海汉谱），测试土样加固后的表面颜色，每组样品测试10个土样，去掉最大和最小值，取平均值做为该溶液加固后的土样颜色。每组样品颜色与未加固土样颜色对比得到色差值$\Delta E1$。另外测试未加固土样在含水率10%～20%范围内的颜色平均值，使每组溶液加固后的土样颜色与此未加固的潮湿土样颜色相比，得到色差值$\Delta E2$。

③透溶剂性。土样干燥后，在其加固表面分别滴渗水、乙醇、丙酮，观察其渗透性能，判别保护后土样用其他方法再次加固时的可处理性。

④耐水性。将土样浸入水中浸泡24小时，观察加固后的部分是否溶于水中。

三 加固结果分析

（一）阿拉伯胶

用阿拉伯胶加固土样时，加固液较易渗透至土体内部且渗透均匀，随浓度增大渗透速度变化不明显。阿拉伯胶在较潮湿的土壤中也较易渗透。加固时土样表面无开裂，且加固速度较快或土体较潮湿时也不易开裂。阿拉伯胶加固的土样干燥后耐水性较差。强度有所提高，按试验所用浓度的测试结果，强度约提高1.2～1.5倍。但浓度较大时强度提高的效果反而不明显，随着浓度的增加，可能影响其渗透深度，强度反而下降。经阿拉伯胶加固后的土样颜色较均匀，与未加固的干燥土样相比颜色变深，随着加固液浓度的增大而颜色越来越深。但与未加固的潮湿土样颜色较为接近，尤其阿拉伯胶浓度较小时加固的土样颜色更加接近。

（二）桃胶

桃胶渗透较缓慢，不易渗入土体内部，浓度增大时更不易渗透。加固土样干燥后表层强度较高，颜色也较深，而底部强度则改变不大，颜色也较浅。尤其是浓度较大时，容易在表层形成坚硬的外壳，出现两张皮的现象。因胶液渗透缓慢，若加固速度过快，土样表面出现开裂缝隙，待胶液向土体内部渗透之后，因其具备一定黏度，裂缝会自动弥合。桃胶加固的土样干燥后耐水性较差。检测结果反映土样整体被压破时的强度数值，比没有进行加固的原始样品提高 1.4 ~ 1.9 倍。

（三）建筑乳胶 BA-154

建筑乳胶 BA-154 乳液的渗透性能良好，土样渗透深度也比较均匀，并且在溶液浓度增加至较大比例时其渗透效果也良好。建筑乳胶 BA-154 加固时土样表面偶有开裂，但因其黏度较大，当乳液完全渗透后，裂缝也能自动黏合。乳液有明显的加固效果，使用1%浓度的乳液，样品强度提高 1.3 倍。而颜色与未加固土样相比，没有任何程度的变化。当乳液较浓达到 20% 时，则能够将土样的强度提高 2.6 倍，土样的内外强度非常均匀。与其他加固试剂相比较，建筑乳胶 BA-154 加固后的土样，不仅强度可以提高，而且具备相应的柔韧性。即使样品存在破裂现象，但也不易粉碎坍塌，土样内部有比较高的胶结强度，能够牢牢地粘在一起。建筑乳胶 BA-154 加固后的土样耐水性能很好。浓度较大时，土样的颜色会变深，但颜色很均匀，与潮湿的土样颜色较为接近。

建筑乳胶 BA-154 是一种理想的加固剂，液体浓度高其粘合能力就强，用于粘接较厚的土层及比较坚硬的漆皮，效果很好。建筑乳胶 BA-154 还可软化漆皮，渗透后可使其具有一定柔韧性，黏结能力使其可以抵御漆皮翘曲，能够将漆皮展平并牢固贴回。但建筑乳胶 BA-154 应用时应注意，若采用原液或更高溶液浓度，使用后常常在样品表面残留溶液痕迹，干燥后容易出现光膜。

（四）MH-1

MH-1 加固剂的渗透性很好，可以渗透至土体内层且深度非常均衡。在加固过程中土样膨胀率较小，小于水溶性加固液。加固后能够显著提高土体的强度，加固一遍的土样强度至少可以提高 2 倍，加固两次的土样其强度提高 4 倍以上。加固后的土样从内至外强度较均匀，不存在内外层分体现象。MH-1 加固土样的效果非常好，干燥后的耐水性能也十分理想。其表面平整、内外颜色趋于一致。在土体低潮湿状态下，加固之后土样侧面有时会出现一些细微裂纹。在土体高湿度情况下，土样表面有时会出现无色透明的析晶，如果用于较大面积的土体加固，局部会出现泛白的现象。

（五）31J

31J 试剂加固干燥土体样品，渗透迅速而且均匀，膨胀率很小，强度略有增加。如果加固速度过快或土样湿度较高，土体容易开裂。这可能与丙酮溶剂有关，丙酮与水互不相溶，当土体处于高潮湿状态，两者互相排斥而引起土样开裂。水溶性加固剂加固土样若出现开裂现象，液体完全渗透后裂缝能自动黏合，干燥后表面平整。而有机溶剂如丙酮、乙醇溶解的加固剂，加固时若有土体开裂，液体渗透后裂缝不会自动弥合，干燥后仍有裂纹。31J 加固剂基本不会改变土壤的颜色，颜色随浓度的增加只略有加深，颜色与未加固的干燥土样比较接近。31J 可提高土体的强度，强度随加固剂浓度的增大而增加。3% 的比例可以提高土样强度约 1.4 倍。

（六）Paraloid B72

使用该溶液加固土体，土样很容易开裂、破碎。只有在样品处于低湿度时，此种现象明显降低。Paraloid B72 丙酮溶液不易渗透，开始加固时渗透速度较快，其后比较缓慢，随着溶液浓度的增加，渗透速度更加缓慢。该溶液的渗透深度有一定局限性，故土样干燥后表层颜色较深，浓度增大表层颜色越深。加固部分与未渗透部位之间的颜色界限非常明显，并且表面比较容易形成结膜现象，尤其是浓度比例偏高的溶液，表面结膜的光亮程度更加明显。土体表层强度较高，而底部强度则没有改变，高浓度的 Paraloid B72 易在土体表层形成坚硬外壳，使之成为两张皮的劣化状态。由于其黏度较大、溶液不易渗透等多种原因，在加固土质文物方面存在着许多不确定因素，不适合土体的加固保护。

（七）AAA 胶

使用浓度为 1∶8 的 AAA 胶（乙醇溶解）对土体样品进行加固，其渗透能力较差，初期渗透速度稍快，随之越来越慢，并且加固液体易停留在表面，不能充分地渗透到土体的下半部分。加固后的土样表层硬度大、颜色深，其硬度与颜色与未加固土体基本等同。表层容易形成较为坚硬的外壳，内侧与外部的强度非常不均匀，土样侧面有时出现裂纹现象。因加固液较浓，加固后土样的整体强度没有明显提高。

使用该胶液对漆皮样品进行了加固试验，对于已经出现淡化现象的漆皮实施加固处理，其颜色比较鲜亮，接近于在潮湿状态下刚刚清剔出来的漆皮之原本颜色。土样制备与加固测试结果见表 5-2。

表 5-2 土样制备与加固测试结果

加固材料	加固过程描述	渗透性	表面状态	强度 千克/厘米²	颜色 L	颜色 A	颜色 B	色差 ΔE1(干)	色差 ΔE2(湿)	加固后透溶剂性 水	加固后透溶剂性 乙醇	加固后透溶剂性 丙酮	耐水性	备注
阿拉伯胶, 1:20	加固过程中无开裂,且土样较湿时也不易开裂。加固时土样膨胀,干燥后恢复原尺寸	较易渗透至土样内部,渗透也均匀。在较潮湿的土壤中也较易渗透	表面平整,颜色较均匀	32.16	43.20	8.14	14.42	9.70	1.80	较缓慢	较迅速	迅速	差	
阿拉伯胶, 1:15	同上	同上	同上	30.57	39.77	8.22	14.05	13.14	2.78	缓慢	较迅速	迅速	差	
阿拉伯胶, 1:10	同上	同上	同上	27.70	39.52	7.82	13.28	13.44	3.53	缓慢	较迅速	迅速	差	
桃胶, 1:20	若加固太快时表面有开裂,待液体下渗后裂缝又自动粘合。土样湿度大时易开裂。加固时土样膨胀,干燥后恢复原尺寸	渗透较缓慢,土样潮湿时渗透更慢,不易渗透至土样底部。渗透不均匀	表面基本平整,颜色不够均匀,表面颜色深,而底部硬度变化不大	31.52	44.14	8.24	15.07	8.77	2.28	缓慢	较迅速	迅速	差	
桃胶, 1:15	同上	同上	同上	33.12	43.67	8.28	14.75	9.24	1.94	较缓慢	较迅速	迅速	差	
桃胶, 1:10	同上	渗透缓慢,随浓度变大,渗透速度更慢,土样较潮湿时渗透不易,渗透至土样底部。渗透不均匀	同上	41.08	44.13	8.34	14.93	8.78	2.28	很缓慢	较迅速	迅速	差	
BA-154, 1%	土样表面偶有开裂,待液体下渗后裂缝可自动粘合。加固时土样膨胀,干燥后恢复原尺寸	渗透较迅速,易渗透至土样内部,渗透均匀	表面基本平整,本无变化	27.38	51.10	7.46	14.85	1.76	9.23	缓慢	较迅速	迅速		
BA-154, 20%	液体较浓,因溶解得不够均匀,渗透后土表留一层白渣,若不及时除去,干燥后会发亮。加固时土样膨胀,干燥后恢复及原尺寸	同上	表面平整,颜色均匀。加固后的土块强度大,同时还有一定的柔韧性,胶结强度大	57.32	43.57	7.62	13.97	9.33	2.55	很缓慢	较迅速	迅速	好	黏度很大

续表

加固材料	加固过程描述	渗透性	表面状态	强度 干克/厘米²	颜色 L	颜色 A	颜色 B	色差 ΔE1(干)	色差 ΔE2(湿)	加固后渗溶剂性 水	加固后渗溶剂性 乙醇	加固后渗溶剂性 丙酮	耐水性	备注
PEG-400, 10%	无裂纹。加固时土样膨胀，干燥后恢复原尺寸	渗透非常迅速，均匀。加固速度前后变化不大	土样表面完好，无裂纹。颜色、形貌与未加固的基本相同，加固后土样松软	19.42	53.78	7.62	15.06	1.00	11.85	迅速	迅速	较迅速	差	
PEG-400, 20%	土样湿度较大时也不易开裂。加固时土样膨胀，干燥后恢复原尺寸	渗透迅速，加固速度前后变化不大	土样表面完好，无裂纹。颜色、形貌与未加固的基本相同，土质极为松软	14.64	52.35	8.14	15.89	1.44	10.37	迅速	较迅速	较迅速	差	
MH-1, 原液	加固时土样膨胀率较小，加速时也不易开裂	渗透迅速，渗透均匀，渗透得非常均匀而透彻，易至土样内部	表面平整，颜色非常均匀，强度内外较一致	46.81	46.89	8.14	15.00	6.03	4.96	很缓慢	较迅速	迅速	耐水	
MH-1, 2:1	加固时土样膨胀率较小，湿度大时也易开裂	渗透较迅速，渗透后期略缓慢，渗透得均匀而透彻。易至土样内部	表面平整，偶见无色透明析晶，土样侧面有微裂纹。颜色均匀，强度内外较一致	50.31	46.34	8.33	15.18	6.60	4.38	很缓慢	较迅速	迅速	好	
MH-1, 1:1	加固时土样膨胀率较小，湿度大时也易开裂	渗透迅速，渗透后期速度越来越慢，渗透得均匀而透彻，易至土样内部	表面平整，土样侧面有横向微裂纹。颜色均匀，强度内外较一致	63.05	44.33	8.56	15.46	8.64	2.35	很缓慢	较迅速	迅速	好	
MH-1, 1:1, 2遍	样品加固两遍，第二遍3天后加固	第二遍加固，渗透速度比第一遍略缓慢，其他相同	表面平整，土样侧面偶有微裂纹，表面偶尔有无色透明析晶。颜色均匀，强度内外较一遍的略深，强度增大	92.03	43.90	8.37	14.86	9.01	2.08	不渗	较缓慢	较迅速	好	
31J, 1%	在湿度较大或加速过快时较易开裂。加固时土样膨胀率很小	渗透迅速，渗透均匀	土样有些开裂，颜色与未加固的土样基本相同	24.84	51.28	7.57	15.34	1.68	9.37	不渗	较迅速	迅速		
31J, 2%	同上	渗透迅速，渗透均匀	同上	24.84	50.95	7.74	15.58	2.10	9.01	不渗	较迅速	迅速		

续表

加固材料	加固过程描述	表面状态	强度 千克 厘米²	颜色 L	颜色 A	颜色 B	色差 ΔE1（干）	色差 ΔE2（湿）	加固后透溶剂性 水	加固后透溶剂性 乙醇	加固后透溶剂性 丙酮	耐水性	备注
3IJ, 3%	渗透迅速，渗透后期略缓慢，渗透均匀性不如1%的3IJ加固液	土样有些开裂，颜色均匀，颜色与未加固的土样接近	29.93	49.18	7.46	15.01	3.69	7.33	不溶	较缓慢	迅速	好	
Paraloid B72, 2%	加固时土样很容易开裂和破碎，只有土体湿度很小时，开裂、破碎现象才稍好一些。加固时土块膨胀不明显	土样表面多裂缝，表面破碎严重，致使强度很低。表层颜色深，界限明显。表层硬度较大，而底部硬度同未加固土样	20.38	45.48	8.04	14.66	7.42	3.68	很缓慢	较缓慢	迅速		
Paraloid B72, 3%	同上	土样表面均有裂纹。表层颜色深，颜色界限明显。表面硬度大，内部土体颜色浅，强度内外不均匀	25.15	44.79	7.76	13.73	8.15	3.50	很缓慢	缓慢	较缓慢		
Paraloid B72, 5%	同上	随浓度增大颜色加深，土块上下颜色界限明显，表面有光亮薄膜，表层硬度大，内部和底部硬度小，强度内外不均匀	23.56	39.65	6.45	10.79	13.83	5.84	不溶	缓慢	缓慢	加固的表层不溶	
AAA胶, 1:8	土体膨胀不明显	土样表面有裂纹，颜色深。表面硬度较大，土块下半部分多未加固到，侧面偶见裂纹	20.06	36.14	7.21	11.67	17.01	7.23	不溶	较迅速	迅速	加固的表层不溶	黏度很大
未加固干燥土样			21.66	52.86	7.34	14.80			很迅速	迅速	迅速		
未加固潮湿土样				42.01	8.92	15.53							

备注：颜色栏L值表示颜色的明度，L值越大明度越高；A值表示颜色的红绿值，正值为红，负值为绿；B值表示颜色的黄蓝值，正值为黄，负值为蓝；ΔE1为与干燥土样相比的色差值，ΔE2为与潮湿土样相比的色差值。

试验表明，AAA胶乙醇溶液比较适合于土体和器表漆皮进行湿色处理。此外，增大调配比例的 AAA 胶溶液，也比较适合于漆皮与土体的有效粘接，并且可具有较为良好的效果。

四　加固材料的选择

由上述结果可见，MH-1、建筑乳液 BA-154 两种加固溶液与其他材料相比，提高土体的强度方面效果更为突出。MH-1 渗透速度均衡，不改变土体的结构形式、外观状态，不改变物体的微毛孔隙和应力结构，土体仍具有一定的通透性，不阻碍之后其他加固液的渗入，不影响其他保护材料的再次加固处理。

MH-1 对土体的加固效果很好，但却不能很有效地将漆皮与土体有效地紧密结合在一起。因为 MH-1 本身黏度较小，又作为一种有机溶剂性的加固剂，即使加固时漆皮与土体尚连接在一起，在干燥的过程中，由于溶剂的挥发，也不易使漆皮与土体紧密粘接在一起。

阿拉伯胶则是一种较为理想的水溶性加固剂。阿拉伯胶在土壤很潮湿的状态下渗透性也很好，渗透迅速、均匀，且渗透深度深，不改变土体形貌，也能提高土体强度。用水溶性加固剂加固时，漆膜、土体含有的水分均匀，能够同步缓慢干燥，阿拉伯胶有一定的黏性，而且随着水分的挥发黏度变得越来越大，故能将漆膜与土体牢牢地紧密粘接在一起。

阿拉伯胶为水溶性材料，MH-1 以乙醇作溶剂。水与乙醇可相溶，用阿拉伯胶加固后的土样并不妨碍 MH-1 的加固，两者可以交叉使用。即使用 MH-1 加固保护遗物土体，阿拉伯胶加固保护遗物表层的遗迹现象。

第五节　处置程序中的环境要求

环境控制主要是温度、湿度、光源等方面的指数把握，其中湿度的控制是较为突出的问题，如果各方面指数要求都能够实现的话，就为漆木器处理保护环节的实施提供了良好基础及适宜环境。漆木器属于一种十分脆弱的遗物，对于外界环境的变化非常敏感，从完全潮湿状态到比较干燥这一过程中，环境控制掌握不当将会引起漆木器的劣化病变以致造成残缺损伤。

目前，对于饱水漆木器的脱水处理方法较多，而对于北方出土糟朽严重的漆木器来讲，脱水的主要对象换成了土体以及表层残存的漆皮和其他遗迹现象，糟朽漆木器的器形变化问题已经不存在，只是在缓慢干燥过程中应该防止土体的开裂、漆皮起翘、土体脱离以及可能出现的病害现象。在清理发掘的整个操作过程中，对外部环境进行有效控制，主要针对的是空气湿度、土体湿度和微环境湿度等，采用在土体缓慢干燥的同时,对其进行适度的试剂加固方法,使土体、漆皮及其他遗迹现象等不同性质的遗物组成部分互为紧密粘接为一体并得到有效固化,提高土体和漆皮的强度。在此基础上防止各种病变现象的产生,最终使其能够形成一个牢固的整体。

第一,实验室的发掘工作环境,其操作空间范围需要保持相对程度的恒温恒湿,温度适宜控制在 16 摄氏度左右,相对湿度宜保持在 75% 以上。室内发掘清理时的光源,一般采用冷光,但需要较高亮度。

第二,由于箱体于包装及运输过程中蒸发了大量的土体内部水分,在进入实验室进行发掘清理程序时,首先将箱体的顶部和前侧挡板一同打开,并随即向土体表层喷洒适量水分,保持箱内土体潮湿的状态下实施正常操作。其次在暂时停止发掘时,把盖板置放于遗物上方,使用潮湿织物覆盖箱体,潮湿织物之上再罩盖一层塑料布,使箱体内水分保有量不易蒸发。正常情况下,发掘清理时的箱内相对湿度应保持在 80% 以上。

第三,当一件漆木器完成清理程序后,组成遗物的土体、髹漆层以及镶嵌饰物均处于较高的湿度状况,该条件下可以使用少量试剂进行加固处理,在此基础上利用室内环境对其实施自然干燥法。自然干燥过程应该十分缓慢地进行,使土体表层水分蒸发速度和水分从土体内部向外扩散的速度相一致,保持遗物整体所含水分能够均匀、恒定、缓慢地蒸发。

第四,对于部分形体较大、外观已经变形的漆木器,清理和加固程序结束之后对其进行适量土体回填处理,使遗物在外界压力束缚下,与周围的土体在稳定环境中让水分缓慢蒸发,期间需要保持相对湿度在 70% 左右、温度不超过 20 摄氏度。

第五,对于小件遗物,提取并加固后放入恒温恒湿柜内进行缓慢干燥和保存。柜内温度恒定在 10 摄氏度,相对湿度恒定在 70%。

第六节 漆木器的发掘清理

一 现场应急处置程序

对于商周时期规模较大的墓葬以及遗迹地层(主要是灰坑、窖穴、房址地面等),非常有可能发现具备漆木器特征的现象痕迹,其表现形式往往只是在局部区域内呈零星或非规则状的少量印迹,色差标识不明显,与层位土体几乎难以区分。如果于清理程序中稍有不慎,在附近区域发现有一定规模又具备相应体积的漆木痕迹时,那么器物的完整状态就可能遭到不同程度的损伤。所以,在考古现场一旦发现存在此种迹象,只要把漆木器埋葬的范围和轮廓搞清楚即可,无须进行过于仔细的清理程序,应该保留发现时的出土状态,其目的是防止考古发掘现场不稳定的外部环境因素之影响，避免这种脆弱质遗物在此期间发生难于预测的病害。

当考古发掘程序及资料收集工作全部结束之后，首先将其他常规遗物按照发掘规程进行起取和包装保存，留出适当的操作范围和距离。然后采取整体套箱的方法形式进行包装起取，并把漆木器遗物安全地运输到实验室内。

二 实验室内精细清理

开始着手对脆弱质漆木器进行清理时，选择适当合理之清剔工具就显得十分的重要和必要。针对属于比较脆弱的处置对象，使用自行加工制成的竹木质工具应为首选。竹木材料应具备一定程度的弹性与柔韧性，可将其加工成长度20厘米左右、宽度不超过1厘米的条形状，在根据清理不同遗物位置角度的实际需求，对其一端进行适当的削切打磨，成为一件清理脆弱遗物得心应手的理想工具。此后，依照实验室考古发掘遗物的规程，对箱内土体进行清剔处理（图5-14、图4-15）。

图5-14 发掘清理

在常规情况下，漆木遗物外围表层的回填土体多为经过夯筑处理，土质结构较为紧密，具有相应的硬度。而遗物内侧的土体均是由淤积完成的，土质细腻结构松弛，局部区域还可能出现空洞现象，遗物内外的土体就强度而言，两者之间存在着较大差距。所以，在清剔遗物外层之土体时，力度的使用和把握非常关键。尤其是

图 5 – 15 发掘清理

当清剔到遗物表层土体的时候，注意力需要高度集中，加倍小心，采用稳妥的手法进行清剔处置，力求保持遗物表层漆皮的完整程度，尽量避免可能造成的局部损伤。

另外，由于漆木器内侧的木质部分早已朽蚀殆尽，遗物内部的土体结构完全处于十分虚弱松弛的状态，再经过数千年的埋葬时期，其漆皮的多数部分紧紧地粘贴在外层土体上，并且已经互为连接成一体，形成内弱外强的结构形态。那么，针对这种情况的存在，就需要放慢工作速度，采取两种不同形式内容的操作方法予以解决。要一边进行正常的精细清剔，一边对所清剔部分的下方土体实施临时性加固处理，使其清剔土体能够从漆皮的表层顺利地剥离出来，保持漆皮表面不同色别和纹饰的清晰程度。同时，部分土体也得到必要的加固处理，保护了漆木器于清剔过程中其原始状态没有出现任何的变化。

第七节 糟朽漆木器加固方法

一 试剂加固

在发掘清理过程中，土体尚处于比较潮湿的状态，而所有遗迹遗物又完全依附在土体之上，采用水溶性的阿拉伯胶对器物表层的漆皮等遗迹进行加固处理。根据漆皮的完整程度和下层土体的疏密状态，使用吊瓶、滴管和注射等方式实施加固处理。胶液浓度为 1∶20，每平方米使用大约 3000 毫升的加固试剂。即第一次的使用量为 2000 毫升，间隔 24 小时，待试剂充分渗入土体之后，再进行第二次加固处理，使用量为 1000 毫升。那么，试剂的渗透深度可以达到 1.5 厘米至 2 厘米，确保器物表面能够得到有效保护。

使用阿拉伯胶加固之后，在器物表层粘贴柔软纸张（起到隔离作用），利用潮湿之细碎土体覆盖于纸张之上，对漆皮实施回填压埋处理，其目的是在胶液的粘贴作用下，减少和避免漆皮的卷曲起翘，让漆皮和其他遗迹能够牢固地粘贴于土体之上。随后，将包装箱体重新组合并且进行稳妥固定，实施反转处理（根据器物口部摆放位置的具体朝向问题，判断其底部支撑方向）。从器物的侧面或另一端开始清理发掘，待进行至保护层面的有效距离时，保留一定厚度土体作为器物的支撑体，使用 MH-1 试剂对支撑体进行加固处理。MH-1 的浓度为 2∶1，每平方米使用剂量为 4000 毫升左右，加固过程需要在同一时间不间断连续完成，土体渗透平均深度 2 厘米左右。（图 5-16、图 5-17）

加固之后再行回填压埋处理，方法措施同上。让阿拉伯胶和 MH-1 的稀释液体在稳定的环境中缓慢挥发，完成压埋（避免漆皮的卷曲起翘）的操作程序。器物表面漆皮及其他遗迹可以得到较好的加固效果，能够保持原始的清理状况，并且漆皮等与土体牢固地连接成一个整体。

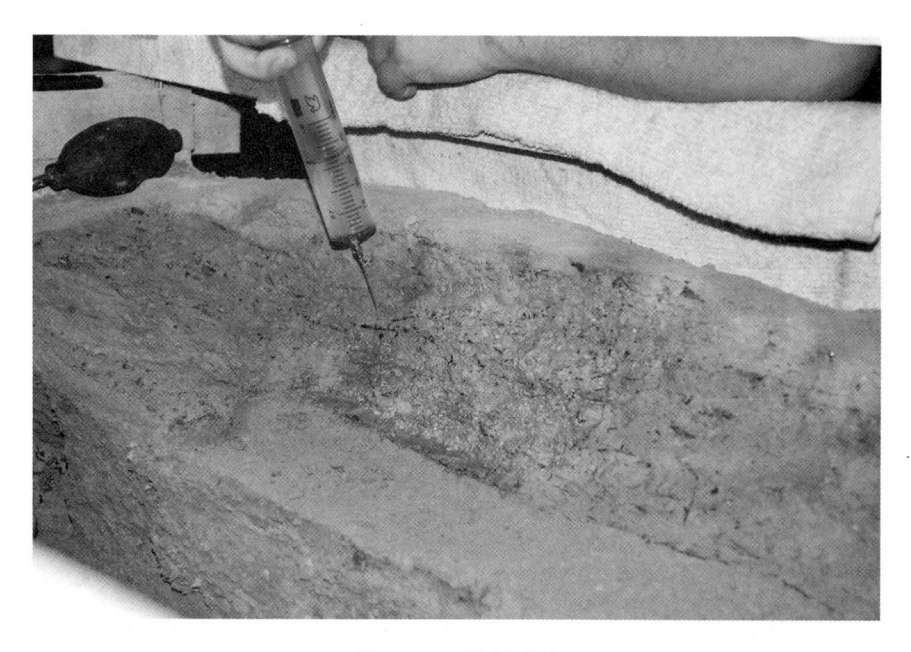

图 5-16　注射试剂

图 5–17　吊瓶加固

二　物理支撑

漆木器物在漫长的埋葬环境条件下,由于本体木质朽蚀和受到外部土体的挤压,其器型发生剧烈扭曲变化与塌陷断裂状况在所难免。对于目前已经存在的器物形状而言,调制和恢复其原有形态是绝对不可能的。那么,只能采取试剂渗透加固保护的方式,使其原始保存状态得以完整保留。试剂加固是保护器物的外形特征,并没有解决保护环节中的关键问题,应该说是一种短期的处置行为。而物理支撑是在试剂加固基础上,采取的一种让器物整体稳定牢固的必备保护措施,使其能够得到长期有效保护的根本形式。

物理支撑的形式和方法丰富多样,使用的支撑材料也各不相同,能够解决实际问题是器物保护的宗旨和目的。

(一) 石膏浆液固化成型

对于形体变化不严重的器型,如尊、壶、罍等较大型器物,将器型内侧土体进行适当的掏挖清除,形成一定范围的操作空间,保留器壁土体的相对厚度。在使用试剂加固内侧器壁的基础上,把石膏浆液浇注到留取的空间内,浆液凝固之后形成一支撑柱体。该柱体与周边土体互为连接，而器物外层漆皮等又牢固地粘贴于土体之上。那么，内侧柱体、中部土体与外层漆皮相互作用，互为连接，就可以成为一个牢固整体（图5-18）。

图5-18　漆木壶支撑加固

（二）金属材料固定支撑

该方法针对对象是小型器物及其他器型的变形部分。操作方式和手法与上述程序相似，只是可供利用的空间十分狭小，如果单独使用石膏柱体，其应有强度难于起到任何的支撑作用。需要在有限空间距离内加入不同型号的金属支撑材料，利用金属材料的特殊功能起到稳定作用，并用石膏浆液填充其间的缝隙，也能使之成为一个牢固整体（图5-19、图5-20）。

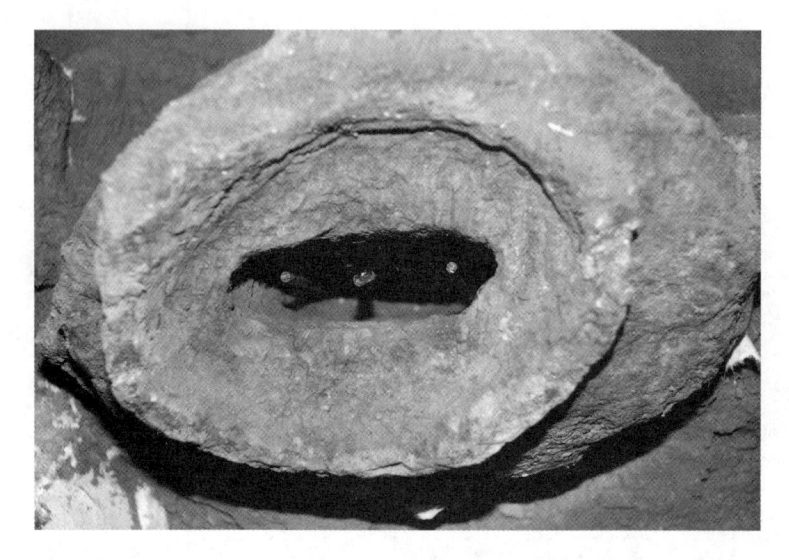

图 5-19　物理支撑

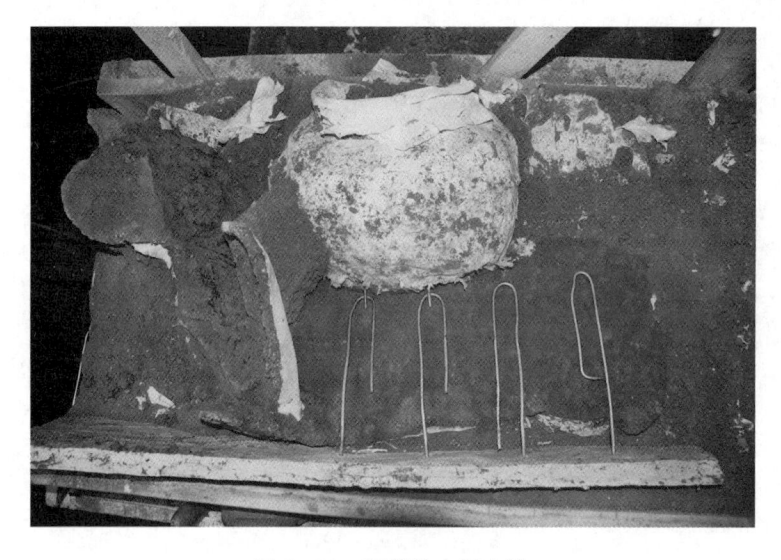

图 5-20　牺尊的内侧支撑

第八节　病害现象的处理

一　漆膜软化与回贴

试剂加固与物理支撑的处理程序结束之后，多数器物的内侧土体能够具备相当的强度，表层漆膜及其他遗迹也可与土体粘贴为一体，形成比较牢固的整体，即可在恒温恒湿的环境中进行有效保护与展示。但是对于个别器物于干燥后表层漆膜出现的起翘、脱落、粉碎等病害现象，以及部分由于出土和处理保护时间较久，出现土体松动、漆膜老化的器物（如琉璃河出土的漆木罍），需要根据病害的表现状态，对已经松动、起翘的漆膜进行软化回贴，使其重新与土体粘贴牢固。

已经起翘的漆膜处于脆弱状态，柔韧性普遍较差，很容易破碎脱落。因此回贴之前必须对漆膜实施软化处理，使其具有相应的柔韧性，进行展平、回贴粘接。经过多次实验分析，使用乙醇或丙酮等溶剂型的黏结剂均不能使漆膜有效地粘结到土体之上，干燥后漆膜或重新起翘或与土体之间仍留有空隙。而使用水溶性建筑乳液 BA-154 或聚醋酸乙烯乳液，可保持漆膜中水分，土体与漆膜内的水分可同时进行缓慢蒸发处理，并且在蒸发过程中黏结剂的黏度能够不断增大，抵抗了漆膜重新翘曲的力量，使漆膜与土体敷贴的程度越来越紧密。然而，土体干燥后减弱了对水的渗透性，不易用水溶性的材料直接加固。但土体对乙醇、丙酮试剂仍有较好的渗透性，考虑到此前加固土体使用的是乙醇溶解的 MH-1 加固剂，那么乙醇可作为软化剂并且可以与水相互混溶，在回贴的部位适宜使用乙醇进行软化处理。

第一，在漆膜起翘的部位滴渗少量乙醇，再滴渗少量水分，或直接滴加乙醇与水等同比例的混合溶液，使漆膜得到充分的湿润，达到漆膜软化的目的。

第二，待漆膜回软后，在滴渗水溶性的聚醋酸乙烯乳液或建筑乳液 BA-154 进行粘接。此时土体经过乙醇和水分的湿润后，已经能够较好地渗透水溶性黏结剂（图 5-21）。可以适当地增加黏结剂的浓度，聚醋酸乙烯乳液与水的比例为 2∶8，建筑乳液 BA-154 可选用 20% 左右的黏度，此种配比浓度不会造成加固对象表面产生亮光现象。

图 5-21　漆皮软化回帖

第三，滴渗黏结剂后，将漆膜展开拓平，表面覆盖聚四氟乙烯薄膜作为隔离层，稍加施以外力将漆膜贴回原位。若漆膜过硬或翘曲张力较大，需再次滴渗黏结剂，使用烧热的小型金属工具隔着聚四氟乙烯薄膜熨烫漆膜，随即用冷贴片按压该处漆膜，可使其回贴平整。

第四，漆膜回贴之后，及时将多余的溶液擦除干净，避免凝固后形成局部发白或发亮现象，经过回贴处理的漆膜不会再次起翘。

上述软化与回贴方法对于单层漆膜、多层漆膜、皮革状物，漆膜连带较厚的土体脱落现象均比较适用。

二 土体裂隙、空鼓的处理

针对部分出土时间较早，保护处理时间较久，已存在劣化现象的器物（如琉璃河出土的漆木罍），漆膜除了大面积起翘卷曲外，还有表面经过加固的土层与内测土层脱离，出现空鼓、裂隙以及断裂状态，这些土层表面还常常有漆膜等遗迹现象。经过实践，使用建筑乳液 BA-154 对土体病害进行的处理保护，效果很好。

第一，对于已经空鼓的土层以及土体出现裂隙、断裂的部位，先使用乙醇溶剂进行湿润处理，使水溶乳液易于渗入。

第二，将建筑乳液 BA-154 之原液稀释为 20% 的浓度，滴在翘曲土层的内侧和裂隙部位，或用注射器打入土层与土体空鼓的缝隙之间。乳液使用量需要根据土层厚薄、裂隙的深浅等具体情况而定，若涂层比较厚硬、形体较大，则需要适当增加乳液的使用量。

第三，建筑乳液 BA-154 滴渗后的土层可提高其柔韧性，与其表层衬垫一层聚四氟乙烯薄膜，对翘曲土层施加相应压力，回帖原位并使之黏结。对于裂隙或断裂部位，须使用原液进行滴渗处理，将裂隙或断裂部位黏结，凝固之后原本起翘、空鼓或开裂的土体可牢固黏结成为一体。

三 镶嵌饰物的处理

镶嵌饰物在清理出土时，可以与土体和漆膜同时进行加固处理。对于已经断裂脱落的蚌饰，使用聚醋酸乙烯乳液将其黏结完好并且恢复至器物原位。

对于已经出现断裂、脱层及粉化等劣化现象的镶嵌饰物（如琉璃河出土的蚌饰镶嵌漆木罍），若干年前使用的保护试剂其加固效能已基本丧失，部分蚌饰严重粉化，原始形状发生较大变化。对于这一现象的处理，无须刻意去除表面已经脏污、老化起翘并附带光亮度的原黏结加固材料，因为在取出的同时容易将表面蚌饰风化层粘落下来。而是将 2% 的 Paraloid B72 丙酮溶液滴渗或涂覆于蚌饰表面，丙酮能够溶解和软化原有的老化材料，待表层老化材料变软后，在表面衬垫一层聚四氟乙烯薄膜，将其按照原本位置缓慢推移到蚌饰表层，丙酮挥发后，Paraloid B72 即可将以粉化的表层重新加固好。

  在北方地区夏商周时期的墓葬中，除了出土相当数量的金属质和陶质器物外，部分墓葬还出土了精美的蚌饰镶嵌漆木器，说明有其广泛的地域性。文物保护领域的项目内容很多，但对于糟朽漆木器的处理保护则鲜有人涉足。近年来，随着不断加强对现场出土遗物处置程序的精确化和重视程度，大量具有重要学术研究价值的脆弱质遗物时有发现，极大地丰富了出土文物的种类，而漆木器就是其中的主要类别。开展半干旱地区出土漆木器的处理技术和保护方法研究，其宗旨和目的是采取灵活、简便、快捷、有效的措施手段，使难于保存的诸多遗迹遗物恢复与再现原始形貌，为学科研究提供丰富、翔实、准确的信息及实物资料。

第六章

金属文物的处理保护

第一节 青铜遗物的处理和保护

青铜遗物作为中华文化的瑰宝，几千年来一直深受人们的关注和喜爱。青铜制作的器物早在夏朝晚期二里头遗址中就已经出现了，其后的冶炼技术和铸造水平不断发展、不断完善，到了商代晚期至西周中期，此时的青铜遗物无论是艺术成就还是科技水平都达到了前无古人、后无来者的高峰，出现了众多极其珍贵的艺术珍品。随着田野考古事业的不断发展，发掘出土的青铜遗物之数量也在不断地增多，遗物的处理修复和保护任务越来越繁重，遗物的处理环节也就显得尤为重要，力争把因埋葬时期和出土后环境改变而造成的遗物腐蚀程度降到最低限度。多年来文物保护处理科技领域一直在致力于此方面的探索和研究，在学习和借鉴国内外先进经验与技术的基础上，继承传统，利用其他学科方面的理论知识和技术手段，结合出土青铜遗物的原有特点，形成了一套比较完整和成熟的实用方法技术。

一 腐蚀的主要类型

金属材料表面和周围环境起化学或电化学反应而导致的一种破坏性侵蚀，称之为金属的腐蚀。材料被腐蚀后通常会失去其原来的金属特性，变成某种化合物，以稳定的形态存在着。经过加工处理的矿石成为金属材料后，腐蚀就逐渐地开始了。腐蚀是一种自发的过程，这种自发的变化导致材料性能的破坏，使金属材料向着离子化或化合物状态变化。腐蚀既然是物质在一定环境作用下的一个自发过程，那么使它绝对不腐蚀将是非常困难的。

遗物到底会受到哪种腐蚀形式的破坏，取决于金属材料的成分、组织、结构及保藏环境条件等多种因素。不同的腐蚀形式有着不同的特征和不同的腐蚀机制，它们之间又存在着相对的联系，在现实中往往会出现多种腐蚀形式同时参与或相继参与的情况。

(一) 土壤环境腐蚀

长期的埋葬在土壤里，使得青铜遗物不同程度地遭受到土壤环境的腐蚀。由于土壤中含有大量的水分、盐类和氧气等，遗物不可避免地发生腐蚀现象，部分遗物可能遭受相当严重的腐蚀损坏，甚至被完全解体（图6-1）。土壤通常均含有一定的水分，水中溶解有多种无机盐，从而形成电解质溶液。因此，含水率的多少对土壤的腐蚀有很大的影响，在干燥或含水率较低的情况下，金属所受到的腐蚀程度不是很大或者不会很严重。当土壤含水率增加到相当的比例时，盐分的溶解量也随之增多，土壤的腐蚀性也就相应地增大。土壤作为一种胶体物质，吸收和保持水分的能力很强。土壤中水分过于充沛时，引起胶体膨胀，就会使土壤的孔隙度大大降低，从而阻碍了氧气的进入，金属的腐蚀性因此而受到了限制。土壤中含有大量的无机盐类，其中氯化物、硫酸盐和硝酸盐等具有代表性，这部分无机化合物都是可溶性盐类，都对金属的腐蚀过程产生负面影响，这种可溶性盐类在土壤中的总量只占有很小比例，溶液导电性随着含盐量的增多而增大，在土壤电解质溶液中，因其总含量的增加，会使其对金属遗物的腐蚀性随之增大。

图6-1 青铜器腐蚀破碎状

(二) 缝隙腐蚀

缝隙腐蚀发生在遗物表面的自然缝隙中，发生于金属部件之间的接合部。我们常见的已经断裂成几个部分的器物，相互连接的缝隙断面上受到腐蚀的状况较其他处要严重得多。另外,在两个同种金属的连接面上,或者不同金属甚至金属与非金属之间的连接面上,都有可能产生缝隙腐蚀。这也就是讲任何物体与金属表面相互接触,便会在两者之间形成一条缝隙。在大气环境中,缝隙连接处的水气长期存留,与缝隙相对应的金属器物表面则较为干燥,就会导致潮湿的缝隙部位发生腐蚀(图6-2)。

图 6-2 青铜器缝隙腐蚀

(三) 孔洞腐蚀

金属遗物于土壤内的葬埋时期或者处于较为潮湿的环境中,孔洞现象随时都可能发生。有害锈的腐蚀破坏可以从孔洞进一步发展到金属遗物基体的深处。出土的金属遗物均经历了一段漫长的接触土壤环境的过程,土壤环境具备充分的孔洞腐蚀的条件,因此,在这类遗物中孔洞现象随时可见(图6-3)。

图 6-3 青铜器空洞腐蚀

(四) 沉积物腐蚀

在金属遗物的出土现场,常常可以见到遗物表面黏附着一层已经钙化的水锈或土锈,因为该锈种具有相应的硬度,仅仅只采取剔剥的手段是难以完成清理程序的。另外,许多出土的金属遗物还没有经过处理保护措施就存放于非恒温恒湿条件下的库房内,甚至有的部分已经作为陈列品开始进行展出,日积月累遗物表面就会沉积玷污一层尘粒灰迹,从而形成有害的颗粒物质。在颗粒灰迹黏附层的下面,如果有腐蚀性物质存在的话,就会发生氧化还原反应。一方面由于沉积物对氧的迁移和扩散造成困难,因而使氧的供应不足;另一方面由于氧在反应过程中的消耗，使得还原反应只能在氧供应充足的沉积黏附层之外的区域进行，沉积黏附层的下面只能进行氧化反应，从而对遗物造成原本可以避免的腐蚀破坏（图6-4）。

图6-4 青铜器沉积物腐蚀

(五)"膏胶"锈腐蚀

当部分具有吸附能力的物质（如木材、纸张、丝棉麻织物等），与金属遗物表面相互接触时，由于其周期性的潮湿，外加细菌（霉菌）本体的变化作用，使得围裹于遗物表面的上述物品发生质变，形成一种类似胶质状的物质（图6-5）。它的强度和黏度均十分牢固，甚至在很大程度上都已超过了遗物本体的强度，具有很强的腐蚀破坏作用。

图 6-5 青铜器"膏胶"锈腐蚀

(六) 磨损腐蚀

磨损是一种不断损失或破坏的现象。损失包括直接耗失材料和材料的转移;破坏包括使遗物形体产生变化,失去表面精度和光泽。我们常见的一部分遗物在出土时其表面有一层很厚的锈蚀,除了水土等外界因素对它的影响之外,遗物内部的金属成分或多或少地已经转移到了器表之外,这些都是金属结构成分发生的矿化作用,使遗物从外观看起来还比较完整美观,但其内部的金属含量却因大量流失而降低了许多,整个形体已是十分脆弱,原有的重量在很大程度上产生了相应的变化(图6-6)。

图 6-6 青铜器磨损腐蚀

二 测试分析诊断

一般使用以下装置进行诊断。

X射线透过摄影装置。把所要处理的金属遗物放于该摄影装置内，按照程序将时间控制在适当范围内进行拍照。底片经处理后，通过立体观视仪，可清晰地分辨出遗物四周外侧的锈蚀情况、遗物的完好程度和表层腐蚀锈种对物体的渗透影响。

全试科式X光极回折分析装置。通过屏幕观察，可将遗物局部环节放大数倍至百倍。遗物的外观形态、内部结构的组织形式、气泡的存在状况等都可以一目了然。可以对遗物的处理过程提供参考依据。另外，还可以根据X光的原理，测定并绘制出相对的PSI度图像，即光的反应图像。

实体显微镜照相。利用显微镜放大成像效果，通过屏幕观察分析，可对遗物表面的腐蚀锈种有明显的界定，分析出锈种的有害成分。

金属成分测定分析仪。核实确定遗物局部的某个区域位置，经过测试，可以标定出准确的金像数值。结合金属元素周期表，核实出遗物器体不同部位的金属成分。如遗物表面是否存在其他金属镶嵌、镏、镀等现象。

根据上述几种仪器对遗物的测试结果，分析判断遗物不同部位的状况差异、锈蚀成因、锈蚀程度及保存状态等。设计制订出切实可行的实施方案，对遗物进行处理和保护。使每一工作环节和步骤均纳入到有计划性的程序中去，避免人为的随意性和不确定性，提高和增强处理过程中的可操作性。如果是国宝级的重器遗物，则需要组织文物保护方面的专业人员共同交流探讨，统一认识，确定妥善可行的处理途径，确保遗物能够得到长期有效保护的最终目的。

三 遗物锈蚀处理

青铜遗物的锈蚀处理工作，包括去除遗物表面的锈蚀以及防止其再度发生锈蚀。除锈就是去除因藏埋时期附着在遗物表层的有害锈，防锈则是采取相应必要的保护性处理措施防止遗物进一步的锈蚀，以求其长期稳定保存。考古发掘出土的青铜遗物，大多藏埋时代久远，不同程度地受到地下水土与矿物质等的侵蚀影响，遗物表层大多会出现类型不一的腐蚀锈层。该锈层或薄或厚地将遗物围裹起来，前者可能是较薄的一层水锈或土锈，清除起来比较简单；而后者的锈层厚度有时可达数厘米，严重影响着遗物的外观形制和各种纹饰、铭文的清晰程度。如果不立即对其采取相应的清除措施，随着存放地域环境的改变，原有藏埋时期较为稳定的状态将被打破，环境改变、温度变化、气体污染等因素将会促使各种锈蚀加快对遗物的侵蚀。锈蚀严重的遗物可能在很短的时间内丧失了文物价值。在此方面许多含铅锡成分比例较高的小件遗物之保存状况是能够说明问题的。

清除锈蚀最主要的内容就是除去遗物表层的有害锈蚀。锈蚀要清除到何种程度才比较恰当和符合要求，是一个较难把握的问题。就遗物的保存效果而言，将所有有害锈全部去除，保留无害锈种比较安全合理（图6-7、图6-8为处理前后对比情况）。如果无害锈已经完全覆盖了遗物，使遗物表面的纹饰线路不可辨识，也需要将其去除。腐蚀的类别有以下几种：全面腐蚀、局部腐蚀以及孔状腐蚀。所谓孔状腐蚀就是在金属遗物表面产生出一个小的凹陷，随之而来的是朝着金属内部进行腐蚀。其表现方式是在凹孔处及周围生出青绿色的锈状（碱式碳酸铜），在此之下已经积满了呈结晶体状的氧化亚铜，而孔之底部则有浓缩的氯化物。这部分氧化物、氯化物应尽可能地将其去除。此后，使用与乙醇混合呈糊状之氧化银，填充至由氧化物所形成的凹形孔状处，遗物中氯离子与氧化银之间发生反应后而形成的氯化银可以使之保持相对的稳定。此外，因口沿部位已经被密封，凹孔的底部不会有潮湿气体存在，生成不了氧气和水分，这样就可以抑制青铜病的进一步恶化。

图6-7 青铜器表层锈蚀情况

图 6-8 青铜器处理后状况

除锈的方法一般有两种形式：一是采用磨蚀器具和手动工具，即物理处理方式；二是使用药物将锈蚀溶解后除之的化学方式。两者之间各有可取方面和不足之处，那么就需要根据不同的对象采取不同的操作方法，灵活掌握。就目前而言，利用前者要远远多于后者。

第一种，物理处理方式。使用的手动操作工具，多为美术刀具一类的工具进行除锈。在实施过程中，依据上述仪器测试的结果，在相应的范围内进行合理清除。用这种方法除锈时注意保持遗物的完整与清洁程度，不能因为除锈而破坏遗物的本体，避免在其表面留下任何工具痕迹。另外，利用牙科医疗方面的小型研磨机或使用精密喷射加工机，也是清除锈蚀的主要手段。研磨机的主要功能是将高出遗物本体表层的锈蚀加以磨蚀去除，使用范围较广，也是比较常用的。对于已经完全钙化的锈蚀，其硬度已远远超过了遗物本体，很难用普通的磨砂轮将之消除，则可以采用在磨具中加放金刚石粉末，使其磨蚀工具的坚硬程度超过锈蚀的硬度。于操作过程中，可以在磨蚀层面上适当地加放一点蒸馏水，以降低磨蚀时产生的高温，保证遗物的绝对安全。精密喷射加工机是利用高压气体将玉米壳或者玻璃之粉末喷吹至锈蚀部位，使之层层剥离，达到所要求的预期目的（图6-9、图6-10为处理前后对比情况）。上述操作规程，都要根据检测和分析的结果，按照处理及保护文物的原则、宗旨和要求，合理地利用各种工具的使用功能，于不同范围内采取与之相适应的办法措施，最大限度地使遗物恢复其原有概貌。

图 6-9　青铜器锈蚀情况

图 6-10　青铜器处理后状况

第二种，化学处理方式。由于部分出土遗物饰有相当精细缜密的纹饰，或者是由于角度关系以及其他饰件的遮挡，物理除锈方式难于解决上述问题。那么就需要用化学试剂来进行锈蚀消除。青铜器物常用弱酸来实施去锈。一般情况下使用10%左右的弱酸水溶剂便可以将青绿锈蚀溶解，但必须预防溶液渗入遗物内部。原因是化学溶液具有比较强的渗透能力，如果出现这种情况，那么对遗物本身所造成的影响就难以估计。虽然是弱酸溶液，一旦进入遗物内部，除了能够把表面的锈蚀去除，也极有可能让遗物的金属结构出现减弱现象。即使清洗得十分干净也难以保证将溶液完全去除，少量的溶液残留，日后肯定会对遗物本体造成不利之影响。

另外，超声波锈蚀清洗技术于近年来得到了广泛的应用，其特点是清洗速度较快、效果好。具体操作过程为：把调配合适的 ACNI 缓蚀剂置入清洗槽内，同时将遗物放入槽中，溶液量要超过遗物的高度，设定相应的清洗时间，开始定时清洗。此时可以看到溶液中出现大量白色絮状物，这是遗物内部氯化物形成的络合物沉淀。液体逐步渐渐地趋向于浑浊状，超声波发生器产生出大量的气泡，对金属遗物表面的疏松锈蚀起到了剥蚀作用，液体中会出现呈粉末状的腐蚀物体。利用槽内循环水的冲洗功能，清除依附于遗物表层的絮状物。重复上述程序操作之后，需要更换清洗液体，直至清洗液中不再出现絮状物为止。然后使用蒸馏水反复对遗物进行清洗，清除残留于遗物中的清洗剂。此后将其放置于烘箱内实施烘干，或让其自行干燥也可。

因此，在不得不使用化学溶剂时，需要借助于高吸水性的树脂以避免溶液渗入到遗物内。可将树脂混合于弱酸的水溶液中并且调制成糊状，贴置于锈蚀表面，把所触及的一层锈蚀予以溶解。此后将糊状物取下，仔细清洗遗物体上的残留，并且使其快速干燥。该过程可以重复数次，每次都像撕去一层薄薄的表皮那样，遗物的锈蚀部分就会慢慢地被清除干净。总之，在处理锈蚀的过程中，应该尽可能地避免遗物接触到弱酸水溶液。而所使用的合成树脂，一定要是可逆性的，必要时也可以进行再度溶解。一般遗物的锈蚀处理办法为：物理方式和化学方式两者可以兼用，这样效果是较为明显的；但后者尽量不要经常使用，尽量减少它的使用频率（图6-11、图6-12为处理前后对比情况）。

图 6-11 青铜器锈蚀情况

图 6-12 青铜器处理后状况

四　去氯处理

关于去氯处理，需要根据遗物的地域埋葬环境，对所含氯化物的种类做出准确判断和合理的分析测试。为了使金属遗物能够安全长久地保存下去，彻底消除氯化物对遗物的损害影响，在条件较为简陋的前提下，将遗物浸泡于强碱的水溶液中去氯是最为常用的处理方式。另外还有浸泡氢氧化钠、碳酸钾、倍半碳酸钠水溶液以及氢氧化锂乙醇溶液等方法。

倍半碳酸钠的浸泡方法。将锈蚀的金属器物浸泡在5%的倍半碳酸钠溶液中，蒸馏水为稀释液体，对其溶液要进行适当加热，白天温度能够保持在40摄氏度左右，夜晚让其自行冷却。持续1周时间之后，就需要更换新的浸泡溶液。3周以后可将更换溶液的次数适当延长，大约20天一次。浸泡的总时间需要4个月左右，直到溶液中氯离子浓度降到4ppm之下为止。

氢氧化钠和碳酸钾的浸泡方法。也以蒸馏水为稀释液，配以一定比例的试剂成分，一并放置于与遗物体积相当的容器内，待充分溶解后，将遗物放入其中。小件遗物的浸泡时间1至2个月，大中型遗物的浸泡时间则需要更长一些。随着浸泡时间的推移，遗物中的氯化物不断析出，势必会增大溶液中氯化物的成分。所以，在一个处理周期内适当更换浸泡原液是十分必要的，这样才能把遗物体内的氯离子较为干净地置换出来，达到处理保护遗物的最终目的。

氢氧化锂除锈法。是以无水甲醇和等量的无水乙醇混合，置入以此重量0.2%的氢氧化锂进行搅拌，之后再加入相当于该溶剂量2倍的异丙醇，作为去氯处理溶剂。处理容器最好使用具备密封性能的不锈钢器皿。在处理过程中适度地加以搅拌，随时观察测量溶解于溶液中的氯离子含量，在达到一定浓度时就需要更换新的溶液。当氯离子浓度趋于低水平程度，从遗物中析出的量没有再度增加时，表示去氯处理已经接近尾声。这时可以将遗物从溶液中取出，并立即对其进行甲醇和蒸馏水清洗，在室温下让其自然干燥。

另外还有一种方法，实施过程不是将氯化物清除，而是不让氯化物在遗物体内活性化。这就是涂抹糊状氧化银法，其目的是形成不受氯离子侵蚀的被覆层，使遗物在一定时期内保持稳定。

五　强化封护防锈处理

经过上述处理程序，遗物内部的有害成分被排除出去，对遗物构成损害威胁的条件已经不具备了，不再继续氧化腐蚀，遗物内部整体结构趋于平衡。在这种前提下，可以对遗物进行强化封护。所谓强化，就是说遗物的金属结构已经产生变化，金属成分严重流失，虽然没有或很少涉及它的外观形制，但已经有相当部分的金属成分被氧化腐蚀了，或者说金属成分的一部分已转移到遗物外侧的锈蚀当中去了。目前能够保留下来的仅仅是个壳状形态，内部出现许多龟裂和空隙现象，物理性能很差，金属成分结构较为疏松。如果操作不妥、震动过量，遗物本体非常容易出现裂缝，甚至破碎，不利于长久保存。这就需要对其进行强化加固，使遗物的整体结构强度增加、韧性增强，为下一步的资料信息提取和学术活动及科学保存创造有利条件。

BTA（Benzo Tri Azole）是目前铜合金遗物产生青铜病之防蚀处理的较为简单而有效的方式，并且不会因此而改变遗物原有的基本色调，也是极其有效的气化性防锈剂，能够提升遗物防锈之效果。BTA 溶液的配制方法是：使用 4‰ 的苯丙三胆唑和 2‰ 的硼砂，蒸馏水为稀释液体。首先将蒸馏水加热至 60 摄氏度，把二者分别搅拌溶解，完全溶解后合为一体置入容器内，同时将遗物一同放置入，大型遗物可采取表面涂抹或喷洒的方式。大约一小时后取出，处理过程结束。BTA 与亚铜离子和二价铜离子分别形成稳定的配合物，并且同时与金属铜配合成膜，这一层肉眼看不见的保护膜具有一定的抗腐蚀能力。然后使用乙醇把遗物冲洗干净，如此就形成了遗物与 BTA 的稳定化合物。即使氯离子能够再度活跃起来，这层覆模也能保护金属部分不致腐蚀。但是，该种物质在酸性的环境下较不稳定，需要再一次浸渍其他合成树脂，才能让 BTA 在遗物内部稳定下来。同时还必须使遗物隔绝自然气候下的氧气和水分。

加固强化金属遗物较为广泛使用的方法还有丙烯酸类合成树脂（Paraloid B72 溶液）。该物质呈无色透明颗粒状，丙酮与甲苯及二甲苯作为浸泡稀释原液，待充分溶解之后对遗物实施浸泡或喷涂都是可行的，遗物表面经处理后不留任何痕迹，是一种比较理想的强化加固材料。它不但可以充分地渗透至遗物内部，形成网格链条状，在遗物壁内上下互为作用，保护器壁的完整性，增加器壁的坚固程度，提高遗物的抗腐能力。而且，尤为重要的是它具有了拒水能力，任何金属物体，没有了水的参与侵蚀，形成不了相应的腐蚀条件，也就难于形成危害之影响。总之，掌握和处理好这一关键环节，可以保证遗物在相当长时期内保持完好。

六　补配复原

所有出土的遗物，因长时期藏埋于地下，受到来自多方面之土体沙石的挤压，除部分因其器型结构的内在因素，如型体偏小、内壁较厚，能够抵御无形之压力，保持了其原有完整形制，其余部分恐怕已是残缺不整，破碎崩裂，型体外观严重扭曲变形，已经不是当初的华丽庄重之态。对此，扭曲变形的需要调整，破碎的需要黏合焊接，残缺的需要补配复原。一件遗物从残破恢复至原状，是一个程序复杂的系统过程，需要操作人员具备美术、冶金、化工等多方面的基础常识和技能，还要了解不同历史时期、不同地域出土遗物的特点。因为时期和地域之间的差异，所出土的遗物器型肯定是有区别的，复原遗物就应当掌握不同器物的特征，重复相同的毕竟为数不多。如果于操作过程中出现偏差和遗漏，那么就会失去正常的判断标准。所以，遗物的调整补配复原是一项非常慎重严谨的工作，必须认真正确对待。遗物由破碎、残缺、扭曲变形恢复到原有完整状态，其中补配和焊接、黏合缝线部分与遗物的色别有很大差异，需要进行颜色调整。一般常用的是矿物质颜料，乙醇漆脂作为黏合稀释液体，使用油画笔将其两者的混合物弹涂至补配的部分上面，表面外观和颜色效果与四周遗物的衔接一定要协调统一，过渡合理。

所有用于补配黏合的原材料都必须是可逆性的。于实际操作过程中对存在偏差的部分随时予以调整修正，使其器型合理规范，纹饰线路通畅，花纹对称整洁，色调纯正符实，真正体现国之瑰宝的应有价值。

第二节　铁质遗物的处置修复方法

中国是最早使用铁器的国家之一，距今2500多年前的战国时期就已经开始制造和使用铁器。先民们对于铁器的生产加工非常重视，由于铁金属的矿藏含量与其他金属相比较更为丰富，开采条件和工艺技术要求相对比较简单，易于操作，可以大量地运用于生产和生活的各个方面。中国的铁器大致兴起于战国时期，发展于两汉，成熟于南北朝。

在出土现场部分铁器的表层常常依附一些已经腐朽而且非常脆弱的物质，大多是布纹痕迹或颜料等不稳定的物品，必须采取加固措施予以强化固定。

常见铁质遗物有容器、兵器、工具、农具及炊具等，腐蚀氧化的程度大多比较严重，部分遗物的金属成分之相当部分已转移到了器壁之外，使遗物外观形体产生了很大的变化，有的甚至在器表形成巨大厚重的非规则状的附着物，紧紧地与遗物外表粘贴于一起，其牢固程度在某些局部甚至强于遗物本体。造成铁器腐蚀的元凶是氯化物。当铁质遗物埋藏于地下时，它的腐蚀速率是非常慢的。而出土以后遇到空气中的氧、水分等外界因素及铁质遗物在埋藏过程中所引入可溶性盐的综合作用下，蚀速率会明显加快，继续发生进一步的劣化反应，最终可能导致整个铁质遗物的酥碎和分解。因此出土的铁质遗物应及时进行保护处理。根据遗物的腐蚀机制及锈蚀构造，铁质遗物的处理保护程序应为：快速干燥—锈蚀检测—除锈脱氯—粘接—质地保护—表层封护—环境控制。

一　快速干燥

铁质遗物的锈蚀本身非常容易吸纳潮湿气体，对铁制遗物而言，水和氧气是危害最大的两类物质。而对铁质遗物锈蚀而言，紧贴于遗物表层的较为坚硬，并且部分锈蚀已与器壁连成一体，其他均为比较酥松及多孔的锈蚀。这些酥松多孔的锈蚀对水分的容纳量较大，再加上铁质遗物锈层中常含有碳酸钙、氯化铁等物质，这些物质极易吸收水分。因此，在自然环境下存放的铁质遗物，其锈层中一般都含有较多的水分。为了隔绝水及氧气对铁质遗物的影响，保证铁质遗物封护保护的效果，在封护处理前，一般都会对铁质遗物进行强制干燥，以便排挤出锈层中所含的水分。所以出土后的铁器若不及时采取干燥措施，会在空气中继续受到腐蚀。出土的铁器不可任其自然干燥，而应该采取强制性措施促使其干燥。处理方法有以下几种。

第一，将其置入恒温干燥箱内，用105摄氏度的温度干燥铁器。这种方法简便易行，一般在2小时左右即可完成。

第二，紫外线灯光干燥铁器。需要控制好温度，一般情况下在100摄氏度状态下进行干燥。当铁器有木质和纤维等附着物时，在40摄氏度到60摄氏度范围内缓慢干燥，以免损伤附着物。

第三，使用高分子材料袋子或密封容器将铁器封闭，用变色氧化硅胶吸吮水分。此法处理速度虽然比较慢，但遗物保险系数较高，变色硅胶可重复使用。

二　锈蚀检测

遗物锈蚀程度的检查。在处理保护每一件出土遗物之前，首先要检查其腐蚀状况及程度，为下一步的保护措施提供依据。铁器锈蚀一般较厚，疏松且无规则，用肉眼很难看清及判断其锈蚀程度。

第一，全试科式X光极回折分析装置。

第二，实体显微镜照相。

第三，金属成分测定分析仪。

以上三种方向，详见本书第六章第一节"测试分析诊断"部分。

第四，X射线照相法。

由于锈体与合金本体的密度不同，X射线穿透能力和密度有关，照相完成后，通过处理，在底片上可以清楚地显示出遗物锈蚀的分布及范围，并能看出锈蚀孔洞的深度。另外，还可以探明锈层下面的遗物纹饰或文字，这是检测铁器锈蚀的最佳方法。

如果实际工作中没有上述设备，亦可用一些其他方法来粗略地估计锈蚀程度。

例如，可用放大镜观察铁器表面的锈蚀颜色、粒度大小、疏密情况等，初步分析铁器的锈蚀种类。再如使用金属探针测试锈蚀层的范围与深度，做好记录，为除锈提供依据。此外，还可用磁铁来测试铁器的吸力程度，或测定其比重，以大致了解遗物的锈蚀状况。

根据上述几种仪器对遗物的测试结果，分析判断遗物不同部位的状况差异、锈蚀成因、锈蚀程度及保存状态等。设计制订出切实可行的实施方案，对遗物进行处理和保护。使每一工作环节和步骤均纳入到有计划性的程序中去，避免人为的随意性和不确定性，提高和增强处理过程中的可操作性。如果是国宝级的重器遗物，则需要组织遗物保护方面的专业人员共同交流探讨，统一认识，确定妥善可行的处理途径，确保遗物能够得到长期有效保护的最终目的。

三 除锈脱氯

(一) 遗物的锈蚀去除

除锈的方法一般有两种形式：一是采用磨蚀器具和手动工具，即物理处理方式；二是化学处理方式。两者之间各有可取方面和不足之处，那么就需要根据不同的对象采取不同的操作方法，灵活掌握。就目前而言，利用前者要远远多于后者。

第一，机械除锈法（物理处理方式）。

使用的工具多为美工刀具一类的工具进行除锈。在实施过程中，依据测试结果，在相应的范围内进行合理清除。用这种方法除锈时注意保持遗物的完整与清洁程度，不能因为除锈而破坏遗物的本体，避免在其表面留下任何工具痕迹（图6－13、图6－14是处理前后之对比）。另外，利用牙科医疗方面的小型研磨机或使用精密喷射加工机，也是清除锈蚀的主要手段。研磨机的主要功能是将高出遗物本体表层的锈蚀加以磨蚀去除，使用范围较广，也是比较常用的。对于已经完全钙化的锈蚀，其硬度已远远超过了遗物本体，很难用普通的磨砂轮将之消除，则可以采用在磨具中加放金刚石粉末，使其磨蚀工具的坚硬程度超过锈蚀的硬度。于操作过程中，可以在磨蚀层面上适当地加放一点蒸馏水，以降低磨蚀时产生的高温，保证遗物的绝对安全。精密喷射加工机是利用高压气体将玉米壳或者玻璃之粉末喷吹至锈蚀部位，使之层层剥离，达到所要求的预期目的。上述操作规程，都要根据检测和分析的结果，按照处理及保护遗物的原则、宗旨和要求，合理的利用各种工具的使用功能，于不同范围内采取与之相适应的办法措施，最大限度地使遗物恢复其原有概貌（图6－15、图6－16的对比情况）。

第六章　金属文物的处理保护　　165

图 6-13　铁质器物锈蚀情况

图 6-14 铁质器物处理之后

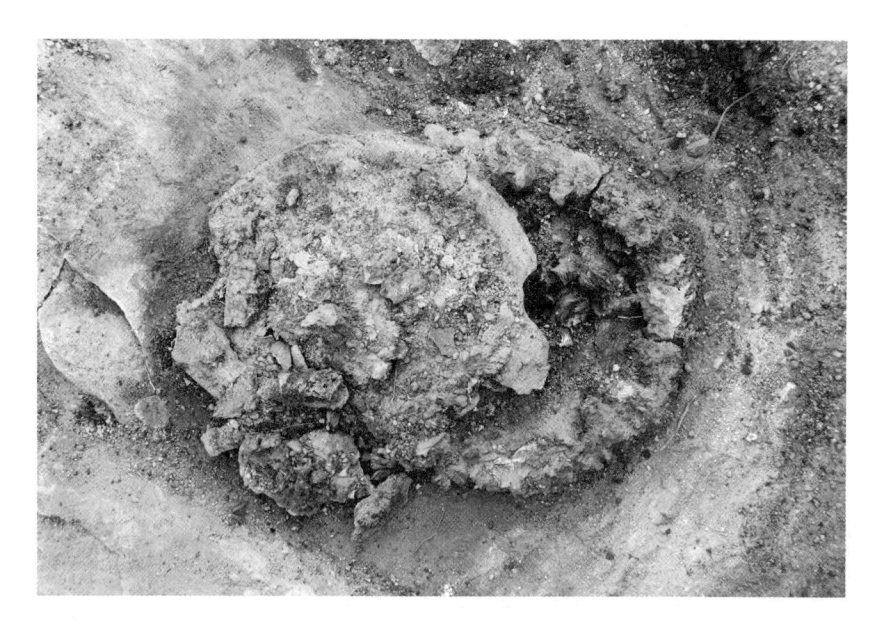

图 6-15 铁质器物出土情况

图 6-16 铁质器物处理保护之后

第二，试剂除锈法（化学处理方式）。

对于经过机械剔除锈蚀后的铁器，如没有达到应有的效果，还可使用酸性试剂（约 10% 的醋酸溶液）进一步除锈。

为防止酸对底层金属的损害，通常还应添加酸洗缓蚀抑制剂，经此种处理的铁器表面还有一定的防锈能力。其他如柠檬酸、草酸等弱酸也可除去铁锈，浓度一般为5%~10%。将铁器放入除锈液里浸泡加热，当发生反应出现许多沉淀时，应该及时更换除锈溶液（图6-17、图6-18是处理前后之对比）。

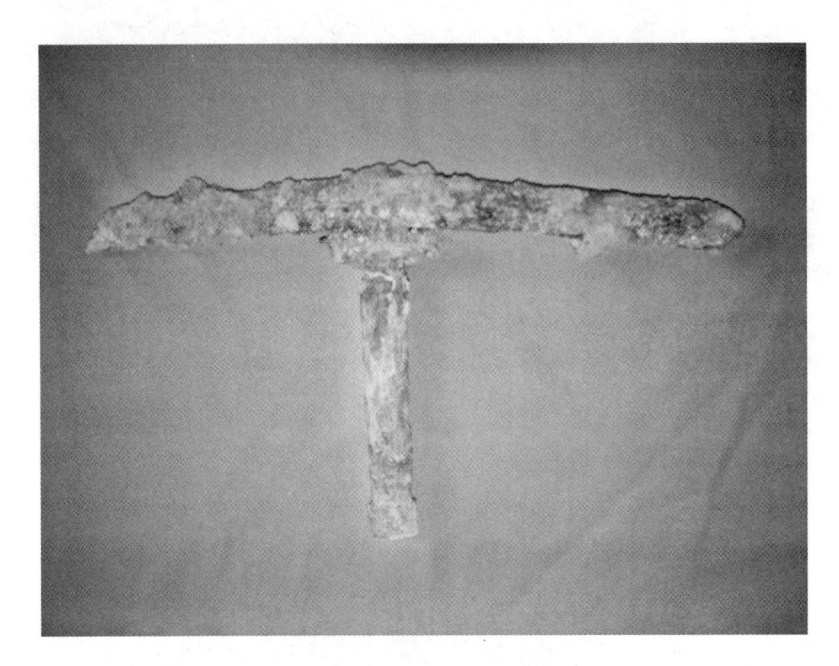

图6-17 铁质器物出土情况

图6-18 铁质器物处理保护之后

第三，电化学除锈法。

可分为电化学还原和电解还原两种方法。前者是采用锌皮或铝皮包在铁器表面，置于10%的氢氧化钠溶液中，并适当加热以加速反应，直至无气体溢出为止，取出遗物用蒸馏水冲洗干净，除去残渣，按此方法，反复清洗直到满意为止。也可用锌粒替代锌皮，反应中有大量有害气体产生，故此法必须在通风橱内进行。进行局部除锈时，可用锌粉或铝粉调成糊状，敷于遗物的生锈部位，待反应完成后，立即用水清洗干净。后者电解还原除锈法是用被处理的铁器作阴极，用不锈钢作阳极，以10%氢氧化钠溶液作电解液，通入直流电，控制电压和电流密度即可进行除锈。

（二）铁质遗物的脱氯

对不同脱氯方法的测试表明，氯离子的排除速度几乎完全是由氯离子通过腐蚀产物层的速度决定的。在使用溶液清洗的方法中，氯离子从遗物中出来的速度遵循扩散原理，在清洗的初始阶段氯离子的扩散按下式进行：即氯离子在腐蚀产物中的扩散，在很大程度上取决于腐蚀产物的孔隙度，孔隙度越大，氯离子的扩散速度越大，所以增大腐蚀产物的孔隙度可以提高处理效果和缩短处理时间。另一个需要注意的因素是腐蚀层厚度，但它是不能改变的。过去使用的铁器遗物的脱氯方法是煮沸法和电解法，随着科学技术的发展，铁器遗物的脱氯技术不断完善和提高，逐步被溶液浸泡脱氯所替代。常用的铁器遗物的脱氯方法各有其优缺点，当单一方法不能奏效时，需采取多种方法综合处理。铁质遗物的脱氯方法可分为溶液浸泡脱氯法、电解脱氯法。

1. 溶液浸泡脱氯法

①蒸馏水清洗法。就是使用蒸馏水直接对遗物进行浸泡及反复清洗，直到认为清洗液中不含氯离子为止，这种方法的周期性比较长。

②煮沸法。将遗物浸泡在蒸馏水或去离子水的装置中，煮沸液体以加快氯离子的析出。

③蒸气浴法。将遗物放入去离子水的蒸气器皿中，蒸气分子可以穿过腐蚀孔从而清洗出氯离子。

④氢氧化钠清洗法。将去除表面浮锈和污垢的遗物放在适当的容器中，使用3%~5%的溶液浸泡，溶液的体积至少是遗物体积的5倍，监测清洗液中氯离子的浓度，根据需要更换溶液，直到认为清洗液中氯离子已基本被去除。

⑤倍半碳酸钠法。使用碳酸钠和碳酸氢钠混合溶液代替氢氧化钠溶液浸泡遗物，但其排氯速度比较慢。

⑥苯甲酸钠法。将遗物浸泡于5%的苯甲酸钠溶液中，加热至50摄氏度左右，根据需要更换溶液直到遗物内部之氯离子基本消除。

上述几种方法容易实施，但它们不能加固铁器表面的腐蚀层，而且长期的浸泡在溶液中，对铁质遗物有一定的侵蚀影响，所以铸铁遗物在处理过程中及处理结束后仍有可能遭到损坏。

⑦复配碱性清洗液浸泡法。以表面活性剂、缓蚀剂和多种助剂为配方的复配碱性清洗液，处理遗物时先将此碱性复配溶液加热到 60 摄氏度，把要处理的遗物浸泡在该溶液中并恒温一定时间，然后除去遗物表面的垢积物，用该溶液反复清洗遗物直到结束。

⑧碱性亚硫酸盐还原法。这种方法是通过增加腐蚀产物的孔隙度以增加氯离子析出速度，其中 SO_3^{2-} 还原剂把腐蚀产物还原成为较为致密的四氧化三铁而达到这一效果。用碱性亚硫酸盐法必须使用密闭容器，因为大气中的氧气会与溶液中的 SO_3^{2-} 反应生成 SO_4^{2-} 而使溶液失去还原能力。溶液为 0.5 摩尔每升的亚硫酸钠和 0.5 摩尔每升氢氧化钠溶液的混合液，去除表面浮锈和污垢后的遗物放入充满这种液体的容器中，密封容器然后温和加热到 60 摄氏度到 90 摄氏度，并维持这一温度一定时间，然后将遗物取出再用氢氧化钠溶液处理直到氯离子完全排除。碱性亚硫酸盐法不仅能增大氯离子从铁器的腐蚀产物中的排除速度，而且还能使铸铁石墨区坚固化。碱性亚硫酸盐还原法较为简单，且比单独使用氢氧化钠溶液法效果好得多，此法用于处理出土的铁器其效果比处理从海水中打捞出来的铁器的效果要好。海水中腐蚀严重的铁器其腐蚀产物厚度超过 1.5 毫米时，用碱性亚硫酸盐在适当的时间内则不能充分除氯。

2. 电解法

这种方法同碱性亚硫酸盐法类似，不同的是铁化合物的还原是通过电解的方式而不是化学方法。电解把铁的氢氧化物以及其他化合物还原为四氧化三铁，还原会使铁化合物的体积减小而引起腐蚀产物的孔隙度增大，则氯离子从腐蚀产物层的排出的速度加快，对电解还原后的产物的测试表明没有金属铁的生成，主要是因为铁的还原电位比析氢反应所需的电位更负之故，当还原为四氧化三铁的过程结束时，继续通电只能引起大量氢气的产生。这一方法主要用来处理从海水中打捞出来的铁器，而且只适用于有金属芯的铁器，而不能用于完全被腐蚀的遗物。

具体方法是：把去除表面结块的遗物放在电解槽的中心并留出足够的空间，在距遗物 20～80 厘米的地方放置阳极，小的遗物可以悬挂在槽的顶部，大的遗物要用特殊的支撑网，电源的正极与阳极连接，负极与遗物连接，注意保持良好的接触，向电解槽内加 0.5～1 摩尔每升的氢氧化钠溶液至浸没遗物的顶部，溶液不需要完全混合均匀，在电解时产生的气体会使溶液混合完全，然后调整电源选择适当的电压或电流，开始电解，通电可以是间歇的，也可以是连续的。因为很难确定遗物的表面面积和通过腐蚀遗物的电流，最好用电位控制而不是电流控制的方法，以保证整个遗物的各个部分得到均匀的电解。也可以使用脉冲电流来控制，获得了比较好的处理效果。通过监测溶液中氯离子的含量来更换电解液和确定通电时间。不同的遗物所加的电流或电位不尽相同，应根据具体的实物来判断，如果所加电流或电位过小则不能充分脱氯，过大则容易发生大量的析氢反应而使遗物的锈层大量脱落以致遗物的原貌遭到破坏。

四 遗物粘接

对脆弱铁器，因强度小，而不利于保存和展出，因此，可采用合成树脂来渗透加固。如用30%～40%的丙烯酸酯类乳液浸渗，通常采用减压（10～20毫米汞柱）渗透法。当使用较高浓度的树脂渗透加固时，为避免在表面留下光泽，可在遗物表面裱上吸液能力很强的美浓纸或滤纸。由于纸层的吸附能力很强，在干燥的过程中，纸层可以吸附遗物表面多余的树脂，而不致在遗物表面留下光泽，可以保持艺术品原貌。破碎成碎块的遗物可用环氧树脂黏合剂拼对粘接。

五 遗物的保护

铁器经过除锈或去除氯化物处理后，在大气中还会有被腐蚀的可能，因此需要进行表面保护处理。通常采用缓蚀剂法、磷酸盐法、鞣酸盐法、涂蜡或涂高分子材料等进行表面保护。

（一）缓蚀剂保护法

铁缓蚀剂的配方很多，其中典型的方法是将干燥后的铁器刷上铁的缓蚀剂乙醇溶液（其配方为：亚硝酸二环己胺10份，碳酸环己胺10份，水1份，乙醇100份），待干燥后，表面再刷上一遍含有铁缓蚀剂的树脂溶液（配方为亚硝酸二环己胺10份，碳酸环己胺10份，水5分，包酸100份，聚乙烯醇缩丁醛5份）。

（二）磷酸保护法

铁与磷酸盐或鞣酸盐作用，可生成一层致密的表面保护膜，防止铁器进一步被腐蚀。因此除在酸洗除锈中加入磷酸外，当铁器除锈清洗后，亦可用10%磷酸溶液进行浸泡，以便抑制表面的腐蚀。

（三）鞣酸保护法

鞣酸是一些多元酚的混合物，由于酚基易氧化，常作为一种抗氧剂，而且分子中的酚基和羧基又可与金属形成配合物，生成一层不溶性的保护膜，可以起到防止遗物锈蚀的作用。鞣酸溶液的配比比例为：鞣酸200克，乙醇150毫升，水100毫升。处理方法可根据遗物的不同保存状况采取与之相适应的方式。铁器表面锈蚀清除程序结束之后，将表面处理干净，当遗物处于半潮湿状态时，使用鞣酸溶液擦拭已做过除锈处理的部位（可用硬刷子涂刷），这样既促进反应，又可保证鞣酸溶液接触到松散锈区中的金属，并消除了由于生成氢气泡而形成的阴极极化。一般须重复操作数次，使用去离子水进行清洗，待其干燥后，根据需要再做表面封护处理。

六 遗物的封护

第一，传统的方法是把铁器浸入熔融的微晶石蜡中，待不再冒出气泡后，取出遗物，再用毛刷蘸取石墨粉擦拭铁器表面，以去除多余的石蜡及消除其反光现象。

第二，聚醋酸乙烯酯，作为表面封护剂。

第三，封护遗物广泛使用的方法是丙烯酸类合成树脂 Paraloid B72 溶液。该物质呈无色透明颗粒状，丙酮与甲苯及二甲苯作为浸泡稀释原液，待充分溶解之后对遗物实施浸泡或喷涂都是可行的，遗物表面经处理后不留任何痕迹，是一种比较理想的强化封护材料。它不但可以充分地渗透至遗物内部，形成网格链条状，在遗物壁内上下互为作用，保护器壁的完整性，提高遗物的抗腐能力。而且，尤为重要的是它具有了拒水能力，任何金属物体，没有了水的参与侵蚀，形成不了相应的腐蚀条件，也就难于形成危害之影响。

使用 Paraloid B72 溶液封护的效果，对是否带锈之两种情况遗物的腐蚀速率进行了测试。根据锈层结构分析的结果，在除锈过程中仅仅除掉遗物表面的浮锈及结构较为酥松、含较多可溶性盐的最外层锈蚀，而保留中间层及最内层较为坚硬的锈蚀，对于铁质遗物的封护的效果，相对而言要比完全除锈封护的效果好得多。所以，应尽可能地保持最内层坚硬铁锈状态的完整性。总之，掌握和处理好这一关键环节，可以保证遗物在相当长时期内保持完好。

七 环境控制

铁器适宜于室内干燥的环境条件下保存，相对湿度一般需要低于 50%。另外，还可使用挥发性的气相缓蚀剂，它在常温下具有一定的蒸气压力，蒸气能溶于金属表面的水膜中，因而可以控制金属的大气腐蚀。使用时可把被保护的铁器放在聚氯乙烯薄膜袋里，并放上挥发性缓蚀剂，其蒸气很快会被金属表面所吸附，这样就能够使遗物起一定的保护作用。

第三节　金银遗物的处理修复与保护

金银遗物大多出土于两汉、唐宋及以后各个时期的砖室墓葬、土洞墓和窖藏等。一般来看，金银遗物（也含饰具）和其他金属遗物之间存在着较大的差异。前者外观形制精致小巧、制作工艺繁杂、器壁较薄、金属结构柔软。就金器和银器两者也还有各自不同的特点。在出土的金器当中，其形体普遍偏小，其中相当部分是佩戴装饰品类，保存状态也比较完好。除非是遇到不可预见的外界重击，外观发生一定程度的形状扭曲，也有可能在其表面出现几个孔洞。因其金属结构成分较为特殊，内部基本不会产生自我腐蚀，对外界水土中的酸碱腐蚀因素也有较高的抗御能力。所以，金器的完整程度和受到腐蚀的影响较其他金属遗物都要完好清洁得多，而仅仅只是在其表面有一层经过长期葬埋之后于局部范围内形成的水垢而已（图6-19）。银器则不然，它的金属结构非常脆弱，也较为容易受到外界环境中的腐蚀影响。不同纯度的银器于出土之后其表层能够产生不同的颜色，95%以上纯度的银器基本上仍能保持银白，85%纯度的银器其表面呈现出一层灰黑色，75%以下纯度的银器则可能变化为黑绿色，纯度越低，黑绿颜色就会越浓。可以说，随着时间的推移，银质遗物都有可能不同程度地受到腐蚀影响。纯度高者影响轻微，对其整体柔韧性的改变不会过大，而纯度低者腐蚀影响就厉害。纯度的高低和其颜色的浅深是有直接相互关系的，说明后者受到的腐蚀氧化程度就相对严重，对于部分银质遗物而言，其金属柔韧性已基本丧失，器形变化和破碎残损也是在所难免的（图6-20）。

图6-19　金器出土情况

图 6-20　出土银器断裂破损

一　保存状况

金银遗物出土于砖砌窖藏内，因其数量众多，堆放杂乱无章，相互之间互为重叠挤压，保存的环境和状态不理想，许多遗物受诸多不利因素的影响，遗物形体发生变化，尤其是相当部分的大中型银质遗物，整体及局部的变形甚为严重。遗物的厚度又比较薄，多在 0.2 毫米至 0.6 毫米之间，并且遗物的氧化程度也较为严重，材质普遍脆弱。从遗物外观表层看，银质的本体颜色及光泽多数已不复存在，残破、缺损、扭曲变形之程度均是不常见的。在操作过程中如果稍有不慎，所触及的部位就有可能出现局部破裂，脱落成零碎状态（图 6-21）。

出土的银质遗物表面均有可能覆盖着薄厚不同的各种锈蚀。有厚度达 2 毫米的黏状胶质氧化锈，有对遗物含有腐蚀破坏影响的水锈和土锈，还有对遗物具有一定保护作用的钙化锈等。另外，有一定数量的金质小遗物，虽然没有残缺，但形态变化扭曲十分严重，其中口沿部位有两处已折成死皱，腹部中央有一处被撞击或挤压而形成的洞形破损状。

二　锈蚀处理

根据处理和保护文物的有关原则，以及上述金银遗物的保存状态等具体情况，将所需要处理的遗物按不同锈蚀程度、器型规格简略地分成若干部分，仔细观测锈蚀的种类，做好处理前的各项准备工作。把锈蚀程度不十分严重的、较为完整的小件遗物置放于含有醋酸的溶液中，该溶液 10% 为醋酸、90% 是蒸馏水。遗物于溶液中的

图 6-21　银器出土情况

浸泡时间一般为 2 个小时。遗物置入器皿中，其口部要采取适当措施加以密封，尽可能地避免酸液无效地蒸发流失，否则肯定会减弱和影响酸液的基本效能，同时，也会污染小范围区域环境。2 个小时以后，将遗物取出，在流水中对其内外进行认真的清洗，防止遗物上残留醋酸溶液。另外还需把经过酸液浸泡完成后的遗物再次置放于去离子水之容器中，确保酸液能够被彻底的置换出来，其中原因是该酸性物质对金属物质具有一定的腐蚀作用，同时还可以将普通清水中的氯离子洗涤干净。

经过酸液处理的小件遗物，其表层之土锈水锈和较为疏松的部分钙化锈就有可能脱落，局部范围基本上能够呈现出遗物原本的质地及光泽。如果其表面的锈蚀处理得还不够干净或者达不到应该具备的效果要求，则需要针对每一遗物的实际情况，进行可行的判断分析和试验，在保证遗物安全的前提下，按照上述规则程序进行第二次酸液浸泡，遗物经过两次浸泡处理，大部分较为疏松的锈蚀被清除干净，剩余部分则是钙化程度稍强的锈蚀。其组织机构呈颗粒状，颜色为淡绿，与商周时期的青铜遗物之颜色成分较为相似。该种锈蚀的清除办法一般是采用碳酸钙作为擦光剂，使用镊子夹住脱脂棉花蘸取少许调制成糊状的碳酸钙和乙醇之混合体，对锈蚀部分进行适宜的摩擦。碳酸钙呈白色粉末状，具备澄清剂之效能，对部分钙化锈蚀物具有某种腐蚀作用，而对金属遗物本体则没有多少影响。操作时需要把脱脂棉花球制作得大一些，镊子则要夹住棉花球的上部，擦拭时尽量不使金属镊子的尖部触及遗物表面，防止在其表层留下划痕或造成遗物不应有的损伤（图6-22、图6-23处理保护前后对比）。

图 6-22　银器处理保护前

图 6-23　银器处理保护后

以上部分是银质遗物表面简单疏松之锈蚀的处理方法，对于较为坚硬的矿化锈蚀，则需要借助于相应的仪器设备帮助来实施完成。我们使用的是悬式打磨抛光机，该种小机器的转速可任意调节控制，卡头或大或小。于前端固定稳妥柱状砂轮，对遗物表面凸起的矿化锈蚀依次摩擦，待其程度与遗物表面弧度互为一致时，撤掉砂轮改换成柱状布轮或桃形布轮，对其摩擦部分实施抛光处理，遗物纹饰内和拐角、内壁等布轮触及不到之处，可选用铜丝轮对此间的锈蚀进行清除。

水锈、土锈及钙化锈大多是属于水土和钙镁盐的混合物，范围面积、强弱程度不确定地依附于遗物表面，对遗物本身而言没有过多的破坏性，是属于较容易处理的锈种之一。而另一种是含有黏性物质的胶质锈，清除起来难度非常之大，原因是锈蚀部分的厚度远远超过了遗物的器壁，其牢固程度也是该银质遗物本体无法比拟的，近似一层泥浆紧紧地裹在遗物表面。使用打磨抛光机对此进行处理不见任何效果，加大酸液的浓度或延长浸泡的时间也没有多少作用。通过数次不同方式和多种手段进行的试验，最后确定采取使用精密细小之利刀对其实施剔除剥离（图 6-24、图 6-25 处理保护前后对比）。因该锈种内含相当成分的胶质，结构非常缜密，如果从锈蚀和遗物之间的连接处进行剥离，前者还没有被清除，后者银器的表层有可能出现部分的损伤。如果发生上述情况，就违背了处理与保护文物的原则和初衷。那么我们采用的方法是频繁地更换工具刀头，保持其快捷锋利程度，在相应区域内从锈蚀表面由外向内一层层地将其剥离。在操作过程中要增强手握刀柄的稳定性，把握住固定的刀锋行进方向，均匀用力，避免刀尖和刃部过多地触及遗物表面，防止划痕和其他不应有的损伤。另外，硫代硫酸钠（俗称大苏打）、铵基三乙酸（简称 NTA），对清除遗物表层较薄的腐蚀锈有明显的效果，前者用 80% 的蒸馏水进行稀释，后者用 90% 的蒸馏水进行稀释，将浸湿后的棉花或棉纸覆盖于遗物有锈蚀的部位，大约半小时后撤去覆盖物。经过浸湿后的锈蚀会程度不同地软化松动，再进行擦拭或清洗就方便和容易得多。

图 6-24　银器处理保护前

图 6 – 25　银器处理保护后

三　器型调整

金属遗物的形状调整，能否将已经扭曲变形的国家珍宝重新恢复至原本状态，是文物处理过程中最为关键的环节之一，也是遗物整形工作成败之关键。

（一）金质遗物的形状调整

前面已经有所表述，许多遗物出土时变形严重，局部出现死角折皱，其相关纹饰大多不够通畅，但是金之纯度含量较高，颜色光泽也比较纯正，为处理矫正过程提供了较为良好的基础。首先，将遗物放入电能炉具内，进行加热处理，炉具温度需阶段性逐渐提升，最终之温度要控制在 500 摄氏度以内，确保绝对不要超过这一限度，该温度需要持续相应时间，然后关掉电源，让遗物于炉具内自然冷却。此过程就是俗称的"回火"，目的是增强遗物本体的柔韧性。其次，根据金属遗物的总体形状特征，戴上防护手套运用手工调整其已经变形的部分，掌握准确调整的方向和角度，均匀用力，依据触感估计出遗物形状整理所能达到的最高限度；否则用力过度，遗物的变形折皱部位就有可能发生断裂，这种结果的出现就违背了处理和保护文物的原则。经过上述阶段的操作，遗物的部分形状得到了某种程度的矫正，但是现有的柔韧性也随着这一调整过程丧失殆尽，器形还没有得到完全的恢复，需要再一次进行"回火"，就其余不规则部分实施进一步的调整。待遗物整体原始形状被矫正之后，着手对遗物的纹饰部分实施疏通。制作数根木制或竹制的小工具，大小与纹饰规格基本相匹配，在遗物内侧支垫一块较为松软的与遗物弧度和形态相互吻合的木托，作用是避免在操作过程中人为地造成器表凹凸现象，同样也不能使遗物原本的光泽受到影响。此后手执工具沿着遗物纹饰印迹进行压磨，使每一纹饰之间的线路相互统一和通畅（图6-26、图6-27，图6-28、图6-29处理保护前后对比，图6-30、图6-31保护完成之后）。

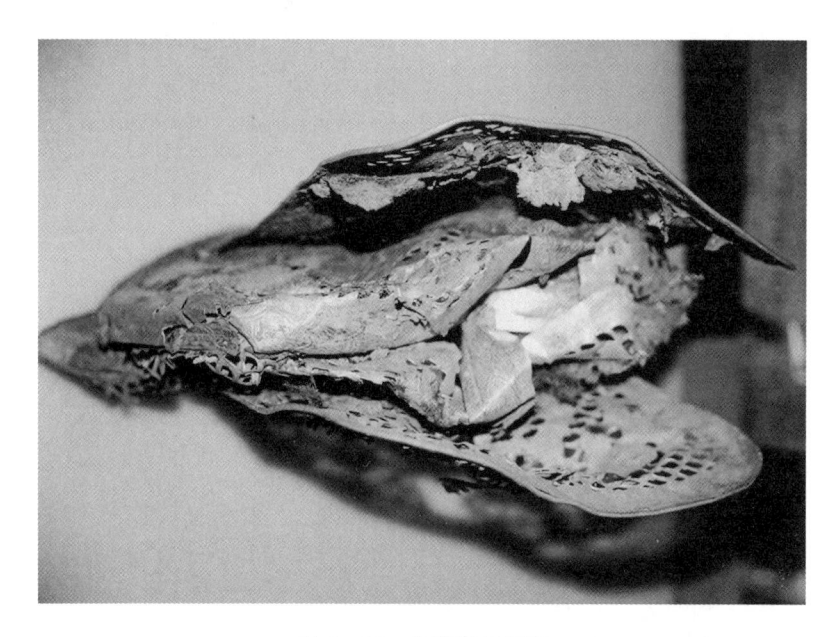

图6-26　金器出土状态

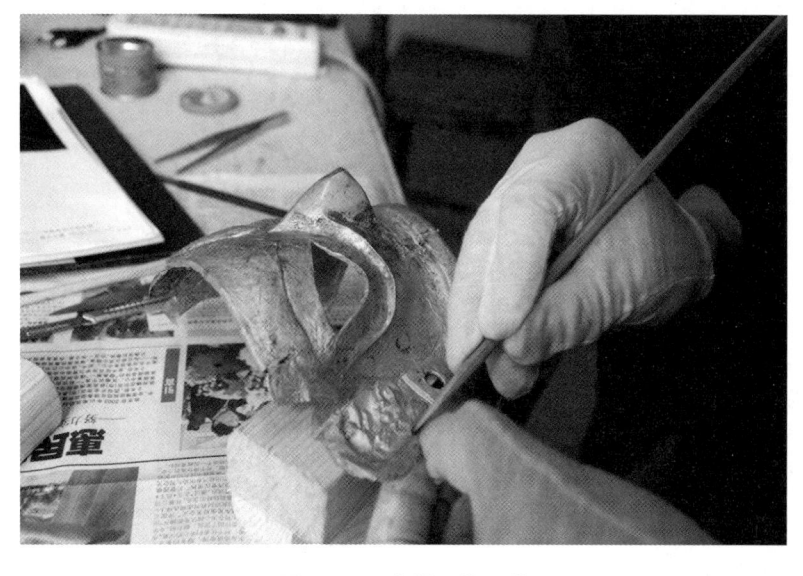

图6-27　金器形状调整

180　考古现场处置与文物保护技术

图 6-28　金器修复完成之后

图 6-29　金器修复之后

图 6-30 金器处理保护后

图 6-31 金器处理保护后

(二) 银质遗物的形状调整

多数银质遗物的形体虽然偏大，但扭曲变形的却为数不多，只是部分遗物变形残缺破碎现象较为严重（图6-32、图6-33）。银质遗物与金质遗物的分子结构组合不同，于金属柔韧性方面存在着较大差异。经过上千年藏埋及水土中有机物长期的腐蚀，银质遗物的固有特性遭到严重破坏，尤其是器体较薄的大型遗物，使得原本完整的遗物受其影响，变得十分易于破碎，有的甚至经不住稍微必要的形状调整，就会脱落其主体。具体操作的方法如下：第一步，将残破遗物及其组成部分放入炉具中，温度控制在400摄氏度左右，进行必要的加热处理，待其冷却后取出。经过烘烤处理，原本脆弱的金属结构发生相应的变化，具备了一定的金属柔韧性。于这种前提下，可对遗物断裂部位的变形部分进行适量角度调整，使之恢复到与一端互为衔接的弧线能够平行相连，并且要注意兼顾遗物的整体结构形态及局部某些具体特征（图6-34）。第二步，遗物的总体形态确定以后，把破裂的但还与遗物主体互为连接的缝线用树脂胶相互粘连，或使用金属进行焊接。在焊接之前，首先

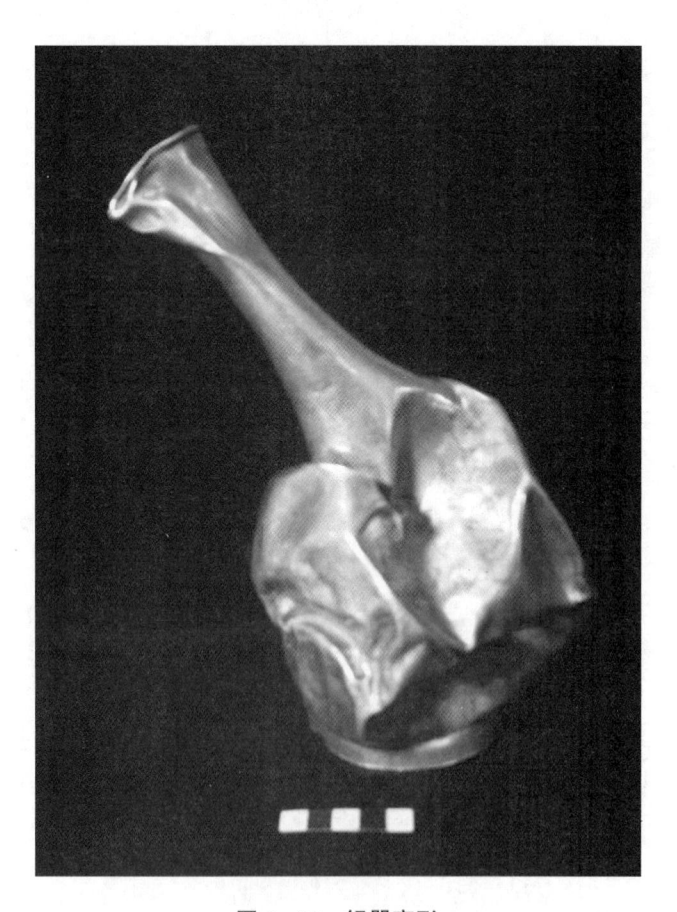

图6-32 银器变形

图 6–33 银器变形

图 6–34 银器变形

要将连接缝线的断面用精密砂轮予以抛磨，把断面上的腐朽物质清除干净，显露出崭新的金属结构，这样缝线两侧才可顺利焊接，并且具有相当的牢固程度。第三步，将脱落于主体的部分组合残片，运用上述方式方法将两者互为连接，凡是能够拼接起来的所有零碎残片都要与遗物主体相连，特别是有关遗物特征的关键部位和主要纹饰部分（图 6–35）。为后来诸多环节打下良好的基础，为高效率地完成任务提供时间保证（图 6–36、图 6–37，处理保护完成之后）。

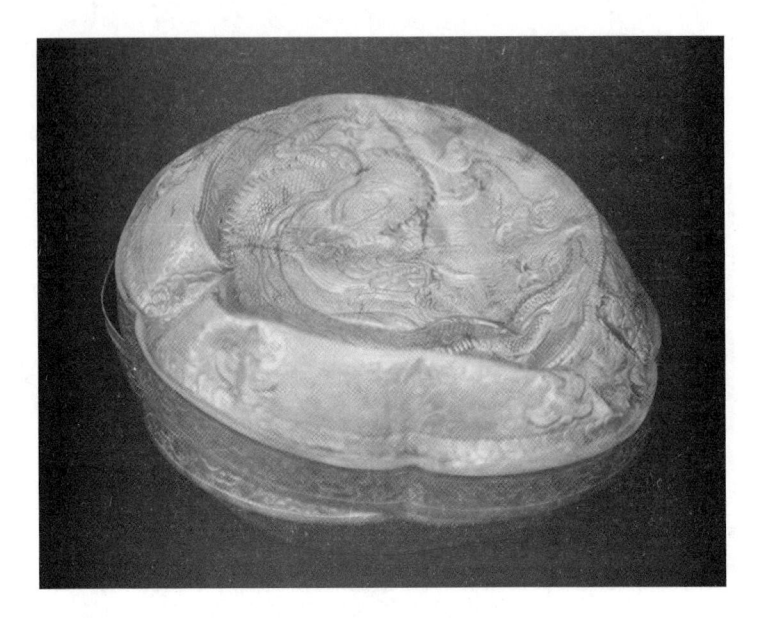

图 6-35　银器变形

图 6-36　银器器形调整后

图 6-37 银器器形调整焊接之后

四 补配缺损

前言所表，是对已经破碎变形的金银遗物如何进行锈蚀清除、形状调整及粘对焊接，接下来，遗物的缺损部分如何补配，使用什么材料进行补配，怎样才能更合理、更准确地把遗物的整体和神韵表现出来，则是遗物处理修复成功的关键所在。

(一) 材料

遵照文物修复过程的补配原则，银质遗物的缺损部位需要与本体相同的材质来进行补配。因其金属成分结构相同，功能和性能互为一致，相互之间不抵触、不排斥，不会造成彼此之间的腐蚀影响。另外，银质本身具有良好的延展性，对于所要求的任何纹饰及弧度都是可以做到的。

(二) 模具翻制

按照常规，出土遗物表层纹饰一般被划分成若干组分，每组之间的相互距离和纹饰图样及形态几乎都是相同的，没有太多的变化，因此根据遗物缺损部位的相应范围，选择一组纹饰清晰、线条流畅与缺损部分相互对应的区域，作为翻制模具的样板标准。首先，将专用橡皮泥加工成一定形状并沿所需位置围挡起来，在其内侧遗物表层涂刷少量隔离剂，把调制均匀合适的石膏浆从一端缓慢地置于围挡橡皮泥之范围内，厚度限制在 1 厘米左右，待其凝固后，轻轻从一侧将石膏模取下，模具内侧能够把所要求的部分完整无缺地拓印出来。其次，于石膏模具有纹饰的内面再涂刷一层隔离剂，按照其规格形式制作互为对应的另一块模具，凝固后将两者打开，按固有规律和方式对石膏模具的角度进行适当调整，完成修饰过程。最后，将这一组模具分成两个部分，分别用翻制模具的方法与程序，重新将两者制作成单一的组合模具，凝固后把其间先前经过修饰的模具块抽出来，重新组合的模具两者之间形成了相应的空间，该空间就是专门用来浇铸金属模具的。

石膏模具经过晾晒或烘烤，促使其快速干燥。于模具较为宽厚的一侧区域分别挖制出浇铸口和排气孔，用布带绳将其捆绑稳妥，进行金属液体浇铸。金属模具是由铸锡和焊锡组成，铸锡有硬度，铸出来的金属纹饰较为清晰，但不足之处是易碎易裂，表面光洁程度也不够理想。焊锡黏度大，流动性能好，但缺乏应有的硬度，两者混合为一体，可以弥补对方的不足。锡的熔点约为320摄氏度，浇铸温度一般是370摄氏度左右，不能太低也不要过高。金属模具铸成之后，经过修饰就可以进行银片压制了。

（三）成型

银片的规格尺度以金属模具为标准，其厚度也要和所补配的器壁互为一致，裁切合适后需要经过高温处理，使其偏硬的金属结构适度软化，增加银片的延展性和可塑性。将银片固定在两金属模具之间，进行机械压制或人工捶打。如果银片的纹饰印迹清晰度达不到所要求的程度，可对其实施第二次退火处理，再一次压制锤打，有较深纹饰印迹的则需要根据上述方法手段，反复数次才能取得印迹清晰的良好效果。

（四）焊接

制作完成的具有纹饰图案的银片补配物，其总体形状与遗物缺损部分是互为吻合的。将该补配物置于遗物内侧并叠贴在器壁相应的位置上，调整正确周边的各种角度，使其纹饰和其他组成部分相互沟通连接，用铅笔沿着遗物残破断面把轮廓线完整地勾画出来，使用普通剪刀沿轮廓线进行裁剪。因补配银片均属带弧度的异形状，裁剪的角度和行进方向各不相同，周边局部可能会出现不同程度的扭曲变化，需要重新放入金属模具内进行必要的形态矫正和捶打处理。

补配物准备完毕后，使用电动小砂轮把遗物缺损部位所有断面进行轻微的抛磨，清除氧化腐蚀部分，使其显露出新的金属层，然后将补配物嵌入其空缺内，在遗物与补配物相互衔接的关键几处部位，涂抹少量焊接剂，简单地焊接几点。如局部纹饰及相关重点位置的连接线出现误差，必须及时进行纠偏更正、调整得当。为了不影响遗物外部及纹饰的整体效果，要从遗物内侧实施全线焊接，使每一局部小范围内都能连接得十分稳妥牢固（图6-38、图6-39，修复保护前后对比）。另外，为加强遗物整体的连接强度，在连接线遗物一侧0.5厘米的区域内进行适度抛磨，目的是将焊接点增宽扩大到遗物的内壁上，焊接面积增加了许多，其牢固程度便能够得到进一步的加强。否则，仅仅依靠两侧薄薄的断面互为相连，其接触面积过于狭小，牢固程度得不到有效的保障，同时也不利于遗物的长期保存。

图 6-38 补配缺损前

图 6-39 补配缺损后

五 外观修饰

经过上述补配复原的银质遗物,其内外都会留下或多或少的焊接点线,该点线的相当部分比连接线两侧的遗物部分高出少许,在一定程度上影响了整个遗物外观和纹饰布局的整体效果,对此需要进行适度的修饰和剔除,尤其是有精美纹饰图案的区域,更需认真精细对待。所以,经过处理修复形成完整遗物之后,对遗物表层补配焊接之处凹凸不平的部分进行雕琢,是对妨碍遗物形体完整真实的一个再造过程(图 6-40、图 6-41,修复保护前后对比)。修饰雕琢过程大多使用精密的齿

图 6-40 破损缺失状态

图 6-41 补配焊接处理后

科类专业工具，包括金属涡弦磨光钻、金刚砂圆形磨饰片等。前者可以将遗物表面突起的多余的金属焊线抛磨平整，后者则能根据器形表面的具体内容进行纹饰连接和刻画修饰，使连接部位物饰堵塞现象得到相当程度的恢复。同时利用部分精巧的手动工具进一步对纹饰实施完善。随后使用抛光布轮对金属焊接线进行抛光处理，使焊接部分与周围区域互为一致，融合为一个整体。

六 效果

银质遗物本体和残缺补配部分所采用的材料是相互一致的，将两者连接成一体的则是另一种金属材料，从材料结构上分析，它们之间不存在矛盾，区别在于原有藏埋了上千年，受外界多种因素的影响，还有其原本的金属结构氧化，展现于世人面前的似乎有些陈旧，而补配之部分不管采纳什么样的物理变化，还是化学试剂处理，很难改变其固有的崭新容颜。所以，需要人为地利用化工色素或自然矿物质作为调色品，对补配物的外观进行颜色绘制，使其色别层次要素接近或达到与遗物的原体基本相吻合，最终使其成为遗物的一部分。这是文物处理修复的原则和宗旨。

所有处理、修复完成的金属遗物，为使这些遗物不再继续锈蚀和表面氧化，要进行保护性的加固封护处理。方法是：用3%的Paraloid B72和97%的丙酮，放入带有密封盖的器皿内，使其自然稀释融合。另外，在该溶液中加放少量的甲苯及二甲苯，待封护液体均匀后，将遗物放置于器皿内。封护浸泡时间约为30分钟，然后把遗物取出放在稳妥之处，让其多余的稀释液体挥发。剩下的则是敷裹在遗物表面呈无色透明状的封护膜，这层封护膜可以隔绝外界有害气体的侵蚀影响，使遗物在一定时期内处于真空环境保护当中，对遗物长期保存是有利的。

第四节 铅锡质文物的处理与保护

一 概述

商周时期墓葬出土的铅锡器，在进行清剔处置及加固封护的具体操作中，涉及了诸多方面的问题，为了能够使该出土遗物完整安全地保存下去，采取了与其他金属器物处理保护方法不同的手段和措施。同时，也充分利用了其他文物处理修复方面的适用技术和成功经验，使这一极易受到氧化腐蚀的珍贵遗物得到了妥善有效的保护。另外，于田野现场对遗物起取工作程序和质量水平的要求，相关人员还需要进行必要的学习和提高，熟悉掌握这一特殊技术的规范性和操作技巧，为后续工作更合理地进行创造条件。

若干年来，在发掘商周时期的墓葬过程当中，在伴随着大量精美陶器、青铜器等出土的同时，铅锡器的出现也时有发生。虽然铅锡器只是在极个别的墓葬中能够有所发现，但在出土的遗物数量中也只是极少的小部分，正是因为只占出土遗物数量的极小部分，也就有着其特定的被世人关注的特殊性。一般的铅锡器其金属结构较其他金属器物要柔软许多，就铅锡器特有的固定金属成分而言，经过数千年漫长的葬埋阶段，其本体结构很容易从内部产生氧化腐蚀，或者遭到其他外部矿物质的氧化腐蚀以及土壤和水的侵蚀。铅锡器的外观形体发生了显著的变化，多数器物的器形遭到了较为严重的破坏，相互扭曲叠压，其器型识别已难以把握确定。特别是小型器物的足和耳等或者是器壁较薄的部位已经被氧化殆尽，仅仅只能识别出不太明显的轮廓痕迹。已经断裂破碎为若干部分的器物，其衔接缝线两侧的边缘范围均已受到腐蚀，相互对接的可能已经不复存在，这就是铅锡器在发掘出土过程时的具体情况。那么，上述存在的问题采取哪种办法解决，怎样才能使出土铅锡器得以有效的保存，是文物处理保护工作者面临的一个十分棘手的课题项目。

在处置之前，要对出土遗物进行必要的结构成分之检测分析。如器质的锈蚀程度和损失状态、器物本体的牢固水平，尤其是个体较小的器具和部分饰件等，以及区域环境（温湿程度、酸碱盐）的影响。然后需要依照检测得出的相关结果，根据现场出土物的具体情况，采取稳妥的方法与措施，实施预加固的必要程序。

在现场清理铅器的过程中，按照文物的特点要求，其程序则应该相对简化，只须将文物的基本轮廓范围搞清楚，有利于其资料工作的收集即可。

二 出土时起取处置程序

铅锡器，一般出土于商代较晚时期的墓葬。在墓葬发掘清理的过程中，如果发现有铅锡器出土，包括容器及兵器和工具等，按照遗物的特点要求，其清剔程序则应该相对简化，只须将遗物的基本轮廓范围搞清楚即可。有一固定方位便利于其他资料工作的留取即可，而不需要将遗物2/3或者半数以上的部分显露出来，这与其他埋葬物品的清剔惯例以及要求是有一定区别的。

待整个墓葬的资料收集工作全部结束，并且把非铅锡器的其他遗物完整起取妥善之后，方可进行铅锡器的处置程序。如果铅锡器与其他遗物之间相互出现了叠压关系，例铅锡器形体局部压在了其他遗物之上，那么也不能于处置铅锡器之前将其早于铅锡器取出。铅锡器的起取工作需要采取部分与工地现场条件相互适应的切实可行的措施和手段，尽最大可能地将铅锡器逐一完整地取出，并安全的运回室内，这对下一步工作的顺利开展具有十分重要的作用。

铅质和锡质文物起取的方式有三种，根据文物的数量及形体，采用不同的方法和程序。

（一）个体单一或形制较小的铅、锡质文物之处置方法

单一个体者，其长、宽度约20厘米，器形属于中型以下的文物，操作的方式

则较为简单。具体操作程序为以下几点。

使用工具将文物四周的填土取出,切割边线与文物的距离不得小于3厘米,并且使文物下方形成一个具有一定厚度的土台。土台厚度一般不低于10厘米,以使其能够有一定承受能力,而又不至于散乱或坍塌(图6-42、图6-43)。

图6-42 铅器出土状况

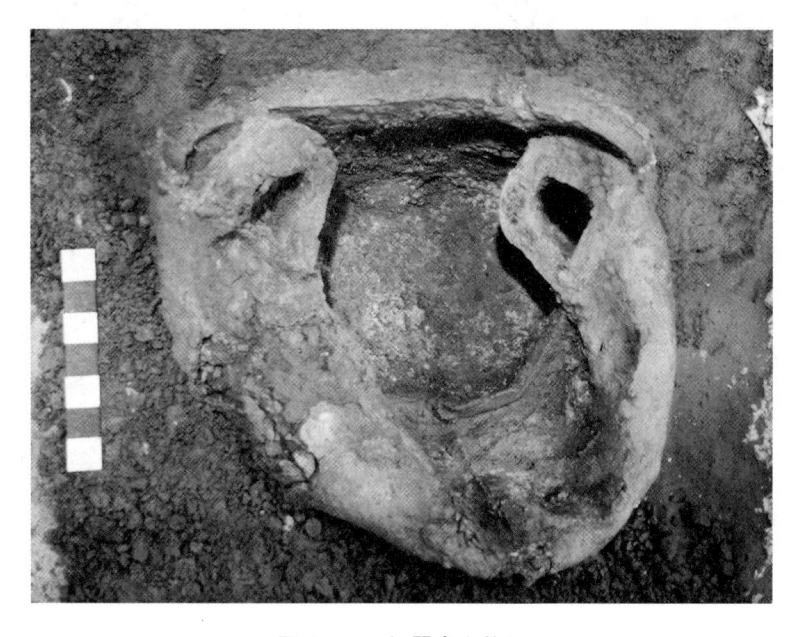

图6-43 铅器出土状况

使用可逆性31J丙烯酸非水分散体加固剂（该材料是高分子量的丙烯酸树脂微粒在有机溶剂中的胶态分散体，当有机载体挥发后可形成丙烯酸树脂的膜状物，其浓度要根据土体的具体情况进行合理配比）对土台侧面实施全面的滴渗加固，使土台形成稳固的整体，并且具有一定的承载能力。对加固材料的选择可多考虑几种，尤其是推荐常用的和易买到的材料，如 Paraloid B72、聚乙烯醇缩丁醛、植物胶（阿拉伯树胶、桃胶）、动物胶和聚醋酸乙烯酯（乳胶）等。

待其凝固后，将其土台与下方的填土切割分离，随之稳妥地取出。

包装时，将之存放于密封的包装盒（箱或袋）中，文物上端需要铺设较为柔软的纸张，并对文物周边适当予以填充加固。封装后取回室内再进行下一步处理。

（二）个体较大或群体性出土铅、锡质文物的处置方法

文物形体较大，或有数件小型文物相互并靠叠压于同一区域内，需要起取的平面面积长、宽30~50厘米，推荐使用石膏加固起取法。

（三）大型或群体性出土铅、锡质文物的处置方法

有多件文物共处同一范围内，工地现场没有条件将彼此逐一分开处置的，起取面积长、宽均超过50厘米以上者，则需要采取整体套箱方式对其进行操作（图6-44、图6-45）。

图6-44 铅器出土状况

图 6-45　铅器出土状况

（四）变形破碎粉化朽蚀之铅、锡器的处置方法

使用石膏浆把文物外围一定范围内的泥土一并固定，使得文物和周围的泥土共同组成一个整体。切割起取后，进行有效的包装，平稳运回室内再进行处理。

使用环十二烷材料，依附于遗物区域，加热促使其胶质化，该范围在短时间内可迅速固化，形成整体后取出（此物质可在数日内分解挥发，对遗物没有劣化影响）。

使用弱酸性缓冲溶剂，将遗物稍加清洗，随之实施干燥程序，把石蜡溶解，涂刷于遗物之上，进行密封保护。

或采取托网法和插板法结合的方式，将其抬升并放置于木板上，包装妥当后运回室内在细致处置保护。

三　铅锡质文物包装处理

铅和铅锡合金等质地的文物相对比较脆弱，起取包装时应选用具有一定强度的包装材料，如比较牢固的金属箱或精制木箱进行盛放包装，不能随意地使用纸箱、纸袋子、塑料袋等材料制成的盛放装置。此类遗物存放区域的相对湿度要低于35%；使用丙烯酸类合成树脂进行预加固处理，不要使用聚醋酸乙烯酯乳剂等水溶剂处理铅锡质遗物。应禁止进行叠放处理，应进行衬垫避免摩擦。应尽量减少纸板的使用，特别是在处理铅器的时候，纸板的酸性会对其构成一定的腐蚀。也不能将铅或铅锡合金直接放入木制或者塑料箱体之中。由于铅具有一定的毒性，操作时应尽量戴上手套和防尘面具等保护工具。

四　铅锡质文物处置保护

锡和铅都是组成青铜的重要组成部分，也是人类较早利用的金属之一。锡、铅的冶炼和加工技术是随着青铜冶铸工艺的进步而发展的。锡和铅是柔软的银白色金属，都具有较低的熔点。因此锡和铅很早被人类发现和利用，只是由于早期锡、铅不辨，将铅误认为是锡。到了商代，人们已能将它们分辨开来，并且能分别冶炼了。锡器实际是铅、锡合金，铅成分越多，颜色越灰。在通常的大气环境中，锡器一般是稳定的。埋藏于地下或置于潮湿环境里，锡器会逐渐失去光泽，生成一层粗粒状、暗灰色的氧化亚锡，如果腐蚀继续下去，则进一步转化成白色的氧化锡。若锡器内含有铜，则锈层上还会带有绿色。

在锡器的保养方面，对于轻微锈蚀的器物可采用电化学还原法或电解还原法进行处理。常用氢氧化钠作电解质溶液，锌、铅或镁作阳极。如果锡器上有镌刻的铭文时，一般不宜采用还原法，以免还原出的金属覆盖在纹饰的细部上。若遇到前面提到的"锡疫"现象，需将器物放在水中做加热处理，并保持 1 小时左右。锡器在保存时，应注意保存温度不得低于 18 摄氏度。同时，由于锡器性质柔软，要避免机械碰撞或挤压，应放在布套子或盒子里。铅的化学性质不如锡稳定，因此它的腐蚀情况要比锡复杂一些。

铅锡器在空气中，表面很快氧化，一般都有一层氧化膜覆盖，显示出一种古朴色调。铅的氧化物与铁和银的氧化物不同，它所形成的膜是致密的，可以防止铅锡器继续氧化，有一定的保护作用。埋藏在地下的铅锡器，会受到各种盐类、地下水中的氧气及二氧化碳的腐蚀，形成外貌很不好看的白色锈壳，应当除去。处在潮湿环境下的铅锡器，受空气中过量二氧化碳的影响，会与之反应生成白色的碱式碳酸铅，由于体积膨胀而改变了器物的原貌。

另外，铅锡器还容易受有机酸（如乙酸、鞣酸）及油脂等物质的污染而产生腐蚀，这些危及器物安全的因素应设法避免。据资料介绍，铅锡器可用稀盐酸和乙酸铵溶液分别处理，方法如下：先将器物浸泡在 50 倍于自身体积的 1.2 摩尔每升盐酸中，浸到不再冒气泡为止。将器物取出，滤干酸液后，置于经过煮沸的热蒸馏水中，放置几分钟，把水倒出；更换蒸馏水，重复清洗 2 次。然后将器物浸泡在 25 倍本身体积的温热 1.2 摩尔每升乙酸铵溶液里，约 1 小时，至铅锡器表面上无腐蚀产物为止。取出器物再放入大量的新煮沸过的冷蒸馏水里，约 10 分钟，将水慢慢倒出，如此重复洗涤 3 次，最后在常温下晾干，也可浸以乙醇或丙酮后晾干。如有必要，可将器物浸以石蜡液而加以保护。

英国的一家博物馆还介绍了用一种离子交换树脂处理铅制品的方法，特别对一些小件器物，如钱币、证章等，效果不错。他们将被处理的铅制品与离子交换树脂颗粒放在一起，让它们相互接触，浸以保持温热的蒸馏水，经过更换几次树脂后，铅锡器表面上的锈层渐渐消失，而金属铅不会受任何影响。

应当指出，对于那些严重腐蚀的铅制品，如果锈蚀产物已深入到器物里面，只剩下外部坚硬的锈壳时，就不能做除锈处理了。铅制品的保存，除了保持适当的温度和清洁的环境外，还要注意器物不能放在橡木制的橱或抽屉中，因为橡木能渗出鞣酸，会腐蚀铅锡器，应选用其他木材。对于脆弱的铅制品和锡制品可嵌埋在透明塑料里保存，亦可用垫压法，将器物嵌埋在一种甲基丙烯酸酯类的树脂里，以后如果需要取出时，可将它浸在氯仿中，树脂就被溶胀而去掉。以上方法，在实际工作中究竟采用何种方法保护，要视处理器物的成分、结构、埋藏环境及锈蚀情况而定。

锡或锡铅合金制成的器物，通常是稳定的。但埋于地下或置于潮湿环境中，锡器也会氧化，变成粗粒状灰暗色的氧化亚锡，继续腐蚀，则变成白色的氧化锡。锡器若含铜，则腐蚀层会带绿色。

铅制品通常有一层稳定的灰色氧化物薄膜。在潮湿且二氧化碳充分的环境中，铅会被腐蚀，生成碱式碳酸铅。这种盐类结构疏松，会导致体积膨胀。出土的铅制品，曾受地下水中氧和二氧化碳及各种盐类的腐蚀作用，形成白色锈层。在空气中，铅易受醋酸、鞣酸等有机酸及油、脂类物质的污染。受腐蚀的铅锡器，器形并不改变，体积变化不大。

处理腐蚀铅锡器，可浸于稀盐酸溶液中，至不再有气体出来为止。取出器物，滤干酸液，置热蒸馏水中洗涤数次，再将器物浸入温热的乙酸铵溶液中，至铅面上不再有腐蚀物为止。把器物取出放入冷蒸馏水中，反复洗涤数次。处理后，可阴干或浸入乙醇、丙酮后取出晾干。最后用石蜡渗透封护。

第七章

青铜器铸造中失蜡法的应用

中国青铜器的产生已有数千年的历史，在冶炼铸造工艺上有着独特的创造和辉煌的成就，这些青铜器的制作方式或采用冷锻法，或采用单范制造与简单的合范铸造。失蜡法是金属史上一项重大发明，由于中国古代青铜器在世界上具有其特殊的地位，失蜡铸造自然引起学术界的广泛关注。关于中国失蜡法的起讫问题，众说纷纭，有学者断言早在商周时期就已广泛使用失蜡法铸造礼器，有学者认为该工艺在春秋战国时期才普遍应用，也有学者认为中国迟至公元前后或魏晋时期方掌握了这门技术，还有一些学者认为失蜡法并非中国自己的创造，而是从西方或印度传入的等。20世纪20年代，安阳殷墟发掘出土大量青铜器，从器物的制作工艺上提出了失蜡铸造学说。现在，就如何运用石蜡铸造方法，结合现代工艺、材料和手段进行复制青铜器，做一简单粗略的叙述。

第一节 翻制模具

一 清洗器物和划分程序

清除原件器物表层的附着土锈，剔除存留于纹饰内的杂物，使用纯净水进行必要的洗刷，让器物的外观和纹饰保持清楚、明快、顺畅。根据原件器物的外观形状特征，决定全部模具的排列组合，并在这件器物上标定各块模具的位置。一般中型、圆形器的划分方法是以器物上、下中线为界，左、由两侧的比例互为相同。大型或器形较为复杂的器物，则需按照其不同部位分段予以合理的划分。

二 制作石膏外膜

在器物口部和底部内侧，以不影响外侧器物壁厚为原则，用石膏浆制成能够控制硅橡胶内膜厚度的柱状连接支撑点，石膏柱体上须挖制几个乳钉状的母口，随后将橡皮泥擀成与器物厚度一致的片状，贴附于器物表面，并按照器物的外形特征将其自然完整地包裹起来，两端的泥片长度需超出器物形体，超出部分与石膏柱体相互连接。在两块模具的中间划分线处，将呈 1 厘米方形的橡皮泥条沿划分线垂直地贴附在该位置上，形成一凸起的条状，其目的是让形成型的硅橡胶内膜稳妥地固定于石膏模具中间，使其不易散落和移位。

将调制均匀、浓稠度合适的石膏浆贴抹在橡皮泥及两端的石膏柱上，周围则有先前准备合适的泥条控制石膏模具的厚度，中间部分需要根据其器物形状变化，准确把握不同位置上的厚度。待石膏浆凝固后，撤除贴附于四周控制模具厚度的泥条，用工具略加修饰石膏模具的连接侧面，挖制出模具之间互为连接的子母口。此后在该范围内涂刷一层隔离剂，按照上述程序翻制第二块石膏模具。

三　制作硅橡胶内膜

石膏模具制作完成后，用橡皮榔头在模具分割线四周进行轻微振动，将石膏模具轻轻启开，在模具和柱状石膏的衔接缝隙处挖制出浇铸口与排气孔，于模具内侧涂刷液体漆片和凡士林。把贴附在器物上的橡皮泥撤除，对器物内外进行认真的清理，切忌有细小的泥块存留于纹饰之中。在器物表面涂刷一层聚乙烯醇缩丁醛，作用是防止硅橡胶中的有害物质对器物产生腐蚀影响。随后将制作完成的石膏模具按照翻制程序重新放回两端柱状相互依托的连接面上，平稳地扣合为一个整体，用线绳在模具周围相互缠绕，捆绑牢固，着手调制硅橡胶。

硅橡胶是一种含有硅原子的特种合成橡胶，由甲基、乙基、乙烯基、苯基等多种有机团组成，在常温下固化时间为 2~3 小时。具体调配比例为 100∶1.5，即硅橡胶为 100，固化剂为 1.5。

根据器物大小及硅橡胶的厚度，计算出胶液合理的用量，放置于真空罐内，将胶内空气抽出，然后将胶液顺利的注入模具内。该过程不能间断，以防模具中胶液内部产生气泡，影响表层纹饰清晰程度和胶模拉力。另外，在实施注入胶液之前，须在浇注口外沿设置一个合适的护圈，使护圈内能够存放部分胶液，向模具内部形成一定压力。到另一侧的排气孔冒出胶液方可停止注入。这一方式能够促使胶液在模具内顺畅流动，饱满全部流程。

硅橡胶凝固之后，解除线绳，用工具顺着缝隙将石膏模具启开，保持模具的外观整洁。因在模具内壁上涂刷有隔离剂，硅橡胶和石膏模之间不会出现互为粘连的现象，脱模后持利刀沿着划分线凸起部分的中缝，将胶模断开，一分为二。在对硅橡胶模进行切割的过程中，注意刀刃部不要触及原件器物的表面，避免器物上出现刀伤痕迹。胶模左、右两侧切割完毕后，将胶模从器物上慢慢地揭取下来，并按照各自相应的位置，放入石膏模具内，从而形成石膏模在外、胶模在内的双层模具。模具有相当的拉力，伸展性能颇佳，能够将器物纹饰托印得清清楚楚，但是它属于一种软体物质，必须依附于外层的石膏模具内加以衬托，才能保持原本状态。

四 制作石膏内模

根据原件器物不同位置的不同厚度,将橡皮泥擀成相互一致,或略薄些的片状,按照胶模内侧的起伏伏贴在上面,口部和底部的形制及厚度要与原器物相吻合,两侧则需根据胶模边缘分线切割,把泥片修饰为有一定厚度的直角,使该部分与另一块相互衔接时具备较适宜的接触面。此后在石膏模的四周挖制几个乳钉形子母口,涂刷隔离剂,翻制出互为连接扣合的另一块石膏模具。待之凝固时开启模具,撤除橡皮泥片,在器物底端的一侧的模具接缝部位,挖制打注蜡液入口,并于注入口平行线一端留出排气孔,将模具组合为一体,捆绑牢固,便可打制蜡液。模具内撤除橡皮泥片,使其内部形成一定的空间缝隙,该缝隙是未来蜡型的厚度。所以翻制复制器物模型,须认真仔细,精益求精,因为其优劣程度直接影响着复制器物的综合质量。器物复制不同于一般的工艺品的美术创造,要求绝对忠实于原件器物的整体形制和特征。

第二节 蜡型制作修饰与焊接

蜡型是复制器物的替代品,为此,要制作出符合其特殊要求的蜡型,必须对之原料配比、操作程序等方面制定设计出合理和严格的工艺规程。使用原料:石蜡和硬脂酸。石蜡是固体石蜡烃的混合物。硬脂酸是分解动物油脂或氢化油所得到的脂肪酸混合物。

一 蜡型制作工艺

熔化蜡液。把50%按比例配置的石蜡放入煮蜡器皿内,隔水加热融化。融化后将另50%的硬脂酸放入桶内,加热至80摄氏度左右,后者被溶解,取出蜡桶,使其得到冷却。

调制蜡液。把溶解完成的蜡液置入调蜡罐内,液量约占蜡罐容积的1/2,将之放于调蜡机下,使用螺旋桨进行均匀搅拌,待蜡液呈稠糊状时倒入保温桶内,保持蜡液温度在50摄氏度左右,偏差不要超过3摄氏度。

打注蜡液。将呈稠糊状蜡液置入经过预热处理的注蜡枪内,在相当的压力下把蜡液注入模具内。待排气孔喷冒出蜡液时,说明模具内部的空气已顺利排出,其空间已被注入的蜡液所充填。此刻将注蜡取下,迅速用橡皮泥块堵塞注口和排气孔,使蜡液于模具中自然冷却成形。

揭取蜡型。待蜡液完全冷却之后,解开捆绑线绳,用木制工具在模具两面侧端轻轻开启,使其松动,便可顺利地打开互为扣合的双层模具,将蜡型从硅橡胶模中取出，按其合理角度放置于平软之处，以防蜡型塌陷或变形。

二 修饰蜡型

从模具内取出已经完全凝结的蜡型，因在打制过程中部分模具难免会出现跑模或胀模等情况，使得蜡型四周缝隙线上或多或少地遗留部分被挤压出来的蜡液。从某种程度上看，既影响了蜡型的原本形态，也增加了蜡型壁的厚度。这就需要根据蜡型上留下的切割线印记加以修饰调整。

首先，将缝隙处遗留的多余蜡液沿切割线予以清除，使相互对应的蜡型分割处的衔接缝隙贴切吻合，注意两者之间的相互角度。侧面需均衡分布，有纹饰的部位还须相互对接沟通。其次，就一般蜡型本身的厚度也需要进行适度的刮削，刮削工具的刃面带些弧度，并且要较为锋利，操作时要持刀稳重、用力均匀，从一侧向另一侧依次展开，左右厚度保持一致，使所修饰的蜡型厚度不要超过原件器物的厚度。最后，用细铜纱网把修饰完成的蜡型内侧纵向横向擦磨数遍，消除刀具遗留下的波纹痕迹，使蜡型内壁表层平滑光洁。

三 焊接蜡型

蜡型修饰之后，进行蜡型的组合焊接。

第一，将组合蜡型块相互对接于一起，处理调整准确各个结合部位的角度，注意口部、底部和中间位置之间的相互协调关系，如有局部较难吻合，把妨碍其组合的部分切除。大多蜡型的接连断面都有内侧与外侧之分，按照焊接程序要求，应该把蜡型内侧削刮成带有相当角度的接触面，让外侧连接组合得更加顺畅严紧，使内侧两块蜡型之间形成一条三角状沟槽。这样能使蜡型之间的焊接较为牢固。

第二，把蜡型拼接组合为一体，在没有纹饰，但又处于关键的用力部位，用电烙铁焊接上数段。待凝结后，于相互对应的另一侧同样焊接几个点。基本定型后，将口沿和底部等重要部位调整至最佳角度，并将此处彻底焊接固定。

第三，把烙铁从两侧端伸入到蜡型内部，顺着缝隙三角状沟槽进行纵向焊接。该缝隙之处呈三角状空间，需要在此位置上放设一些小型蜡条块，使烙铁所触及之处，蜡条块便可随即熔化为液态，流填于沟槽当中，能够使已经吻合的蜡型块迅速粘连，合二为一，形成一完整的物体。

焊接程序完毕后，按照器物内侧左右弧度，使用刮削工具沿焊接线将凹凸不规则之处修饰平整，保持与原器物内侧形制互为一致。随之将已制作完成的器底弧形蜡片焊接在内侧腹部下端与圈足上方相互连接的位置中，两者的结合部位基本呈90度直角，用直角形工具从不同方向将此修饰通畅，消除工具遗留的印迹。

蜡型的焊接要求是从内侧依次进行，这样就不会影响器物整体的外观效果。但是，蜡型组合焊接尽管是非常严谨的，还可能在局部范围内遗漏下细小的缝隙，需要进行必要的填补。于烙铁头部蘸取少量的蜡液，在缝隙遗漏处实施不影响其整体结构的点线焊接，经过修饰之后，其外部形态趋于完美，牢固程度也进一步加强。

在打制蜡型过程中，由于原器物及模型等多方面因素，造成蜡型表层局部纹饰模糊不清及出现难以避免的孔眼和余缺现象，需要对其表层进行弥补和修饰。操作过程对照原器物的具体形制、纹饰、接合部位之特点，正确体现"复制"的真正含义。

最后要用脱脂棉蘸取到一定数量的高标号汽油，沿着被修饰过的部分进行擦拭，把留在蜡型表面的全部工具痕迹消除干净，形成一个形制逼真、高质量的器物蜡型。

第三节　模壳制作、焙烧和铸造

制作模壳是失蜡工艺中的关键环节，模壳的优劣决定着铸件的成品率，也关系到铸件的整体质量。失蜡铸造的模壳是由水玻璃、石英粉及石英砂等组成。水玻璃与石英粉按比例相互融合搅拌形成黏结剂，石英砂则为表层撒用材料，是被黏结的对象。

水玻璃又名硅酸纳，俗称泡化碱。呈无色、青绿色或棕色不透明的黏稠液体。石英粉（砂）指含有二氧化硅较多的砂石，除此之外还有氧化铁、云母等。

一　水玻璃、石英粉黏合涂料及硬化剂的配制

根据一组蜡型数量的多少，取出与之相适应的水玻璃，放入金属器皿内，加放部分清水，进行搅拌稀释，根据水玻璃和石英粉的配比值，将石英粉置入器皿中。经过长时间高速搅拌，制作模壳的涂料黏度会有进一步提高，凝固后的强度也比较坚硬。

硬化剂又称熟化剂或变定剂，能使高聚物分子间产生交联的物质。硬化剂是用来与蜡型表面水玻璃涂层相互结合之后，使其短时间内迅速固化，便于混练后和硫化前的成型操作。形成具有一定强度的模壳。硬化剂主要有胺类、有机酸酐类和脂肪酸等组成。

二　模壳制作

模壳制作工艺过程包括：浸挂涂料、播砂、硬化和干燥等环节。持蜡型模具之浇口处，将其浸入至涂料当中，缓慢地进行上下移动和左右转动，当蜡型的外部表面和内部四壁均匀地粘挂在涂料上时，将其轻轻提出，挂在支架上，用中型油画笔在蜡型四周出现涂料堆积或遗漏处调整修补，使涂料充实填满其隙间。在这段时间内还须按照不同角度合理地转动蜡型，不使涂料朝一个方向流动聚结，保持蜡型四周涂料层的厚度均衡一致，待涂料不再流动而趋于稳定时，开始向蜡型上播撒石英粉（表7-1）。

表7-1　　　　　　　　　　石英粉、石英砂播撒次序

层数	名称	目数号	对比数	相对数
1	石英粉	320	270	200
2	石英粉	270	200	100
3	石英砂	70	40	20
4	石英砂	40	20	10
5	石英砂	10	8	6
6	石英砂	10	8	6

播撒石英粉时，边转动边进行，使蜡型内外均匀地粘贴一层石英粉，直到粉粒不再被涂料黏结为止。基本定型之后，将其放入硬化液中进行硬化处理（表7-2）。硬化液的浓度和温度硬化时间关系，浓度大、温度高可加速硬化液的硬化反应。硬化时间充足以后，将模壳（蜡型）取出，挂在支架上进行干燥处理。

表7-2　　　　　　　　　　涂料比重及硬化干燥时间对比

层数	涂料比重	硬化时间（分钟）	干燥时间（分钟）
1	1.9—2.0	20—25	30—35
2	1.9—1.3	20—30	30—35
3	1.9—1.2	25—35	40—50
4	1.9—1.2	30—35	40—50
5	1.9—1.2	35—40	50—60
6	1.9—1.2	35—40	50—60

三　失蜡处理

失蜡方法操作较多，有热水失蜡法、蒸汽失蜡法、热炉失蜡法等。一般常用的是热水失蜡法。把经过硬化处理的模壳置浸于能够加热的器皿中，在水中加放2%的氯化铵和1%的硼酸，目的是经过热化反应使模壳得到进一步硬化的作用。随之增加器皿中水的温度，将水温控制在90摄氏度到100摄氏度范围之内。水温不断增加，使得模壳层逐渐变热，模壳内部的蜡型开始熔化，已经熔化的蜡液从模壳浇铸口和排气孔缓慢流出。蜡液的比重轻于水，流出的蜡液会漂浮在水面上，冷却后可以多次反复使用。蜡液从模壳内全部流出后，将模壳从水中捞取出来，模壳的外层和内层之间呈现与蜡型薄厚一致的空间，该空间就是所要浇铸器物的厚度。然后用清水冲洗模壳，将其倒置于支架上，控干模壳内的水分。

四 模壳焙烧

失蜡之后的模壳，不能用来直接浇铸金属溶液，必须经过焙烧，增加其本身的温度，才能使模壳具备浇铸条件。一般熔烧使用的加热设备为窑式炉具，其优点是容积大，成本消耗低，不受模壳规格的限制。焙烧时间需要2个小时左右，温度则要达到850摄氏度（图7-1）。经过焙烧后的模壳，具有相当的牢固强度和透气性能，对改善浇铸过程中金属溶液的顺利流通提供良好的前提条件。

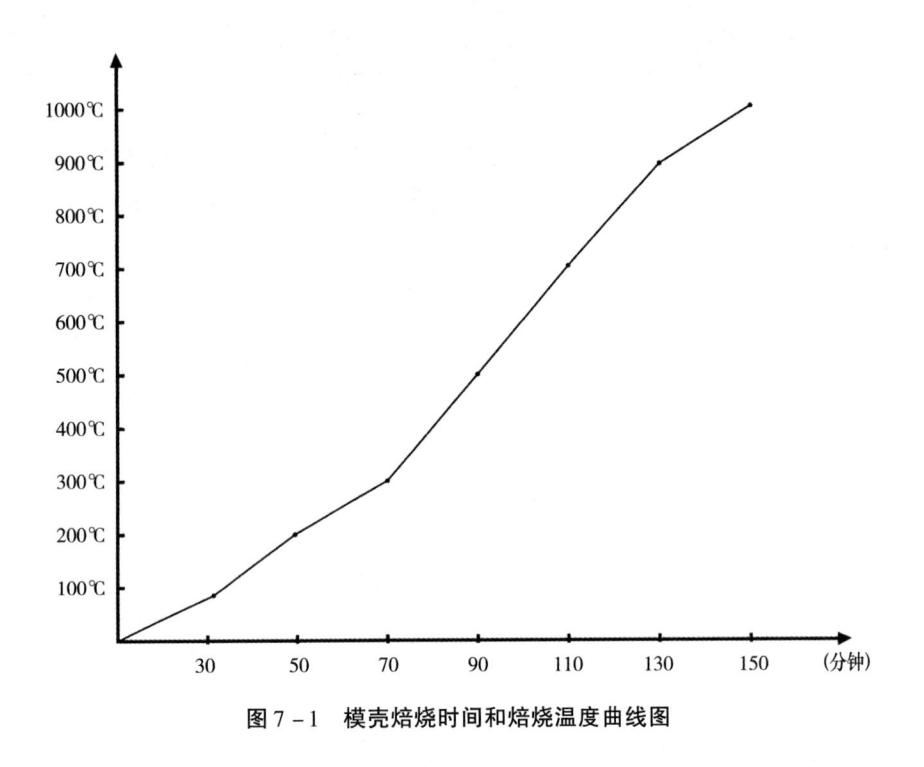

图7-1 模壳焙烧时间和焙烧温度曲线图

五 浇铸

熔炼铜液须按照实际需要量选择适当的坩埚。青铜的构成比例为82%的铜、17%的锡、1%的铅，将此一起放入坩埚内进行熔炼。同时，把模壳掩埋于潮湿的砂土之中，使砂土在模壳四周填埋均衡严紧，防止其在浇铸和冷却过程中跑模及散热不均，影响铸件的整体结构。待合金铜液达到950摄氏度时，刮除干净漂浮于铜液表层的氧化物体，即可进行浇铸。

针对合金成分的配比关系，经过长期的对比和实践逐步了解到，用纯铜作为熔炼原料进行浇铸，其熔化点高，流动性能差，弃填能力低，吸气倾向大，而且于冷却过程中收缩率大，极易形成充型不足，多量气孔和收缩应力导致开裂等缺陷；若加放适量比例的锡和铅，便可使其熔点降低，硬度也可得到相应的加强，合金的充填性能较纯铜理想得多，浇铸不足等现象也较少，这对一般的容器尤为重要。锡还可以降低青铜的吸气性，使器物较少生成气孔，同时还可使青铜于凝固时的收缩量变小，不易造成开裂。所以要根据不同的铸造对象，采用不同的合金配比施于熔铸，使其每一铸件因金属配比趋于合理而处于上佳状态（表7-3）。

表7-3　　　　　　　　　　青铜合金的配比表

含铜量	含锡量	含铅量	合金熔点	硬度（布氏）
100%			1083C	35
95%	5%		1040C	50—60
90%	10%		1000C	90—100
88%	10%	2%	982C	100
80%	10%	10%	960C	
80%	20%		890C	
75%	15%	10%	850C	

第四节　复制品表面修饰

青铜器复制件浇铸完成后称为铜胎，需要对其表层部分及器物内壁进行必要的打磨修饰，使每一局部尽可能地、较为完美地忠实于原件器物。

一　磨饰工具

小型台钻、砂轮设备、蛇皮钻及相互匹配的多种型号的旋转锉、轮形磨布、铜丝轮、砂轮核等，还须准备粗细不同型号不一的金属锉刀。根据复制器物规模、形状和不同部位的具体特征，确定使用何种工具。

二　操作程序

按照修饰方法的不同要求将器物形体分为三个部分：第一是口沿部分，包括带圈足器的底部；第二为纹饰部分；第三是器物素面及内壁部分。

第一，口沿部分。大多铸造成型的复制器物，因浇铸口和排气孔均设在该范围之内，冷却过程中的收缩量与其他部位略存有差异，铸口周围会略显粗糙，薄厚程度也受到一定影响。需要参考原件器物外形特征对其进行打磨修饰。首先使用旋转砂轮沿口两侧实施打磨，消除铸造痕迹，使表面按规定弧度均衡一致。其次用轮型砂布弥补旋转砂轮遗留下来的印迹，使两侧表层光滑细腻。

第二，纹饰部分。复制器物应与其原器物相似。但个别复制器物会出现夹砂断纹的非常规现象，需要进行补救。使用与纹饰规格相适应的錾刀顺沿原有的纹饰加以剔刻，清除堵塞于纹饰之中的砂点，恢复其固有形态。剔刻过程中要避免破坏纹饰周围的原始风格，使纹饰首尾及相互对应的纹饰衔接层次分明、自然流畅。针对在铸造时遗留下气孔和砂眼所形成的纹饰断缺，则需要用焊枪将铜丝焊条填补于断缺之处，依据纹饰进行錾刻修饰，后用细砂布轮处理錾刻过程遗存的表面毛茬。

第三，器物素面与内壁部分。素面部分包括器物肩部与腹部、腹部与圈足之间的连接部位、足腿、扉棱、提梁及把手等。处理方式和修饰过程与口沿部分基本相同，只是在一些局部狭窄区域内机械设备无法进行正常运作，就必须使用不同规格不同型号的手动工具，有针对性和选择性地加以处理修饰。器物内壁一般来讲无须进行重点修饰，只是把凝结于内壁上的砂壳剔除干净，将凹凸不平之处修磨整齐便可。然后使用抛光布轮对器物整体进行抛光处理，消除所有工具操作印迹。

第五节　绘制器物颜色效果

青铜器长期埋藏在墓葬中，受潮湿土壤及矿物质等诸多因素的酸碱腐蚀影响，器物金属分子结构产生了很大变化，其表层已不是当初之形态，表面局部被不同结构成分的锈蚀层覆盖，锈蚀厚的部分形成了各具不同颜色特点的层叠状，且相互叠压、互为融合。没有锈蚀部分则深浅不一地呈现黑绿色状器物底色。在进行处理颜色效果之前，需要了解和掌握不同器物不同部位的基本色调及色彩变化特征。

一　处理器物底色

如前表述，在青铜器表面大多附着一层或数层不同颜色、形制各异的腐蚀锈，但在无蚀锈的部位则是青铜器的原本底色，一般来讲底色有光泽，呈亮滑状。首先用毛笔在经过抛光的复制器物表面涂刷一层稀释的漆片溶汁，作为此器物本体与颜料之间的黏合剂，待干燥之后用吹管将调制均匀合理的绿色硝基酸和丙酮的混合物喷涂于复制器物表面，凡是能够触及的部位均须粘贴该层颜料。其次按照上述相同程序把其他诸色依次加工至器物表层。连续操作时颜料液态可呈雾状，均衡的散落于器物表面，间断进行时则呈微颗粒状，在相应程度范围内这一操作形式可能更加接近和符合器物底色的要求。经过若干程序着色处理，器物表面已被多层不同颜料所饰盖，诸色之间相互交叉相互渗透，又互为融合互为影响，但颜色基调还是遵照实物前提要求以黑绿色为主。在稀释溶剂完全挥发后，器物表层自然会泛起应有的适度光泽，该特征与青铜器物的底色较为接近。另外部分特殊的器物之关键部位与其他常见的底色有所变化，需要加工补充，使用油画笔蘸取少量匹配的颜料，拨弹至表现突出的位置上，使其局部色调产生一定的变化，以区别器物内外及局部之间的底色变化要求，避免整体颜色效果过分单一。

二 处理表层锈状

器物表层层次分明的锈蚀层，锈种大体可分为土锈、层叠锈、胎发锈、法郎质锈、粉状锈等。因其锈蚀部分物体结构成分组合不同，使其锈状颜色存在较大差异。操作时须调制合适的矿物质粉状颜料（漆片溶汁稀释），拨弹至需要锈蚀的器物底色之上。该颜料具有一定的浓度，笔端不宜蘸挂太多，每一局部范围内均须重复拨弹几遍，试剂挥发后其结果自然形成类似器物外层呈颗粒态之锈状，但不能使周围的锈状形态格式单调，要注意锈状的薄或厚与底色之间的过渡衔接，避免器物表层锈蚀面目全非（图7-2）。

图7-2 青铜器物效果处理

第一层锈蚀制作完成后，准备适量具有胶黏性的细土，放置于器皿中经清水浸泡，除其杂质，搅拌成糨糊状，用硬毛小刷将其掸涂到器物表面不需要制作第二层锈蚀的区域，待糊状泥土干燥成型之后，依据制作第一层锈蚀的方法程序，在器物表层拨弹一层锈蚀。该层是器物的外表锈蚀，无论是锈蚀形制或颜色搭配变化都要求自然合理。随即将复制器物置于水中，经浸泡后掸涂有泥土部位之上的锈蚀颜料便会自行脱落，没有泥土的部分其锈蚀颜料与第一层锈蚀互为粘连合成一体，使用软毛刷对器物表面进行轻微洗刷，其脱落部分与粘连部分之间就会出现带有明显的锈蚀层次状。再对照着原器物的颜色效果，对复制器物整体颜色进行处理调整，使不同颜色之间的转换过渡恰到适处，衔接自然流畅，底色与锈蚀之间相互衬托，色彩变化丰富而符合实际。这是对复制器物表层颜色做最后处理的重要程序和环节，也是复制器物质量合格与否之关键（图7-3、图7-4）。

图7-3 中华爵复制品

图 7-4　司母后大方鼎复制品

第六节　结语

研究青铜器的保护技术、修复技能和复制方法，应当全面地了解古代青铜器的冶铸情况和技术构成，包括制范、合范、干燥、浇铸、金属含量比例及实施过程中化学、物理变化等。只有弄清这些情况和掌握该方面的专业知识，才能真正做好青铜器的保护、修复和复制工作。

青铜冶铸技术的产生，有着一定的社会历史背景和物质技术条件。我们的祖先在同自然世界斗争中不断改进生产工具和生活工具，由打制石器发展到制作简单的陶器。制陶技术的产生，说明当时的人们已经认识到可以利用火，把黏土制作成一定形状，将此烧制成型加以利用。制陶使用的高温技术、耐火材料及造型工艺为金属冶铸提供了有利条件。进入青铜时代后，冶铸技术的工艺日臻完善，其工艺过程大概可以分为两个步骤：一是制范，包括制模、制型、合范三个程序，经烘烤加固成型。二是铸造，青铜器的分范合铸技术水平有了较大程度的提高，且成型方式已由以浑铸为主转变为以分铸铸接和焊接为主，同时也开始采用失蜡铸造法。到了春秋晚期至战国初期，相当复杂的器物均能一次铸造成型，并且有很高水准，为此后失蜡铸造的进一步发展奠定了坚实的基础。

青铜器物的复原复制，顾名思义，就是根据原件器物的特征、形制、厚度等以及合金成分的比例，运用现代科技技术和加工手段进行操作。从某种意义上讲，该制成品是一种更易于保存，使用更方便，具有与实物同等的学术研究价值。众所周知，青铜器是中国历史文化的瑰宝，也是古代人民勇于开拓、勤奋智慧的结晶。其实质形制博大精深，庄重稳厚，纹饰缜密严谨、典雅绚丽，对中国文化尤其是中国古代冶铸史的形成和发展产生了极为深远的影响，目前已经成为全人类共享的精神财富。对于这一举世公认的巨大丰富遗产，在竭尽全力采用现在科学技术进行妥当保护的同时，适当地利用部分复制品来替代原件器物进行陈列展出，使人们在观赏中得到启迪和提高，同样可以起到让世人了解和认识中国古代中华之伟业成就、弘扬华夏之灿烂文明的作用，还可以针对不同领域内的课题进行广泛深入的研究和探讨，使真正的文物在温度、湿度适宜及避免有害气体侵蚀的良好环境中得到有效和妥善的保护。

第八章

遗址和墓葬模型制作

考古遗址和墓葬模型的制作，严格来说是一门特殊的艺术，它不同于真正意义上的美术创造，却与艺术创作有着不可分割的内在联系。如透视学的原理、雕刻技法的运用，无不包含和渗透着美术创作的理论和手段。模型对考古学研究及在博物馆里陈列均有着十分重要的现实意义。

首先，模型具有科学性。制作考古模型的原则是保持古迹的原本面貌，按照一定比例，忠实地再现不同时期的古代遗迹。

其次，模型本身也是保存科学资料的一种较好形式。由于是完全按照比例制作，从某种意义上讲，具有与实物同等的学术研究价值，是一种易于保存、使用方便的形象实物资料。

再次，模型具有很强的可视性。它不同于普通图片及一般影像，会给人们一种身临其境的特殊感受。因此，作为科学的实物标本进行陈列展出，这一立体可视性之特点是其他形式所无法比拟的。

最后，制作考古模型是文物保护的一种有效方式。对于某些较为重要的遗址和墓葬，修建保护设施非常具有迫切性和必要性，但是，中国地下文物宝藏十分丰富，出土的古代遗迹数量不胜枚举，不可能对所有的古迹现场进行处理保护和修建必要的场馆设施。如果用模型方式来进行保护，其作用和效果也是不可低估的，更何况还可节约多方面的大量开支。随着国家经济条件的好转，投入到保护文化遗产方面的资金会越来越多，对一部分重点遗址均可采用现场保护措施，但是这一保护方法是固定的，不可移动的，而模型具有便利的移动条件，北上南下，东来西往。可以设想，如果将半坡史前居落遗址用模型的方式陈列于任何一座博物馆里，都将具有十分重要的研究价值和教育意义。所以说模型在宣传中国优秀文化遗产方面起着不可替代的作用。从古为今用的角度出发，使国民了解和认识历史，进行爱国主义教育，都可以起到广泛的宣传作用。模型制作无论从学科研究、文物保护和弘扬中国古代优秀文化成就上，都有着特殊的意义。

第一节 遗址模型

　　遗址模型也称地貌模型。中国古代历朝的遗址大多都分布在平原地区，小部分居于山坡或河边，地势多凹凸不平。因此，制作模型需要根据不同的地域变化、高低落差来确定模型的规模及比例，同时还要考虑操作简便、适宜展出和易于运输等因素。按照常规设计其比例规格确定为遗址实际面积的 1/50，该比例能够把遗址的内容和特点如实充分地展现出来。模型的总体长度一般控制在 300 厘米左右、宽度 200 厘米左右比较合理，当然也要根据实际情况做出具体分析，若需要较大比例的可以采取分块制作，最后将数块拼接成一个整体即可。

　　制作模型所需要准备的物品有：不饱和聚酯树脂、玻璃布、填充材料、各种矿物颜料、稀释溶剂、雕塑泥等。

一　泥型塑造

　　第一，制作一块支托塑造泥型用的组合木板，长宽程度略大于模型的规模，将木板架设到利于操作的高度上，木板的平面要求在同一水平线上。其厚度要根据木板的承重能力来确定。

　　第二，按比例描绘出遗址的平面图，根据遗址高低不等的地理形式，用测量手段在平面图上标出等高点的数据。

　　第三，在木板上铺设胶泥，胶泥的厚度应在等高正负数据异变范围之内。泥铺设的过薄，遇到负极等高数据时向下挖泥会触及木板，影响其深度。如果正等数据已大大高超过铺设高度时，一方面可在泥板上继续堆泥到等高点，另一方面可将聚苯板块置入泥中，作为衬托物体，目的是减轻重量。雕塑泥盘上的高低程度（就是遗址外貌的高低度数），完全是用正负等高点的数据来控制。

　　第四，在胶泥上绘制遗址图。在铺好的胶泥上面先撒一层滑石粉，然后敷盖一层较薄的塑胶布，将平面图纸铺设在上面，用铅笔把图复印其上，并标出等高线、点的数据，如有不平之处，可以扎点定位。之后将图取下，再用铅笔于泥上把图绘清楚。然后用较细的竹竿按其等高正负数据准确无误地插在泥板各等高点上（图 8-1）。

　　第五，**塑造遗址的外貌**。也就是用雕塑手段在胶泥上把遗址外貌的特征塑造出来。遗址的外貌多种多样，土质软硬程度不一，也就要根据不同特征采用不同手法来加于表现。如塑造探方口壁和灰坑口壁，可用折断了的松木薄片的锯齿状断茬，在探方或灰坑的口壁处垂直画出痕迹，纹饰要硬、自然、粗细有别、有宽有窄。再如塑造炉灶，使用自制的木刀或竹刀把烟道、灶口、火门等精心地雕塑出来，灶口

图 8-1　泥形塑造

和灶洞内以及被炉火烧流焦化的红烧土的痕迹、外观结构、板结状况，都要充分地予以表现。塑造完成后，要用较软的草刷子蘸水后在泥型表面轻微地蹾戳一遍，消除工具的印迹，让其表面更接近于新发掘遗址的土质特征。

第六，遗址内小型遗物的塑造。许多遗物按比例缩小后，在泥盘上无法塑造出来，如器物、骨架、带纹饰的砖瓦等，需要在塑造泥型之前，用凝固了的石膏体雕刻出外观和纹饰与具体实物相同的形状，将其放置于适当的部位上，用手轻轻嵌入泥中，其 1/3 部分在泥中，2/3 的部分露在泥的表面。这和考古现场发掘所要求清理文物一样。对于在泥盘上塑造的任何遗物和遗迹，均应该按照绝对比例进行操作，不能随意夸大、缩小或遗漏。

二　翻制石膏模具

泥型塑造完成之后，开始进行模具翻制。首先将水倒入盆中，水位在其深度的 2/3 处，把石膏粉均匀地撒入水中，使其缓慢地沉淀于水里。石膏粉一般加放至距离水面 1 厘米处较为合适。待水淹没石膏粉后开始搅拌，直至石膏浆很均匀没有夹生为止。这一程序要在快速中完成，以防止石膏浆凝固。随后使用金属勺把漂浮于石膏浆表层的杂物清除干净，接着将石膏浆从泥型的一侧向另一端依次进行浇注。采用此种方法是为了能够顺利地将空气排出，避免石膏浆在接触泥型时产生气泡，造成模具表面不光洁，而有损于模型的整体效果。浇注的石膏浆要有相当的厚度，并且要前后一致。如果泥型的面积规模不超过 3 平方米，石膏厚度要有 3 厘米。若远远超过此规模，可采取分块浇制，反之，就须适当地减薄石膏的厚度。总之以石膏凝固后的强度能够承受将模具翻转过来为标准。另外，在石膏模具尚未完全凝固时，需要于其上放置两根较为牢固的长度超过泥盘的木棍（金属棍也可以），将一些小木棒搭置于木棍的两侧，使其互为连接。再用一部分生麻缠绕在木棍上，把生麻的两头分别散搭于待凝固的石膏上，并与生麻上再固定些石膏。小木棒和生麻的作用相当于混凝土中的钢筋，目的是加强模具总体的牢固程度。待石膏完全凝固后，抓住木棍的两端，把石膏模具翻转过来（图8-2）。因泥型的表面撒过一层滑石粉，大部分的胶泥在翻转过程中就会自行滑落，把残留在模具中的泥块剔除干净，略加修饰之后，模具制作就算完成了。一个高质量的模型、模具制作是极其重要的环节，模具的优劣，直接影响着未来模型的视观效果。所以，从泥型塑造到模具翻制，每一环节都须精益求精，不能有半点马虎。随后，把模具放置在平地上，将模具四边支垫平稳，已防止变形。使模具得到晾晒，要让其缓慢地干燥。

图 8-2 模具制作

模具基本干燥之后，在模具内侧涂刷一层漆汁（漆片和乙醇混合泡制而成），漆汁作为一种隔离剂，其作用是让模具与凝固了的树脂相隔离，易于脱模。涂一层或两层漆汁，要根据实际情况而定，漆汁干燥后再涂刷一层稍微浓稠的肥皂水，用脱脂棉擦掉多余的和带有泡沫的肥皂水，就可以向模具内浇铸树脂了。

三　浇铸树脂

能够使不饱和聚酯树脂凝固定型的材料有两种：固化剂（环乙酮）和催化剂（奈酸钴）。首先确定整体模型需要的树脂使用量，一般涂刷一层树脂的厚度在2毫米左右。然后将其倒入容器里，加入适量的填充粉和与遗址色别相统一的矿物颜料，与树脂一同进行均匀地搅拌，填充粉可以加大树脂的浓稠度，减缓流动速度，增加树脂凝固后的强度。此后依据树脂的实际重量加入相应比例的固化剂，进行均匀搅拌。树脂与固化剂的比例是100∶3～100∶6，这要根据温度的具体情况确定，气温高则加放的量要少，反之则要增加剂量。然后加放催化剂再度进行均匀搅拌，催化剂的加放比例较固化剂加放量要少1至2个百分点。搅拌程序完成后将其倒进模具内，使用毛刷把树脂涂施平整，不要遗漏任何区域。待树脂基本定型尚未完全固化时，把裁切完成的玻璃布粘贴至树脂上层，用刷子将玻璃布拓平按实。不管模具内面积大小如何，所有区域均需要粘贴一层均匀的玻璃布。如果模具内有较深的低洼之处，则需要在树脂内多加放填充剂或者部分零碎的玻璃布块，使两者形成稠糊状，填充至低洼处，与周边区域处于相同的水平面。然后迅速调制第二遍树脂，将其倒在玻璃布之上，并且涂施平整，树脂之上再粘贴一层玻璃布，一层树脂一层玻璃布，依此类推。使三到四层的玻璃布互为凝固于一起，其厚度应为5～7毫米，此规模能够形成良好的承载力和拉力。上述诸程序结束后，把前期准备妥当的模型后支托架放置上去，调整准确四侧的相关距离，使用渗透有树脂的长50厘米、宽10厘米左右的玻璃布条，将后支托架与模具内树脂连接成一体。如果两者衔接之间尚有部分空隙的话，可用稠糊状的树脂充填其间，使两者成为一牢固的整体。后支托架是树脂模型下方的木（或金属）支架（图8－3），因为模型的背面不在一同等的水平面，需要支托架随着模型表层的起伏而变化。其长宽距离与模具的规格完全相互吻合，制作工艺要求仔细缜密，并且需要具有相当的稳定性。因为制作的模型都是要长期保存的，尽可能地延长模型的使用年限。待树脂完全凝固定型之后，将模具翻转过来，细心地打开模具，模型的基本形状就出现了。使用木质工具把模型表面的杂物清理干净，拿湿毛巾对模型表层进行全面擦洗，等干燥之后进入下一程序。

图 8-3　支撑框架

四　绘制色别效果

在成型的树脂模型上绘制颜色，一般采用天然矿物颜料，漆汁作为稀释和粘接的溶剂。矿物颜料的色别牢固、色彩不易老化，有利于长期保存。当然，有其他更适合、更高级的颜料也不妨一试。总之，以能够绘制出模型的颜色效果为最终目的（图8-4）。

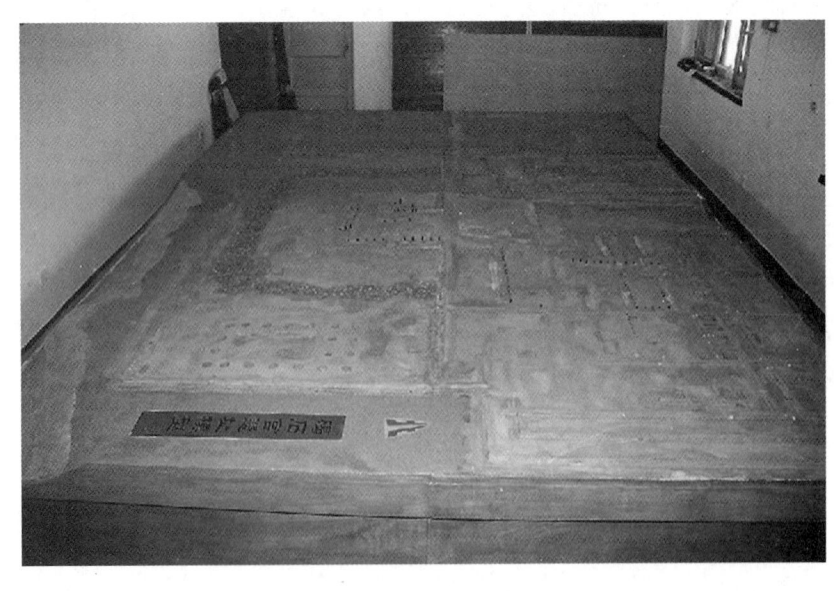

图 8-4　模型绘制颜色

按比例缩小制作的模型，其上面摆放的许多遗物均比较小型化，给绘制颜色带来不小的难度。调配的颜色不宜过多，也不要太浓，需要一层层地逐次进行。调配颜色时要经过反复试验，直到调制出和原器物表面色别一致，方可在复制品上进行描绘。既要保证遗址本身整体的颜色效果，又要做到每一件遗物或遗址局部的层次颜色协调准确，具有良好的视觉效果。如探方的平面（打破关系）、剖面（耕土层、文化层等）界线，需要按照遗址的实际状况用不同的颜色来区分。绘制遗址大面积的颜色，要把使用量调配充足，自始至终保持相同的色调，不然，前后颜色就很难统一，给绘制模型总体颜色造成诸多不便。

五　模型外部装饰

在制作完成的模型边缘四侧，将加工成型的完整木板用螺丝钉固定于支托架的边框上，其规模要略高于内侧模型的尺度，四周形成一长方体的边框。边框的厚度由模型的总体规格来确定，如果是按照前面讲述的比例要求，那么5厘米左右的厚度是比较适宜的。并在四侧边框表层涂刷一层与模型颜色有反差效果的颜料，来衬托模型本身的色别。另外，遗址的名称、图例、方向、编号等均要按照惯例在模型的相应位置上标识出来。如有可能的话，在边框的上方，固定一块整体的薄厚适中的玻璃板，这样既不影响观摩的视觉效果，还可以对模型起到一定的保护作用。

第二节　墓葬模型

墓葬模型是一个按照发掘现场墓葬的原始状态为依据而进行操作的仿制物品。墓葬模型一般采取按比例缩小或原规模加工制作，使用材料与遗址模型的基本相同，而在实施方法和程序中有较大区别。下面就以制作墓葬模型为范例，叙述其制作方法和过程。

一　墓葬模型的泥型塑造

墓葬模型和遗址模型的泥型塑造于操作手法上大体相似，存在差异的方面是后者重点表现地形的外观特征，前者则突出表现墓葬结构及随葬遗物。先要将墓葬的完整形制结构参照发掘现场（如果墓葬已回填，图表影像资料也可供参考）用泥塑造出来。泥型的高度应控制在相应范围之内，因墓葬的口部距墓底的实际深度在模型上无法表现，常规条件下将其深度设定为50厘米即可，同时在墓口外四周需要制作一个相应的平台，其宽度保持在20厘米以上。此后把墓口和墓壁上残留的各种痕迹使用工具雕饰出来。如墓葬始挖时留在墓壁上的工具印迹、长期渗漏于墓壁的水迹、有无攀登时使用的脚窝等。该程序完成之后，将已经制作完成的动物骨架以及较小型之随葬品置于固定的位置上，1/3 部分埋置在泥中，2/3 显露于泥土之外。修饰处理准确随葬品与泥土之间的衔接关系。完成后再进行核实泥型外观是否与原貌保持一致。再次就是翻制模具之过程，其方法和程序与遗址模型模具翻制相同。

二　墓葬结构的颜色绘制

墓葬内遗物全部制作完成及就位之后，开始处理墓葬结构的表面颜色效果。前面已经讲到，墓葬的框架结构是由不饱和树脂制作而成，在泥型加工时已将其基本形状塑造完毕，目前需要使用颜色把墓口、墓壁、墓底等部位的色别效果表现出来。例如：古代使用工具挖掘墓穴时遗留于墓壁上的印迹、长时期渗漏之水迹、生土与填土之间的区别关系、墓葬形式结构的完整程度及破损状态、墓底是否存有不同数量的木炭和朱砂等。均需要用颜色按照原始状态分别予以表现，这是模型制作的最后环节，同样也是其成败的关键环节。所以，在绘制颜色方面要吸收和采纳其他美术专业领域的优点及表现手段，力争使模型的整体色别效果更加完美，更加逼真（图 8-5、图 8-6）。

图 8-5　满城汉墓模型

图 8-6　满城汉墓后室模型

三　随葬金属器物仿制

金属器物表面多饰有不同的花纹装饰。采用不饱和聚酯树脂复制金属器物，其特点如上所述，质地坚硬、表面光洁，可以将表面的纹饰及硬度效果充分地表现出来，对复制过程之后期修饰和颜色绘制均有益处。

第一，于原器物上翻制模具。器物模具翻制要求很严格，根据器物的不同形状、大小程度来划分模具的数量。首先，确定模具块翻制的前后次序，其数量应尽可能地减少，但前提必须是以每一组块模具均能够顺利地取下来为宗旨，并且可以保持完好状态。其次，在划分第一块之范围涂抹一层隔离剂，再于划分线外侧围堵一圈橡皮泥条，把调制均匀合适的石膏浆涂抹上去，其厚度要根据模具块的规模来确定，常规情况下2厘米厚度即可。待石膏浆液凝固后，使用橡皮榔头轻轻将模具震开，再使用切削工具把模具四周剖面修饰整洁，并且制作出互为连接的榫卯，将模具放回原有位置，准备翻制第二块模具。制作榫卯结构，主要功能是为了模具块与块之间的相互衔接，防止其在操作过程中出现错位或散乱。榫卯的形式多种多样，一般采用乳钉型子母口榫卯，就是在模具剖面的衔接面上，使用工具挖出数个凹形半圆坑洞，称为母口，连接于此处的第二块模具之剖面上就自然形成乳钉式凸形状态，称为子口。最后，模具块与块之间均采用此法制作，待此件器物的最后一块模具翻制出来以后，将所有模具的背面全部予以修饰，使之展现出一个整洁良好的外观，以备以后多次使用。

第二，模具全部翻制完成之后，将组合模具逐一打开，取出原件器物，原物表面需要使用乙醇、丙酮等稀释溶剂及蒸馏水进行清洗。在每块模具的内壁上涂刷一层隔离剂，使用脱脂棉把滞留于模具纹饰内多余的隔离剂蘸擦干净，按照翻制顺序将模具扣合在一起，用合适的线绳把模具捆绑牢固，放在利于操作的工作台上。开始调制树脂溶液，使用刷子蘸取按照程序和比例调配合适的树脂从模具口部伸进去，均匀地涂刷至模具的内壁上。注意要把树脂填充至模具的纹饰内，避免出现漏缺。待模具内树脂基本定型但尚未完全凝固时，开始调配第二遍树脂。于调配过程中，在树脂内加放适量的填充剂，以增加树脂厚度及减缓树脂的流动速度，凝固之后可以加强复制件的强度和硬度。第二遍树脂浓度增大，使用刷子可能很不方便，可以使用自制的长把铲形工具将树脂粘贴于模具之内壁上，使之与第一遍涂刷的树脂紧紧地粘连于一起，融为一体。此后，在树脂的表面粘贴一层玻璃布（适用于大中型器物），再一次增加复制件的强度及拉力。使模具口部不要出现多余的树脂和玻璃布毛边，随后在玻璃布之上再涂刷一层树脂，力争做到使复制件的口部和内壁部分平整光洁，与原件器物互为吻合。树脂复制件的壁厚要与原件器物之厚度基本一致，不能出现过多偏差。上述程序要求复制的器物既要十分牢固，又要尽可能地与原器物保持一致。复制件完全凝固之后，打开模具，取出复制器物，将模具清理修饰捆绑起来保存，以便日后使用。

第三，金属器物复制件完成之后的修饰。树脂复制件的局部表面由于部分模具存有砂眼及气泡等原因，会出现一些多余或漏缺等影响其整齐光洁的现象，需要使用浓度较大的树脂胶贴填补漏缺位置，再用锉刀和水磨砂纸把多余的部分予以摩擦修饰。如果局部纹饰出现堵塞现象，可以使用利刀将堵塞修刻顺畅，做到与原器物外表纹饰线条完全一致为止。

第四，绘制复制器物表面颜色效果。一般采用粉状矿物颜料，漆片溶汁作为其稀释液体。在实施操作前，应该把不同时期金属器物表面的不同颜色及锈状加以甄别。金属器物（重点介绍青铜器）多出自于墓葬，经过数千年的地下葬埋，均不同程度地受到地下水土及其他化学成分的侵蚀，器物表面色别丰富，同时也被各种各样的锈蚀所覆盖。不同的锈蚀大体有以下几种表现形式。

①土锈：一种是属于土与钙镁盐的混合物体，紧紧地裹覆于器物表层。另一种是较为罕见的硫酸钙或硅酸盐的沉积与锈结合为一体，质地十分坚硬。

②层叠锈：锈蚀被分层，从断面位置进行观察，层次明显，颜色错综复杂，诸色俱全。

③地子锈：是指在原件器物表面地子上也生成了薄而均匀的锈蚀层。

④脱胎锈：多见于商周时期的青铜器物，可分为界线不甚明显的两层，上层锈蚀鲜艳美观，下层锈蚀则呈土红色彩。

⑤胎发锈：从金属中心部位向外腐蚀，金属胎几乎被腐蚀殆尽，使锈蚀部位的

胎壁变厚，并在器壁外部起泡。

⑥珐琅质锈：金属经腐蚀后，其表面形成一层珐琅质，器物的形状虽未改变，但其金属本体已是非常脆弱。中国南方地区出土的青铜器物，特别是在容器、兵器的表层经常诱发此类锈蚀。

⑦粉状锈：呈绿色粉面状，不结体，属于氯化亚铜，能够将铜质器壁蚀成坑洞状等。

上述几种均属于有害锈，无害锈则是由碱式碳酸铜组成，质地坚硬，聚结成层，其颜色有深绿、浅绿、黑红、淡蓝等。因此，着色时应根据出土遗物的具体颜色、锈状等外观特征，逐一参照着原器物对复制器物加工绘制。

将树脂复制件的表面予以抛磨，呈现光平状态，于表面涂饰一层漆片溶汁，此为复制件与颜料之间的粘连剂。干燥后再涂饰一层调制合适、与原件器物底色基调互为一致的用丙酮稀释的硝基磁漆。该物本身具备一定的亮度，与青铜器物的底色亮度较为相似。但只是一种单纯的颜色，同器物千变万化的丰富底色相差甚远，需要使用油画笔蘸取不同的硝基颜料逐层依次掸饰至底色层面，色调之间的反差无须过大，调配的颜色清淡适度，使不同颜色之间的转换过渡恰到好处，衔接流畅自然。

底色完成之后，开始制作锈饰。一般器物表面的锈均具有层次，不同层次的锈之颜色也都有很大区别。使用一支较为粗大的油画笔，把调制合适的粉状颜料之颜色掸饰至复制件底色上，该颜色应具有一定的浓度，笔端不宜蘸取过多，每一局部需要重复掸饰数遍，轻重搭配，薄厚兼顾，使之自然形成颗粒状，与原件器物的外观锈状相互一致。但绝对不能使锈状千篇一律，以免器物表层面目全非。当然，上述操作过程均需要对照原件器物的表面效果加以制作。

第一层锈饰制作完毕后，准备少许带有胶质的黏土，放入器皿内用水浸泡，去其杂物，搅拌成糨糊状，掸涂到复制器物表面不需要制作第二层锈蚀的区域，待泥土能够定型时，依照上述锈饰制作的方法和程序，加工第二层锈饰。该过程与第一遍操作方式相同，随后将复制件置入水中，掸涂泥土的区域，经水浸泡其锈饰颜料会自行脱落，没有泥土的部分颜料能够与第一层锈饰互为连接合成一体。经过刷子的轻微刷洗，脱落部分与连接区域可以出现带有明显层次的锈饰。复制件之局部再参照原器物的表面颜色，实施进一步的效果调整，青铜器物的复制过程便可告一段落。

四 随葬陶器仿制

中国目前出土的陶器有彩陶、泥质陶、泥质夹砂陶、釉陶、印纹陶等。彩陶是在陶胎制成之后未烧之前，将各种彩纹进行描画，烧成后彩纹固定于陶器表面不易脱落；或在描画之前，先涂饰一层白色的陶衣作为底衬，以使彩绘出来的纹饰更为鲜亮。彩陶的纹饰主要有花卉、动物和几何形图案等，因此，在翻制模具之前，需要对彩陶，尤其是图案部分采取稳定加固等保护措施，防止损坏陶质和图案弱化及脱落。

泥质陶，是主要采用"易融黏土"为原料烧制而成的陶器。有泥质红陶、泥质灰（黑）陶、磨光黑陶等。泥质陶器的胎质较为细腻，也比较松软，器物表面一般均饰有花纹。较为常见的有绳纹、蓝纹、乳钉纹、篦点纹、指甲纹及附加堆纹等。耐火度有高低温之分，低温陶须在对整体器形实施加固处理之后，方可进行模具翻制。

夹砂陶，是在"易融黏土"中放入一定比例的砂粒或蚌末作原料烧制而成的陶器。陶土内所放入的砂粒粗细不等，烧制完成后其胎质相对而言比较坚硬，耐火温度也较高。有夹砂灰陶、夹砂红陶、夹砂棕陶等。在制作夹砂陶器的过程中，需要根据原器物内所含砂粒的多少及粗细程度，往树脂中加放与之相适量的砂粒，以保证复制件表面之真实效果。

陶器的模具翻制和制作过程与金属器物基本相同，使用的材料仍然是不饱和聚酯树脂，也可以是凝固性能良好的石膏粉。所不同的是复制器物表面颜色绘制。

陶器表面之色彩多种多样、丰富复杂。就某一件器物而言，不同部位的颜色有可能深浅不一，区别反差明显。这些色别的不同，或是烧制过程中因温度的不同而形成，或是陶土内所含不同矿物成分而形成，或是经长期葬埋时期受到地下酸碱侵蚀而形成多种微妙的色别。因此需要准确寻找其颜色变化及层次关系，于不同部位分层次地进行颜色绘制。实施的方法和手段也较为多样，可以使用油画笔、普通毛笔、拓包和金属喷管等美术工具。按照陶器不同部位的原有色别，调制出与之相适合的色彩逐层逐片地予以绘制，直至形成陶质器物表层特有的自然状态，即外观色别效果与原器物的色彩基调相吻合。原器物一般于地下葬埋时间达数千年之久，并且长期受到酸碱环境的侵蚀影响，部分器物局部可能会出现带有矿物质的钙化结晶体以及水锈。此类钙化结晶大多具有相当的厚度，需要使用一种特殊的方法手段予以表现。如使用不同原料于不同层次使其层层互为叠压，或达到层面要求的厚度。总之，原器物表面现存的所有痕迹和不同色别，都需要如实地完整地反映到复制器物上。

五 随葬玉器仿制

所谓玉器，有两种含义：一种是泛指许多美石。包括细粒大理石、石髓、石英岩、蛇纹石等。另一种专指硬玉和软玉。硬玉属辉石类，主要成分是硅酸钠铅；软玉属角闪石类，主要成分是硅酸钙锰。

凡是玉器，均有多种不同的颜色，这些色别的不同，是由于化学成分不同所致，某些微量的化合物或元素的存在，可以使一件玉器呈现出多种不同的色别。例如，微量的铬使玉呈现出翠绿色，亚铬酸盐则使玉呈现黑色或灰色，氧化亚铁使玉呈淡绿至黑绿色，氧化铁使玉呈黄色、黄褐色以及黑褐色，钛使玉呈淡黄色，硅酸锰使玉呈紫色或紫红色，氧化锰则为黑色或灰色。当然，玉器呈色不仅仅是由于石料中含有某种元素的多少所致，重要的是由于这些元素的化合物以及元素或化合物的结构在玉石中的扩散情况等。了解玉器的之固有特点，对玉器复制的操作程序以及注意事项均有益处。

（一）翻制模具

一般来讲，玉器器形较小而精致，表面光洁，纹饰凹凸线条普遍较浅。所以，翻制模具的质量要求十分严格，须使用凝固效果较好的石膏粉。具体的翻制方法和程序与其他器物有所区别。因其形体偏小，只需较少（两块或三块）的模具将其扣合起来即可。操作完成之后，取出原件器物，在两块互为衔接的模具一端挖制出大小适中之浇铸口和排气孔，以便使树脂能够迅速顺利地浇满全部流程，保证复制件的完整。

（二）浇铸树脂

在模具内壁接触树脂的相关层面涂刷一层较为浓稠之漆片溶汁，稍微干燥后再涂饰一层隔离剂，此时将模具拼接扣合，使用合适之线绳均衡地捆绑牢固，将调配均匀的树脂（适量加放填充剂）缓慢地注入浇铸口，直至另一端排气孔出现树脂为止。玉器均是实心的，填充剂的作用是减少树脂于凝固过程中的收缩量，使之能够与原器物有相同的体积和重量。所以，在翻制模具时，应该把浇铸口挖制得稍微宽大些，让存留于浇铸口的树脂向模具内形成一种压力，尽量减少和避免树脂于流动中产生的气泡。另外，在调配树脂时，适量加放部分与玉器本色相同的颜料，使凝固之后复制件色别与原器物的底色基本相似，为此后的色别绘制创造前提条件。

（三）修饰复制件

树脂完全固化之后，从模具的一侧将组合块轻轻打开，取出复制件。玉器复制件表面光洁程度与原器物之间存在较大差距，如模具缝线、浇铸口及排气孔等部位，需要使用小型仪器或者锉刀进行修饰调整，使用抛光机以及水磨砂纸对其表面实施加工处理。纹饰部分如有阻塞或漏缺现象，需要调配少量树脂将其补填，此后使用自制的小型工具（根据纹饰需要）将阻塞纹饰的部分予以疏通，修饰的最后程序是对复制件整体进行抛光处理。

（四）色别处理

使用普通布块包裹脱脂棉扎成小拓包，把不同色别的丙烯颜料置于调色板内，在此将所需颜料调配合适，然后使用拓包蘸取调制准确的颜色，按照原器物不同部位的色别效果，用与之相一致的颜色在复制件相同位置反复拓揉。若颜色的层次较多，应该在底层颜色完成后，采取加热措施，使其迅速干燥，再实施第二层颜色的绘制。

使颜色与复制件浑然一体，能够体现玉器特有的多层次之自然色调。随后于复制件外表均匀地喷涂一层薄薄的封护剂，其作用有二：一为增强其表面的光亮程度；二为有利于保护丙烯颜料的色彩，不易被自然或人为的摩擦而改变其整体形貌。

总之，利用不饱和聚酯树脂制作墓葬和随葬品模型，是目前一种比较理想的材料。其优点是具备良好的凝固速度及效果，操作方法灵活方便，易于掌握，同时能够节约一定数量的人力和财力支出，在考古领域的应用前景非常广阔。随着中国化学工业和材料工业的不断发展，新型产品的不断问世，适合于制作墓葬和随葬品考古模型的材料一定会越来越丰富（图8-7、图8-8）。

图 8-7 殷墟铸铜遗址模型

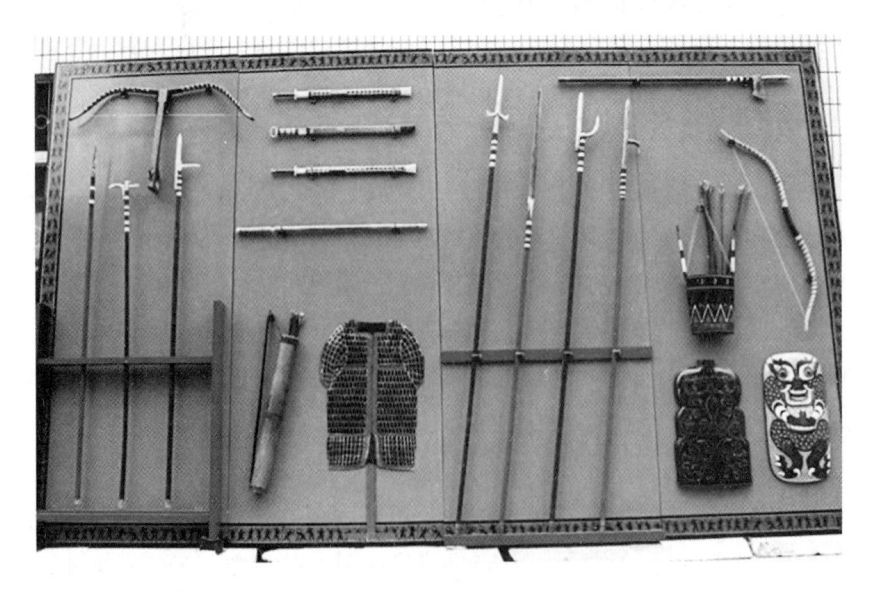

图 8-8 汉代兵器模型

案例一

喇家遗址齐家文化房址复原处置与加固保护

喇家遗址四座齐家文化的房址分别于2000年和2001年发掘完成，在此后的数年当中，由于受到人为及自然界多种因素影响，房址与房内人骨遗骸及出土遗迹遗物均遭到了不同程度的损坏，改变了发掘清理后的原始保存状态，使得这一重大考古发现之表现形式面目全非。为恢复房址和人骨遗骸的原本面貌，参考和借鉴发掘清理时的影像资料和文字记录，在复原保护方案得到有关专家学者认可之后，对房址和人骨遗骸缺失损坏部分实施了复原加固与试剂保护，使举世闻名的齐家文化之灾难遗迹现象重新展示于公众面前，达到了处理保护方案规划之设计要求，并且使之能够进行长期有效的陈列展示。

喇家遗址位于青海省海东市民和回族土族自治县官亭镇喇家村，这里是黄河北岸的二级台地，海拔1800米左右。在该区域内分布着马家窑、半山、马厂、齐家、辛店等不同时期的遗址。喇家遗址主要属于齐家文化，经测定距今约4000年。喇家遗址的调查发掘及相关研究成果，对于进一步认识这一区域4000年前后的文化走向和人类社会有着积极的学术意义，同时对于观察认识这个区间的人地关系也有着相当重要的研究价值。该项发掘是由中国社会科学院考古研究所甘青队与青海省文物考古研究所共同开展"官亭盆地古遗址群考古研究"课题而进行的考古发掘项目之一。发掘的突出收获是，发现齐家文化时期的大面积灾难遗迹等重要文化遗迹和特殊现象，是齐家文化田野考古约80年以来最新和最重大的研究成果。

黄河上游是中华文明起源的重要源头之一。齐家文化时期又处于特殊的时空范围，它在中国史前社会向文明时代过渡阶段中和在东西方文化的交流过程中，均具有不可替代的地位。在此能够看到西部文化的变数和华夏文化的因子与文明因素。喇家遗址的发掘揭示和彰显了多个方面的学术问题。比如，窑洞式建筑及聚落形态的认识，对于黄土阶地史前聚落类型研究具有非常重要的学术意义。喇家遗址聚落结构的变化和扩大，暗示了社会结构的变化，高规格遗存的发现，反映社会和文明发展的遗存，显示了齐家文化与中原和东部地区可能同步的进程以及颇为类似的社会生活面貌。一系列新发现，无不是齐家文化的最新成果，显著推进了齐家文化和黄河上游史前文化的研究。喇家遗址发掘已经成为黄河上游史前考古的新亮点，成为探索文明起源与发展的一个考古前沿课题。

属于齐家文化的喇家遗址，从 20 世纪末开始对该遗址进行了系统地考古调查与发掘，经过数年艰辛努力工作，初步揭示了遗址的原始概貌，发现了史前灾难遗迹，填补了西北地区这一时期考古学的诸多空白，在考古学界及相关领域有着极其广泛的影响和重要学术地位，这样一处珍贵的文化遗产，有着显著的科学研究价值和特殊的文物保护价值。目前已经在遗址上修筑了永久性的保护陈列展室，就遗址本身而言，改善和具备了适宜的外部环境，为土质遗迹的保护提供了较为有利的良好条件，同时为遗迹的长期保存打下了坚实基础。

第一节　房址目前保存状态

四座半地穴房址（F3、F4、F7、F10），是在 2001 年发掘完成的，其基本形状都属于上部小底部大，即下方均不同程度地向外凹扩。经过若干年来自然气候温差变化所带来的环境影响、小型动物扰动破坏以及周边农田灌溉向房址内流入了大量进水，使房址墙体与地面遭到了不同程度的损坏，四周墙体出现表层粉化脱落、局部土体坍塌严重、土体表面数处裂隙等现象，改变了发掘清理完成之后的原始保存面貌，影响了房址完整程度和视觉效果。

3 号房址（F3）现存残损口部呈不规则长方形，房内面积约 10 平方米。房址南壁和东壁南侧由于受农田灌溉进水之浸泡影响，出现了墙体坍塌现象，其中东壁坍塌范围长 100 厘米、高 50 厘米、深 40 厘米左右，上部平面距房壁 20～30 厘米处，有一条南北走向长约 200 厘米、宽 3 厘米左右的裂隙。南壁则在靠近房址地面之衔接处坍塌范围长 260 厘米、高 30 厘米、深 20 厘米左右。而西壁上部平面距墙壁 40～50 厘米处，有一条长约 200 厘米、宽 2 厘米左右的不规则裂隙（图例 1 - 1）。

4 号房址（F4）居室地面北宽南窄，约为 14 平方米，呈北高南低状，北侧中部地面距地表 37 厘米、南侧中部地面距地表 72 厘米。该房址基本保持较为完整的发掘后状态，但四侧墙体的白灰壁面出现大量粉化和脱落现象，南壁东侧出现长 120 厘米、宽 30 厘米、高 35 厘米左右的土体坍塌现象（图例 1 - 2）。

7 号房址（F7）居住地面大体上呈圆形，直径为 400 厘米左右，房内面积约 12 平方米。房址南壁由于地震原因，出现较大裂隙现象，缝隙两侧墙体坍塌情况非常严重，而西壁墙体也存在局部几处小范围坍塌。另外，在靠近南壁中央底部房址的地面上有一窖穴，直径为 100 厘米左右，深度约为 200 厘米，底部直径为 180 厘米左右，整体规模呈袋状形，窖穴口部东西两侧有大面积坍塌现象（图例 1 - 3）。

图例 1-1　喇家遗址 F3 现状

图例 1-2　喇家遗址 F4 现状

10 号房址（F10）大体属于长方形，面积约为 13 平方米，房址的南壁西侧、西壁南侧，两处均是从墙体顶端坍塌至墙体根部，东侧南端上部存在约高 40 厘米的土体坍塌，北壁东侧墙体平面有一条长 130 厘米、宽 2 厘米左右的裂缝（图例 1-4）。

图例 1-3　喇家遗址 F7 现状

图例 1-4　喇家遗址 F10 现状

第二节　人骨遗骸目前保存状态

喇家遗址四座房址内共发现有 22 具人骨遗骸（表例 1-1），除 1/3 部分可以识别其原始发掘清理形态，多数遗骸受上述因素的影响，肢骨断裂、骨质腐朽粉化、残破缺损等情况均比较严重。发掘结束后，虽然也对部分人骨遗骸进行了保护性加固，使用材料基本以三甲树脂和 502 快速黏接剂为主，但皆因遗骸处于不可控的自然环境下和时间较为长久，加固剂之固化效能已呈弱化状态，甚至完全丧失固定性能，对骨质已经没有明显的保护作用。数年以来，由于一些小型动物的扰动和进水浸泡原因，致使多数遗骸处于散乱状态，其中相当部分的骨骼关系已难以分辨，与发掘清理时之出土状况存在一定程度的出入（图例 1-5、图例 1-6、图例 1-7、图例 1-8）。

图例 1-5　喇家遗址 F3 墙体损毁情况

图例 1-6　喇家遗址 F4 遗骸损毁状况

图例 1-7　喇家遗址 F7 遗骸缺损情况

案例一　喇家遗址齐家文化房址复原处置与加固保护　229

图例 1-8　喇家遗址 F10 遗骸缺损情况

表例 1-1　　　　　　　　　　　**人骨遗骸统计表**

房址	编号	性别	年龄	人骨遗骸损坏状态
3号	1	女性	成年	骨质断裂、破碎、朽蚀、粉化
	2	不详	1—2	
4号	3	男性	15—17	破碎、断裂、残缺以及粉化
	4	不详	8—10	头骨完全破碎，肢骨部分残缺
	5	女性	28—30	半数左右的骨骸已经出现粉化、散乱、破碎和断裂等现象
	6	不详	1—2	
	7	男性	14—18	保存情况不佳，相当部分的骨骸已朽蚀、粉化，而且残缺较多
	8	不详	11—14	
	9	不详	7—9	
	10	男性	10—13	
	11	女性	30—35	
	12	男性	14—18	骨骸因多数属于年幼时段不易保存而遭到损坏，相当部分的骨骸已朽蚀、粉化，而且残缺较多
	13	不详	6—8	
	14	不详	4—5	
	15	不详	3—4	
	16	男性	40—45	骨骸朽蚀粉化程度均比较严重
7号	17	女性	成年	人骨遗骸的骨骼组织残缺损坏的比较多，而且现有的骨骸其粉化朽蚀程度非常严重
	18	不详	幼年	
	19	男性	成年	
	20	不详	2—3	破碎、断裂、残缺及粉化严重
10号	21	女性	成年	骨均已残破，其余的骨骸有相当比例的破碎、断裂、残缺以及朽蚀粉化
	22	女性	成年	

经过文物考古部门多方努力，于 2006 年 10 月在四座房址区域外围修筑了砖混结构之专题陈列博物馆，使房址的土体保存状况大为改观，同时，避免了自然环境和动植物以及其他人为因素对土质文物继续产生损坏之影响，也为房址土体综合保护提供了必要的前提条件。

第三节　房址病害及其成因

考古遗址是文化遗产的重要组成部分，也是近年来文物保护领域重要的工作对象之一。作为土质文物的遗址，具有科学性、历史性和艺术性，是见证人类物质文化发展的重要实物。保护和利用好现有遗址有着十分重要的历史意义和现实意义。根据保护土质文物的原则和要求，经过对样品的观察及分析测试，在取得相关试验数据和加固效果的基础上，使用土质文物加固剂对遗址进行了全面的处理和保护。

房基四周土质墙体经过数千年的埋藏阶段，由于降水和农田灌溉及地下水的长期侵蚀，使墙体内部和房内地表吸附沉积了大量可溶盐类。可溶盐类可随着水汽向上传导，上下结合，达到一定含量时，就会出现可见的白色结晶体。此晶体极易溶于水，雨季可吸收大量水分并渗入墙体内部，遇冷冻结成冰形成冻土，春季融解，直接导致墙体和地面的疏解。另外，在发掘之后数年之内基本没有采取相应的保护措施，年复一年，逐年层层风化分解着房址土体的表面。

这四座齐家文化时期房址的考古发掘工作分别于 2001 年和 2002 年结束，在此后的数年当中，房址保护方面只是采取了较为简单的防护措施，如使用聚乙烯薄膜或草帘进行蒙盖等。但是，由于夏冬时节温差变化所形成的暴晒与冻结、雨季时候降水影响及农田灌溉进水等，对房址的地面和墙体以及人骨遗骸均造成了难以弥补的损失。如土体表面分解、墙体局部垮塌、墙体外侧局部出现多条裂隙等。

在考古发掘阶段及结束后相当一段时间内，由于遗址裸露及气候干燥等因素，导致土体内部水分蒸发过速，致使土体收缩，这种收缩是土体开裂的主要原因。长期裸露于自然环境，受到夏季雨水冲刷浸泡和冬季低温的影响，遗址表面的原始保存状态被不同程度地剥蚀破坏，这也是土体损缺改变其固有形态的主要原因。遗址另一开裂原因是土体的卸荷应力造成的，卸荷是由于遗址的发掘而形成条块状，使土体内部的应力分布不均而产生的。一般情况下，土体中的任何一个局部，其受力都应该是比较均衡的，来自各个方面的应力相互抵消。而土体内部的向外压力没有平衡点，因此导致土体具有向外向下逐步移动的倾向，使土体产生了开裂现象。

第四节　方案设计

方案设计应坚持"保护为主、抢救第一、合理利用、加强管理"的方针和原则，以抢救加固和消除土体存在的病害为主，使其最大限度地恢复到发掘完成后的原始清理状态，尽量避免对遗址造成新的破坏。

土质文物的保护，目前还没有形成统一的完全成熟的技术操作方案，需要根据不同地区不同遗址的具体特点及保存状况，进行合理的分析并对其土体样品实施加固试验，在取得稳定加固效果后，再对房址土体进行全面的加固保护。实施加固方法的技术线路程序为：采用物理锚杆手段对房址土体进行牵拉固定—塌陷部分实施填土夯筑处理—补配部分进行表层效果处置—清剔房址地面原有结构—复制复原人骨遗骸—复制和模拟遗物出土状态—使用试剂对土体进行渗透加固处理。

第五节　土体样品加固试验

在进行遗址处置和保护之前，需要对不同土体进行必要的分析检测。选用喇家遗址不同房址的土体作为标本，分别加工为形制一致体积相同的三种样品，使用土质文物加固剂，对上述三种样品进行加固渗透试验，以观察不同组块的渗透厚度及强度，然后可以根据不同情况有针对性的实施与之相适应的操作方法和手段。

土体样品的测试结果表明，第二种试剂的渗透厚度和加固强度等诸多有效数据令人满意，应该是遗址处理保护的首选方案之一。

第六节　房址墙体加固处置措施

喇家遗址四座房址的总体加固面积约 160 平方米，包括房内面积及墙体的平面和立面。首先对墙体的裂缝及坍塌部分按照清理时的实测图表和影像资料，进行适当的物理加固和填补复原。加固和复原的方法手段是根据房址残缺和损坏情况，采取了以下三种不同的操作方法。

第一，金属锚杆牵入形式。第二，勾槽嵌入固定形式。第三，孔洞嵌放固定体形式（图例 1-9、图例 1-10、图例 1-11）。

图例 1-9　固定锚杆

图例 1-10　填埋加固物体

图例 1-11　埋设支撑物体

锚杆技术和夯筑加固技术也已取得一些进展，但还没有形成成熟的系列规范技术，需要土质文物保护领域的同人们，利用传统工艺和现代科技相结合的方式，研究出不同形式遗址土体的加固保护手段和措施，并且是利于推广的实用性和规范性技术，改变目前处置过程中的随意性和不确定性，使之能够成为土质文物物理加固的规范性技术。

不同地区不同时期土质文物之病害原因是比较复杂的，主要病害有：潮湿土体发掘失水产生的干燥开裂和坍塌、土体在水的作用下的软化和垮塌、土体表面在湿度变化和盐分作用下出现的风化以及生物因素的作用出现的各种破坏等。这些因素严重影响着土质文物的处置保护。在潮湿环境下对遗址土体的保护，文物保护界专家学者进行了积极研究和探索，但是没有找到能够彻底解决问题的方法。采用有机硅低聚物与其他材料复合来防止土遗址内的水分挥发，使其处于潮湿状态以保护土遗址，这种保护土遗址的方法，从防止风化看来效果较好，难点是如何防止潮湿情况下土遗址的生霉问题。对遗址土体的保护研究，涉及保护理念、保护技术措施、保护方法和保护材料的研究与开发。目前已经认识到对于潮湿环境下土遗址的保护，需要采取综合技术措施，在现有加固材料的应用上，还没有形成规范性的施工工艺，在很大程度上限制了它的推广应用。

由于土质文物及其赋存环境的复杂性，加固保护技术还有待于进一步的发展和完善。通过现代尖端无损、微损分析技术，利用材料科学和环境科学的相关理论研究，解决保护中的关键技术问题。在重大文物保护项目的实施中，应用文物科技基础研究的新成果，积极运用高新技术，改进现有的传统技术，加强对文物保护的原创技术和集成技术的攻关，形成一批对不同地区不同时期土质文物具有广泛推广应用价值的共性技术。

遗址土体保护是长期困扰中国文物考古界的难点，是目前文物保护领域中的一个重点课题研究项目。因为中国地域辽阔，考古遗址分布广泛，不同区域不同时期的土质特点及构成千差万别，加固使用的材料也是根据其土质特征和状态采取有选择性的方法措施。因此，在处理和保护喇家遗址（房址）的过程当中，采用了几种行之有效的物理锚固技术和试剂加固相结合的方式，使喇家遗址四座房址和人骨遗骸及随葬遗物重新恢复发掘之后的原有保持状态。上述处置保护中使用的方法与措施，在遗址现场举行的验收论证会上，得到了青海省、甘肃省文化部门及文物保护系统专家学者的肯定，同时提出了后续保护中应注意的事项。

第七节 遗骸和随葬品复制

根据出土骨架的不同性别和年龄，由青海省文物考古研究所提供相对合理的遗骸标本，按照标本要求进行模具翻制和加工复制。较大的遗骸如头骨、成人肢骨等使用石膏为原材料进行复制，较小的遗骸组织使用不饱和聚酯树脂进行复制，以增加小型遗骸的牢固程度。然后利用矿物颜料对其进行色别绘制调整。最后将复制遗骸按照原骨架出土时的照片和测图摆放固定于相应位置上，以最大限度地恢复遗骸的原有出土状态。

一 遗骸复制

从人骨遗骸的鉴定结果看，22 具遗骸中包含有不同年龄段的男性与女性。为了再现出土时的原始形貌，从青海省考古研究所人骨标本中挑选了保存效果良好较为完整的骨骼遗骸，按不同性别、不同年龄分组，对此进行分别复原制作。首先，使用模具硅橡胶加工复制各个遗骸部分的内模，待其固化定型后，制作石膏浆液外模。其次，利用模具复制出不同的骨骼部分（代替房址内已经缺失或已完全朽蚀及残破之遗骨部分）。最后，待所有遗骸组合部分制作完成并完全干燥时，使用粘接稀释剂和矿物颜料对骨骼表层实施颜色效果处理，使其与原有骨骼的外观色别和效果基本相似（图例 1-12、图例 1-13）。

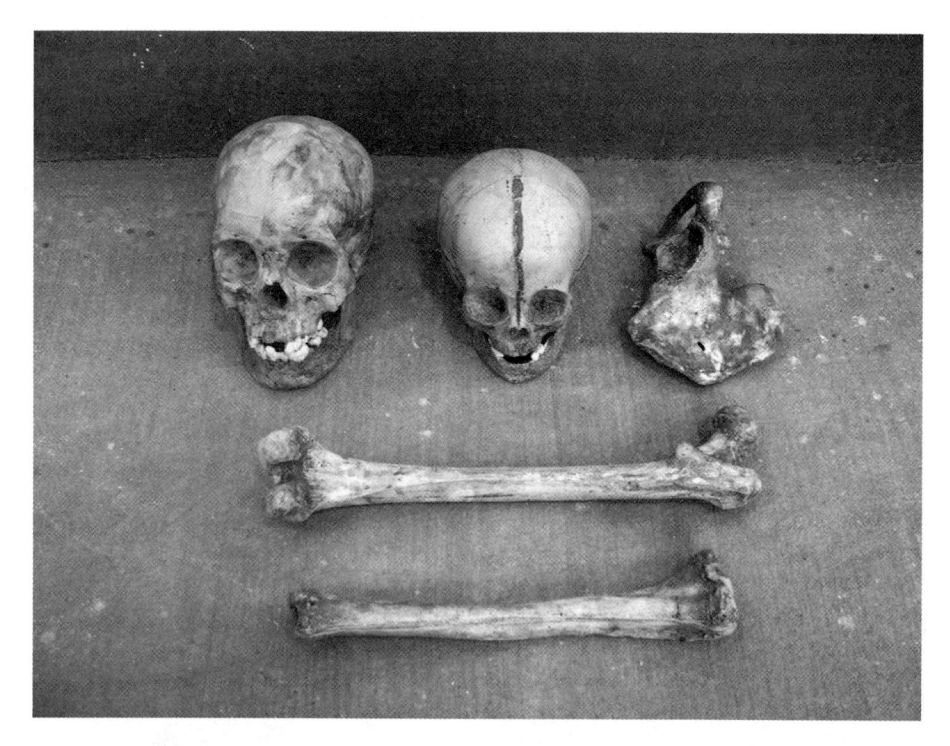

案例一　喇家遗址齐家文化房址复原处置与加固保护　　235

图例 1-12　复制头骨等

图例 1-13　复制骨骼

二 陶器复制

需要复制的陶器类别有十多种、数量几十件，全部根据房址内出土的原件器物作为模型进行复制。以石膏为材料，凝固后陶器表面的相应质感和特征能够完整如实地表现出来。使用矿物颜料绘制，使陶胎色泽和彩色花纹达到与出土物相同的色彩效果（图例1-14）。

图例1-14 复制陶器

三 玉石器复制

此次复制的玉石器均属于比较精细的小件器物，数量虽不多，但均有独具的文化特征。使用能够具有表现特征的不饱和聚酯树脂作为复制的材料。根据器物的色别变化，在调制树脂的过程中，加入适量的颜料来确定树脂凝固后的色别。这样可以与原物保持相应的一致性，再于表层进行必要的彩色绘补，便能够和原件基本相同（图例1-15）。

图例 1-15　复制玉器

第八节　遗骸复原

如上所述，22 具遗骸中尚能保持其原本姿态的已经为数不多，相当部分互为衔接的骨骼关系均已散乱、移位、断裂及朽蚀粉化，已经不能体现发掘清理时的原本面貌。需要参照发掘的图像资料，进行必要和合理的处理复原。

以修复复原 3 号房内（"黄河母亲佑子"）的遗骸为例证。该女性遗骸双膝跪地，臀部落坐在跟骨之上，身体右侧贴靠于居室东侧中部的墙壁上，双手紧抱怀中幼儿，幼儿双臂紧搂着母亲的腰部，女性颌部前伸，面部朝向天空，似有一种向上苍呐喊乞求之态（图例 1-16）。

对于已经坍倒于地的遗骸组成部分进行认真的清理与查找，凡是能够利用的完整和残损不多之遗骸，经过试剂清洗和补配加固，置于方便处待用。而破碎严重且高度朽蚀的部分则予以收集包装，备作此后的分析鉴定等之用。

女性的腿部还保留于原址，需要加以固定。于腿骨的后部上方，参照原有遗骸关系的基本态势，制作一金属框架，使之形成与原骨骼结构大小匹配的支撑体，固定于地面和墙体的原本位置上，将调制适宜的石膏浆粘贴于框架的周围，在浆液凝固的过程中对其进行修饰，准确把握遗骸支撑体的外观形制和不同层位的角度变化。浆液基本定型之后，再使用适量浆液把遗骸的组成部分分别固定于相应的位置上。而破碎朽蚀不可再利用的骨骼区域则形成空缺，需要使用复制品进行复原。固定替代品时要依据遗骸的原始照片，注意掌握每一骨骼的位置和角度以及相互之间

图例 1-16　补配复原遗骸之一

的衔接方式，使其能够符合发掘清理时考古特有的表现形式。

　　遗骸就位以后，复制的遗骸经过色别处理与原有遗骸基本互为一致，已经成为遗骸整体的一部分。但目前遗骸之间和以外的范围全部呈石膏本色（白色）的区域，需要在空隙与间隙之处涂抹一层较浓的聚醋酸乙烯乳液，于乳液表面粘贴适量的经过细化的原址泥土，并且使用工具将其修饰平整，模拟清剔遗骸的效果，再现考古发掘的原始状态（图例 1-17）。

图例 1-17　补配复原遗骸之二

第九节　墙体试剂加固处置

物理加固程序和房址内的遗骸及器物摆放定位完成，并且具备了考古现场发掘的效果以后，对其实施加固剂喷洒或滴渗加固。使用的是31J丙烯酸非水分散体加固剂。该非水分散体材料是高分子量的丙烯酸树脂微粒在有机溶剂中的胶态分散体，当有机载体挥发后可形成丙烯酸树脂的膜状物。采用化学材料对土遗址表面进行加固是防止土体继续缩胀开裂和粉化的一种重要方法。由于丙烯酸树脂具有良好的耐候性，可以基本符合和满足土质文物的保护需求。

通过对原土体样品按不同配比比例进行的加固和试验，2%的浓度适合于房址土体的加固。使用普通的农用喷雾器，将配比完成的加固试剂喷洒至房址土体上（图例1-18）。在墙体顶部的喷洒范围要向外延伸至50厘米处，以保证加固土体的相对距离。而在喷洒墙体的立面部分时，需要把握和控制加固剂的喷洒量，让土体立面处于液态饱满状态而得到充分的吸纳，但又不能使液态向下流动，形成一道道的流水印迹。如果出现此种情况，就改变或破坏了墙体的原本状态，也违背了处理与保护土质文物的原则和宗旨。所以，当喷洒的加固液达到一定剂量时，需要间隔数分钟时间，待液态全部渗透于土体之中，再对墙体实施第二遍的喷洒。

图例1-18　喇家遗址试剂加固

土体能够得到充分的加固，需要喷洒若干次的试剂，所使用的31J丙烯酸非水分散体加固剂是一种可再处理的保护材料，可以在已加固的土体上反复使用，使加固强度达到所要求的程度。加固剂于土体的渗透只有达到相应的深度，在土体表面形成一定厚度的凝固层，使其得到有效保护（图例1-19、图例1-20、图例1-21、图例1-22）。依据对加固样品进行的疲劳试验来看，使用上述加固剂的稳定年限是15年左右，到时其加固效能将会减弱甚至完全丧失，需要重新对遗址土体实施第二次的加固处理保护。

图例1-19　喇家遗址F3展示效果

图例1-20　喇家遗址F4展示效果

案例一　喇家遗址齐家文化房址复原处置与加固保护　　241

图例 1-21　喇家遗址 F7 展示效果

图例 1-22　喇家遗址 F10 展示效果

案例二

二里头遗址贵族墓葬清理保护
与龙形器复原制作

中国社会科学院考古研究所二里头考古工作队在河南省偃师市二里头遗址中心区勘察夏商时期的宫殿时，于该宫殿区内发现一座二里头二期的贵族墓葬，编号为M3。墓葬在路土之下，墓口长224厘米、110厘米、深度50～60厘米。墓葬中出土了人骨遗骸一副、绿松石镶嵌龙形器一件及不完整的彩绘木器和陶器残片若干。经过适度的清理和采取相应的保护措施，装入能够长期保存的木匣之中。

在以往的田野考古发掘时，属于夏商时期的墓葬中，绿松石镶嵌之饰物也曾经有过发现，但大多因为饰物的形体较小，饰片数量偏少，部分处于散乱状态，没有形成相应的整体形式。或者因为墓葬内的填土塌陷时间不一致，使饰物呈散落状，无法识别其原有的真实形状。目前所清理出来的绿松石龙形器，为一件长70厘米、头宽15厘米、身宽4厘米，呈夔龙形态的饰物。于饰物的中部有一带玉舌的铜铃。在墓主人头骨下方项颈处清理出产于南海的海贝80余枚，应是一件多条线索穿缀为整体的装饰物品。现就清理保护这两件饰物的过程、饰物的形制和结构等方面分别介绍如下。

第一节　饰物的清剔处理

在考古现场墓葬的清理过程中，于墓主遗骸之腰部上方发现了散落在该区域内为数不少的经过加工的绿松石片。鉴于工地的环境和条件局限，为了保证文物的完整程度，采取的方式是将墓葬的部分整体套箱包装，运抵室内再进行深入的清理和研究。

打开套箱之后，清除了覆盖于上方的包装物品，零星的绿松石片散落于人骨的胸部和腰间范围内。从保存的现象观察，数量众多的绿松石片如此集中，说明下方应该有成形的物体，清剔和处理工作不能操之过急。依据墓葬清理的操作规程，需要立即进行拍摄照片、绘制现状平面图等资料的留取工作，对该层散落于不同部位的绿松石片进行编号以及描述准确的文字记录，制订下一步稳妥详细的工作计划和操作程序。随后将散状之绿松石片按照编号逐一取出，存放于易于识别的透明资料袋内。

由于套箱内的原有土体和填土水分蒸发严重，已经形成了较为坚硬的土层外壳，并于局部出现了不同程度的干裂现象。为了便于清理，每次操作之前都需要喷洒少许清水，让泥土表层充分湿润，使之坚硬结构恢复至原来的松软状态，清理和剔除过程就会更加易于操作，对于周边侧面也不会造成不必要的损伤。使用的多为精致灵巧的小工具，如小型金属刀、竹木签和小毛刷等。采取由上而下，层层剥离的方法形式，动作轻缓地循序渐进式地依次进行清剔，不能放弃和忽略任何有考古价值的资讯信息。在实施清剔的时候，需要对木箱内的填土按照其总平面依次逐步向下方进行清剔，每次的平均厚度约为0.5厘米。填土中不时会出现成零散状的小块红色漆皮，还有一些破碎的陶片以及零星的小颗粒木炭，陶片的形状普遍地较小，较难识别是属于哪种器型或哪些部位的。于清理的过程中，首先在中间部位铜铃附近发现了成组的排列有序的绿松石片，顺着这一排列逐步向一端进行清剔，直至龙形饰物的尾部。这一侧的饰物形体基本保持完整，但是有几处局部出现残缺，还有的地方处于散乱状态。从整体上看，龙形饰物的下半部分的轮廓是清晰可辨的。在具体的操作程序中，两手需要协调一致，一手持工具将一侧的绿松石片固定稳妥，另一只手顺着饰片排列方向进行适度的清剔。稍有不慎，原本排列有序的饰片就会移位，出现角度变化，与原有位置形成偏差，甚至脱落难以复位。原因是绿松石饰片的形体过于窄小，每一饰片的大小仅为0.1平方厘米~0.3平方厘米，而厚度只有0.1厘米左右。如果操作时的力度把握得不够稳妥，那么这种饰片的位置角度肯定会发生松动或移位。还有可能由于挤压原因，把周围互为相连的饰片推移到他处，影响和妨碍其他饰片的位置排列，造成整个小范围内的饰片移动和混乱。所以，还需要一边清理，一边采取临时性的加固措施，使之不可轻易地出现难以预料的结果，为下一步的清剔工作提供便于操作的前提和条件。

随着清剔方式和经验的不断积累与熟练，饰物中部至头部区域内的清剔工作手段有了明显的提高，虽然这一阶段的饰物形状结构和纹饰内容较此前要复杂得多，但清剔的效率和效果还是显而易见的。为了保持绿松石饰片的原始方位角度及与四周的相互连接关系，每当清剔于接近和触及饰片的时候，放弃使用竹木签等小工具，改用小号毛笔蘸取适当水剂对饰片进行适度洗刷，使贴附于饰片之上的泥土随着水分浸释而被带入到笔头，将毛笔沉入装有水的器皿中轻微搅动，粘贴到的泥土便会轻易地沉入水中。如此反反复复地使用毛笔对饰片进行刮削清洗，最终让泥土脱离饰片，使每一饰片以及相互关联的区域纹饰部分表面洁净、轮廓清晰地展现于人前。

龙形器饰物的头部大体上呈方形，长 12 厘米、上宽 14 厘米、下宽 13 厘米，为一饕餮纹面饰，眉、眼、耳、鼻等均用绿松石饰片和加工成一定规模的玉块摆放为相应的立体形状，清晰可辨。不过，其中的一侧存在有塌陷变形现象，造成了为数众多的饰片之角度位置发生变化。为了保证考古遗迹现象第一手资料的原始完整状态，即便是局部少数饰片已经移位呈相互叠压状，或者是弃落一旁的，也都保持其原有状态。随之进行必要的临时性加固措施，使这一出土固有形态保持下去，客观真实地反映了其本来面貌。在实施清剔的整个过程中，随着每一步骤的相继开展，对发现新的问题，出现新的情况，都进行了详细的文字记录、影像拍摄和实图绘制，资料的收集工作是比较完备和准确的。

第二节　龙形器饰物的形制结构

绿松石龙形器放置于墓主人骨架之上（除头骨肢骨以外，其余皆已腐朽，难以辨认），由肩部至髋骨处，与骨架相比略有倾斜，龙头在胸前偏右，尾部于腿骨之左。全器由 2000 余块绿松石饰片组合而成，每个饰片的大小互有差异，厚度似乎相当。形状则因图案组合的需要而呈长方形、方形、三角形、梯形、弧边几何形等。绿松石片都是经过精密加工而制成的，正反两面均十分的平整光润，加工工艺精良。正面的面积较反面略大一些，从侧面观察属上宽下窄，似契形，使涂抹于底部的黏接剂能够将石片四周围裹起来，增加组合与个体石片之间的牢固程度。绿松石片码放的技巧及次序也十分到位，使龙形器之面部石片与石片之间的连接过渡和转折角度恰到好处，缝隙缜密美观。绿松石饰片原本是粘贴或者镶嵌在某种有机物体上，但其所依托的物体早已腐朽，仅在局部范围内发现有少量的白色灰痕，材料一时还难以判断。绿松石龙形器整体结构基本保存完好，图案较为清晰，仅局部部分饰片有所松动、移位，甚至散乱。该器形体长大，巨头蜷尾，龙身曲伏，色彩绚丽（图例 2－1）。

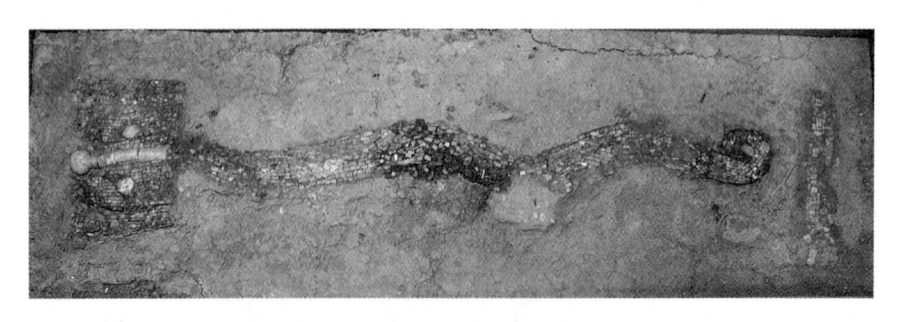

图例 2－1　二里头绿松石龙形器

绿松石龙形器的龙头置于由饰片粘贴镶嵌而成的近梯形托座上，托座表面由绿松石拼合出带有层次的图案，多数有由龙头伸出的卷曲弧线，似表现龙须或鬓的形象，另有拼嵌出圆孔的弧形纹样。托座外缘立面粘嵌有上下并行两排的绿松石饰片。龙头较托座微微隆起，略呈浅浮雕状，为扁圆形巨首，吻部略突出。以三节实心半圆体形的青、白玉柱组成颔面和鼻梁，绿松石质蒜头状鼻端硕大醒目。玉柱和鼻端根部均雕有平行凸弦纹和浅槽装饰。两侧弧切出对称的眼眶轮廓，为梭形眼，轮廓和线条富于动感。眼眶内另有镶嵌的绿松石片，以顶面弧凸的圆饼形白玉为睛（图例2-2）。在半圆形玉柱的底面发现有白色和黄色附着物，可能是饰片的黏接剂痕迹。

　　龙身略呈波状曲伏，其中部有稍微隆起的脊线，左右两侧由里到边略微向下倾斜，外缘边线立面粘嵌着一排绿松石片。由绿松石片组成的菱形纹饰象征着龙的磷纹，连续分布于全身，由颈部到尾部至少有12个单元。稍大一组的菱形纹单元由10排绿松石片组成，每排由宽窄相同、长短不一的6~8块石片连接组成，中间隆起的缝线两侧皆有三角形或几何形拼合而成（图例2-3）。使之个体图案形制规律整齐，拼合缝线过渡合理。两侧均为平行的绿松石片，由6排组成，在另一个菱形纹饰图案之间形成一个较大的三角形，其边线外缘立面粘嵌一排立置的绿松石片。龙身接近其尾部时渐渐变为圆弧隆起，龙之尾尖向内曲蜷。因此，整体形态甚为逼真，跃然而生。

图例2-2　龙头局部

图例 2-3　龙身局部

距绿松石龙尾下端近 4 厘米处，清理出一件绿松石条形饰，与龙体近于垂直。二者之间似有断断续续的红色漆痕相连，推测该物与龙体所依附的有机质物体原应为一体。条形饰全长 14.5 厘米、宽 2.1 厘米，上部由一排横向长方形绿松石片和一排纵向长方形绿松石片平行嵌合而成，下部则为连续的似勾云纹的图案（图例 2-4）。

图例 2-4　绿松石条形饰

海贝（货贝）出土于墓主的颈部，应该是墓主人的项串饰，因其藏埋时间久远，每一个体的海贝都存在有不同程度的腐蚀状况，残缺破损的数量也比较多。有的已经从其中部的线缝处断裂，有的仅仅保存了其中的一小部分，上述的破损个体大约占到总数量的 1/3。大部分完整的海贝，其表面的光洁程度也基本丧失殆尽。所有的个体海贝在其弧凸光面之处皆有磨饰加工的穿孔，穿孔的位置和形状也基本相似，呈圆形。因其海贝的数量较多，并且又处于上下层叠压关系，从表面上难以确认它们之间的相互关系及穿连次序。于是，在留取了相应完整的资料后，将属于第一层的海贝按照其一定前后程序依次取出，按编号放在图表内相应的位置上，随后对下层的部分进行进一步的清理。根据第一层及下方第二层、第三层的具体摆放形式，将它们互相叠压联系起来，结合周围散落于他处的海贝的表现形态，进行比较分析，其摆放的次序还是有一定规律的，在局部小区域内略呈花瓣状。另外，在头骨和海贝第三层处发现 2 枚较大的呈椭圆状、横向带有穿孔的绿松石珠，该珠因受到地下水土的长期腐蚀影响，表面的光洁水平均有不同程度的损伤。按照此珠的相应位置及功能特点，应该是墓主人项串饰的组成部分。

第三节 龙形器的保护性处理

以往在龙山时代至二里头时代的墓葬中也曾有过大量的绿松石片集中出土，但在出土时大多处于散乱状态，而无法确定其原先的排列形态，这些绿松石片均可能粘嵌于有机物体上，皆因支撑物体早已腐朽无形，所以，无法复原其原本的真实形貌，可谓是十分遗憾的事情。此次考古工作人员所清理出土的绿松石龙形器，虽然有少量部分的石片散乱移位，但其总体形貌还是比较完整的。

目前，根据龙形器的外观具体形态和轮廓以及易于展示等方面考虑，采取遗迹遗物套箱入匣的一些具体手段和方法，将该器套入一个长 84 厘米、宽 28 厘米、高 22 厘米的木匣之内，面上的一块盖板是用有机玻璃制作而成，在匣框的两侧上端开设相应规格的沟槽，使固定于该处的玻璃面板能够顺利自如地抽合。这样既可以有效地保护龙形器免受灰尘和有害气体的侵蚀影响，又能够最大限度地让人们近距离地观察该器的细部特征和结构（希望能够得到进一步的论证和阐述）。

就龙形器本身而言，饰物到底依附或粘嵌在什么物体之上，木质？皮质？还是丝麻织品等？目前还难以做出判断。考虑到它具体是哪种有机物，对于解决这一棘手问题十分有必要，在不妨碍龙形器整体形制的前提下，从几处不同部位紧贴在石片的下方，取出微量样品进行测试分析，其结果还尚需时日。根据这种情况，现在还不能对石片下方的泥土支撑部分及周边范围进行大面积的加固处理，防止保护试剂改变其原本的有机物组合成分。只是选用了具备粘接功能，但渗透力不强的合成树脂，在石片与石片的连接缝隙之间进行了适度的固定，目的是不改变龙形器下方泥土的有机成分（为在此之后用其他替代物品合理复原龙形器创造条件），还可使互为连接的组合石片不易松动变化，保护其现有的基本形态。

总之，在二里头时代贵族墓葬中出土的这一绿松石龙形器，到目前为止还是第一次发现，弥足珍贵。其用工之巨、制作之精、体量之大，在中国早期龙形象文物中都是十分罕见的，具有极高的历史、艺术与科学价值。

第四节　仿制复原

尽管该件遗物经过必要的清剔处理后保持着比较完整的形体状态，但就其本身存在的若干问题，如具体部位的纹饰图形、总体纹饰与局部纹饰之间的相互关系、尾部与底端条状纹饰如何联系等，诸多方面的结构性问题还需要进一步阐述说明。时下对龙形器本体而言，虽然完整的基本轮廓尚在，可是相当数量的饰片个体由于受到外界多方面的影响，或散落它处，或移动挪位，或改变了方位角度，使原本规范之形体组合发生了很大程度的变化。观察现有饰物形态，只能大致粗略地了解和认识这是一件极其珍贵的表层清晰的出土饰物，而对其关键部位纹饰特征的表现形式的确难于做出十分肯定的分析判断。依据考古出土类似遗物的相关操作程序，不能随意假设或者归纳为哪种表现方式而改变现有的原始状态，那么，仿制复原就有可能成为解决这一问题的关键所在。

第一，根据龙形器饰物的具体规格，需要绘制一张与实物等大的复原图，按照饰片固定的码排顺序、数量，不同层位不同角度的、同型和异型之间的相互连接方式等均绘制到图纸上，如实地反映出每组每块绿松石饰片的形状特征。并且需要参考不同区域范围内饰片的具体排列形式、纹饰的构图特点以及前后位置应该具备的衔接关系，将散乱的和残缺的空白部分合理地于图纸上予以适当的填充。也就是说要模拟出一张符合时代特点、具有时代风格的复原图，这是龙形器仿制过程中重点的工作之一。

第二，材料的选择是龙形器仿制物成功与否的重要环节。绿松石是天然的矿物产品，属于石质类材料，具有一般石材的质感，色别成分则是经历了漫长的岁月而自然形成的，这对文物保护专家的仿制内容提出了很高的质量要求。其原因为绿松石的颜色效果是浸渗于石材内部的，并非仅仅依附在其表层。针对此特定的现象，文物保护专家选择了一种不饱和的合成树脂作为仿制的原料。树脂原本是种液体，浓度偏低，需要加入适量的石粉经搅拌融合使之成为稠糊状，随后参照着饰片的色别往树脂内加放与绿松石互为一致的矿物颜料，经过均匀地搅拌，让颜料颗粒得到彻底充分的溶解，使其与树脂完全融合，尽可能地让树脂的色别接近符合饰片的本色。此后，按照严格的组合比例加入凝固剂和催化剂，再进行适度均衡的搅拌，摊倒于平滑的橡胶皮之上（两者不能互为粘连），使用专业工具将液态树脂梳理平整，其薄厚程度一定要参照绿松石饰片的规格形式，严格控制在 1 毫米左右，使其能够与原物匹配，过薄或过厚均不符合仿制复原的原则要求。经过若干回次的调整和改变组合配比等试验，使凝固后的合成树脂于色别质感上与饰片取得了相对的一致，达到了满意的效果。

龙形器饰物是由几种不同宽度、形制各异的饰片组成，就其宽度而言，可分为2~4毫米等多个类型，那么，就需要将凝固定型后的树脂片按照上述规格切割为形式不同的条形状，以备此后的仿制之用。

第三，根据龙形器具体的长宽标准，制作一个与其相同的支托板，在托板上使用雕塑泥将龙形器的形体架构、起伏变化形状准确地塑型出来，如龙首部分的中间区域要比两侧高出相应层位，鼻翼附近小范围内需塑就成带有弧线，龙身部分似流水状形体动感、中间随形体走向隆起一条脊线等。这些均需要使用雕塑泥依据饰物的清剔状模拟成型。

形体塑造完成之后，在不同的部位对照着复原图进行饰片码放排列。目前的树脂片还属于规格不一的条形体，需要根据不同部位不同形状的饰片实施裁切、磨饰、码排。饰片与饰片之间要留出相应的缝隙，切记不可太紧凑，注意相互之间的宽窄、长短等协调关系，使之能够与出土饰物的形式保持一致。龙首中间部位的4块形体各异的带有旋纹的饰件，为各自单独翻制的模具制成的，其中的两块是仿绿松石效果的，另外两块和左右两翼的眼睛是仿青白玉效果的（图例2-5）。它们需要按照其外观及色别特征另行实施操作，此时只需留出相应的位置即可。两侧凸起的部分各有11~12排长度不一、宽窄各异的饰片组成，每一纹饰的组合图案形制不同，所以需要对饰片按照一定的角度经过裁切、磨饰之后，方可置放固定于相应的位置上。左右两翼的外侧是由两组互为对称的纹饰组成，所有纹饰的下方都铺垫着一层与表面相似的绿松石片，从而使纹饰的立体效果非常明显。该纹饰的组合形式也是完全由各种不同的异形饰片组成，长方体、三角形、半圆体、椭圆形、弯勾状、凹弧形及不规则体等，这些饰片的形成均是采用不同方式和手段加工而成。最外沿的四个侧面是由上下两排规格基本一致的长方形体饰片互为衔接排列，形制较为整齐。龙身部分除中线部位起脊外，两侧均有不同程度的凹陷坡度，与古建屋顶十分相似（图例2-6）。外沿则是有一排饰片侧立排列，紧紧地贴附在平置的饰片外沿，饰片下方的少许部分插入于填土之中。龙身从颈至尾以脊为中线共有12个菱形饰块，除尾部的两个菱形块规模较小外，其余10个菱形块分别有6排至10排的饰片组成，而排列方向与互为相连的菱形块正好相反，就是奇数和奇数一样，偶数与偶数相同。两侧排列饰片多数为宽窄不同的两种形式，长方形和三角形，这些饰片随着龙身的走向而变化，并且将全部菱形块包裹在龙身之中，使之形体似行云流水、完美和谐。底端似梯形状的条形饰，上方为纵向一排、横向一排较为统一的饰片排列方式，下方则是由两组对称的勾云纹组成（图例2-7）。

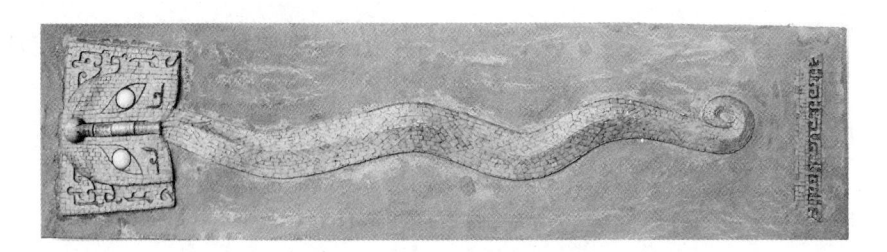

图例 2-5　龙形器复制品

图例 2-6　龙形器头部复制品

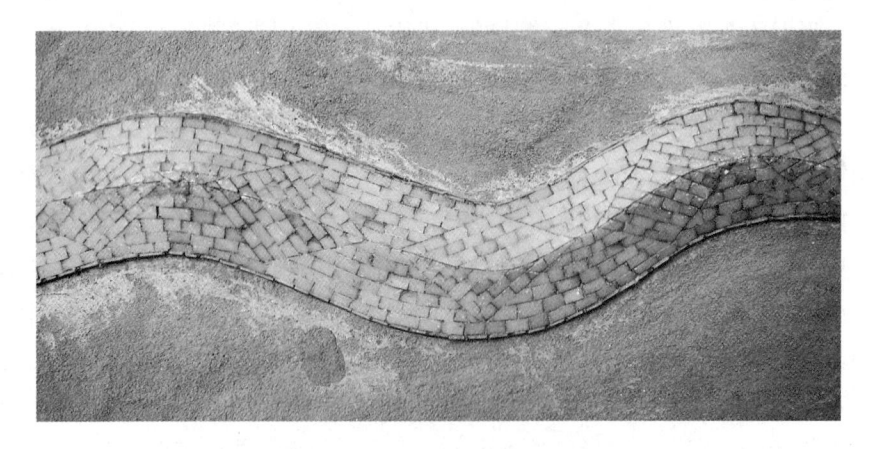

图例 2-7　龙形器身部复制品

第四，待仿制物的饰块全部码排就位后，着手翻制硅橡胶模具的各项准备程序。前面已经讲过，各种组成纹饰的饰片均是码放于橡皮泥之上，这种形式便于调整和修正饰片的正确与否的合理位置及角度，橡皮泥不能作为永久性的衬垫材料，它不具备这样的功能，而只能是操作过程中的一个必备程序。将调制合适的硅橡胶液从一端开始平铺于仿制物体之上，使之在流动过程中将所有气体排出，避免胶体模具的表面产生气泡，以致影响仿制物品的总体质量。凝固之后需要在其背面附设一层约2厘米厚的石膏浆，把硅橡胶模具的平面和侧面全部围裹起来，作为固定和支托胶模的物体。原因是硅橡胶凝固后为软体形态，只有依附在石膏外模上，才能便于工作的正常开展。

按照上述叙述过的调制合成树脂的方式程序，把树脂液体注入模具内。第一层平铺的不宜过厚，但需要相对的均匀。基本定型之后，随着模具内树脂的凹凸形状铺垫一层玻璃布，以增加树脂的拉力和强度。然后，于玻璃布上再注入一层无须加放任何颜料的合成树脂，将制作完成的与模具互为匹配之木板粘接固定于树脂上，使之形成稳固的后背支托架，树脂于凝固过程中也不易随意扭曲变形，保持饰物在一定平面上的相互一致性（图例2-8）。

图例2-8　条形饰复制品

第五，龙形器原物的众多饰片基本属于同一类型的色别，但是相互之间也存在着微弱差异。仔细地观察，能够分辨出饰片相互间不明显的区别变化。为了使仿制物体更加趋同于原本的色别，在对饰物进行修饰完成之后，使用丙烯颜料参照着原物对其进行颜色调整补绘。每一饰片的颜色效果是相对统一的，但与其周围的部分饰片有完全一致的，有相似的，也有区别较大的。所以，在补绘的环节中，需要根据某一片的色别变化调制出与其相符合的颜色，使之形式多样、色别丰富，达到或接近原有饰物的基本效果。

通过对绿松石龙形器饰物的清剔处理及仿制复原，对饰物的形体架构和纹饰表现手法有了更加明晰的认识。该地区能够出土二里头二期的如此规模的饰物，到目前为止尚属首次。这一时期的绿松石镶嵌饰物出土数量虽然并不罕见，但多数均具有金属后背嵌托而成形，况且形体普遍偏小，势必在很大程度上增加了在处置阶段更容易把握和操作的可能性——比如于同一地区出土的绿松石镶嵌铜牌饰（1984YLVIM11：7）。在进行龙形器饰物复原的过程中，通过借鉴和参考纹饰的构成及如何变化方面，获得了许多有利的线索和内容，确保了仿制复原工作的顺利完成。但是，在纹饰的如何定型和描述方面还存在着许多不够完善的问题。具体地讲：龙首两侧边缘的纹饰和底端的条形状纹饰，这两个组别纹饰的表现形式是否合理、是否正确地反映了原本纹饰的固有特征等问题。从对工作负责的角度出发，有必要组织一次由专家和学者组成的专题研讨会，对该出土饰物进行认真细致的探究与推敲，为今后的工作项目积累更加全面、更加翔实的经验和措施。

附　录

文物处理保护常用材料

第一节　黏结材料

一　阿拉伯树胶

（一）概述

水溶性的多糖物质，相对分子质量极高，为580000。

（二）物理特性

①白色粉末状，无毒无味，硬脆性，颗粒状固体。

②易溶于水和甘油，呈弱酸性；不溶于有机溶剂。

③高度的分支结构和不易伸展的球状使得浓度可达到50%。

④胶溶液表现为牛顿流体特性，黏度随浓度增加而总体呈下降趋势。

⑤溶液黏度随温度的升高呈现波动性变化。

（三）化学特性

①分子可与三价金属离子（铝、铁），铅盐、汞盐等作用而交联或聚沉。

②在光照下老化，并有水解。

③可能产生生物降解。

④随时间的延长黏度变化均不大。

⑤具有可逆性。

（四）适用范围

①墨水和水性漆的黏结介质。

②颜料固定剂。

③用做标签黏接剂（用甘油增塑）。

④过去用做纺织品胶粘剂。

（五）使用方法

①和其他的水溶性胶、蛋白质、糖、淀粉或生物碱相配伍，用作乳化剂、稳定

剂、悬浮剂、黏合剂、成膜剂。

②树胶固体中常含杂质，溶解时可用纱布进行过滤。

③树胶溶胶的浓度应保持一定，同时考虑气候的影响，热天的浓度以12OBe，冷天为14Be 为宜，夏季淡一些，冬季浓一些。

④加入少量甘油可降低脆性。

（六）注意事项

天热时最好现溶现用，避免其酸坏变质发臭。

二 动物胶

（一）概述

①指动物的皮、骨、腱、角芯、鳞等含胶原蛋白的组织所制成的胶，包括骨胶、明胶、皮胶、鱼胶等。

②是无毒、无害、无污染、可生物降解的水溶性天然胶料。

（二）物理特性

①各种动物胶外观稍有差别，呈块状、粒状或粉状。市购动物胶粒质硬无味，浅琥珀色至棕色。

②皮胶与骨胶水溶液的 pH 值为 6.5~7.4 和 4.5~5.6。

③低温时不溶水、稀酸、稀碱及大多数有机溶剂，140 摄氏度时开始分解。

④吸收 5~10 倍水可形成坚固、柔软富弹性的胶冻。加热，其网状分子裂解溶于水，形成胶黏性的液体，冷却形成胶冻。加热还可溶于冰醋酸、乙二醇、二甲亚砜等。

⑤凝胶加热后溶解，鱼胶的溶解温度为 6 摄氏度，其他动物胶的溶解温度为 30~50 摄氏度。

（三）化学特性

①由分子不完全相同、但结构相似的各种氨基酸，通过酰胺键连接起来的多肽链大分子组成。

②相对分子质量集中在 40000~50000 之间。

③动物胶对纤维素纤维和蛋白质纤维具有良好的黏附性。胶原纤维与纤维缠绕、交织，以氢键力、范德华力和静电吸引力等方式结合，在纤维间起架桥作用，增加纤维间结合力，使纸张强度提高。

④具有良好的黏接强度和可逆性。

（四）适用范围

①可将绘画层从背衬物上脱离，处理壁画等材质表面不易产生旋光。

②用于木质文物黏接、壁画揭取。

③用于纸质文物、象牙、人骨、陶瓷器的加固。

（五）使用方法

胶黏剂配制方法：一般骨胶与水以1∶5的比例混合，浸泡在冷水中12～24小时，待完全溶胀后，再用水加热溶解，温度控制在60摄氏度，使其成为均匀胶液。为了改善骨胶的耐水性和抗霉性，可以在胶液中加入脲醛树脂、五氯酚钠等防霉剂。

（六）注意事项

动物胶水溶液易腐败变质，常温下呈凝胶状态。

三　环氧树脂

（一）概述

环氧树脂类加固剂由主剂、稀释剂、固化剂、增韧剂、填料等部分组成，主剂有二酚基丙烷环氧树脂、酚醛环氧树脂、甘油环氧树脂等。文物保护领域中环氧树脂，一般指二酚基丙烷环氧树脂。

（二）物理特性

①低分子量为无色、黄色或琥珀色高黏度透明液体，高分子量为固体。

②溶于丙酮、环己酮、乙二醇、甲苯和苯乙烯。

③耐热性、绝缘性、硬度和柔韧性都好。

④收缩率低，膨胀系数小，尺寸稳定，固化后不易变形。内聚力大，剥离强度很低。

（三）化学特性

①平均相对分子质量为300～7000。

②结构中含苯环、醚键，抗化学溶剂能力强，对酸碱、有机溶剂都有一定抵抗力。

③含羟基、醚键、氨基及其他极性基因，对金属和非金属具有优异的粘合力。

④操作性能优良，易于改性。

（四）适用范围

①用作金属和非金属文物（如陶瓷、玻璃、木材等）的胶粘。

②在建筑物和石质文物加固方面应用极其广泛。

（五）使用方法

①可单独作为黏接剂使用。

②可掺入填充材料，如矿物颜料、瓷粉等用于文物的修补。

③呋喃型改性环氧树脂：用糠醛、丙酮作稀释剂，降低环氧树脂的黏度，提高其渗透性。

④常用的有环氧树脂双组分，材料本身不可逆，应在使用前放一种热塑性干

预层。

（六）注意事项

①老化后颜色变黄。

②固化后不能溶解，所以难以从文物上去除。可以用有机溶剂溶胀，并从硬表面去除。

四　羧甲基纤维素钠

（一）概述

水溶性纤维素醚，以天然纤维素为基本原料，经化学改性得到的一种水溶性的离子型醚。

（二）物理特性

①白色或微黄色纤维粉末或颗粒，具有吸湿性。

②溶于水呈透明胶体，溶解度取决于取代度。不溶于酸和醇，遇盐不沉淀。

③平衡水分含量为18%（RH=60%），含水越多，柔性越好。

（三）化学特性

①对光、热、化学药品稳定。不易发酵。对油脂、蜡的乳化力大。

②水溶液有触变性，分子量高时形成凝胶。有增稠、黏结成膜、保护胶、保持水分、乳化及悬浮作用。水悬浮液pH值为6.5~8.5。

③CMC与PEG混合物所成的膜不溶于水。

④阴离子、直链、水溶性纤维素醚，可使大多数常用水溶液制剂的黏度发生较大变化。

（四）适用范围

①纸的胶粘剂。

②颜料的固定剂。

③清洗时做抗聚沉剂。

（五）使用方法

根据所需黏度溶于水使用。

五　三甲树脂

（一）概述

由甲基丙烯酸甲酯MMA、甲基丙烯酸丁酯BMA和甲基丙烯酸MA通过自由基聚合形成的共聚体。

（二）物理特性

①无色至淡黄色黏稠液体，固含量一般大于28%。

②热塑性树脂，溶于甲苯、丙酮等。

（三）化学特性

良好的粘接性能，加热后变软，便于调整粘接形状。

（四）适用范围

可用于文物的黏结、封护、加固等。

（五）使用方法

①可直接涂布于黏接面粘接。

②可用丙酮等溶剂稀释到2%左右使用渗透加固。

（六）注意事项

①用于文物加固、封护时表面容易产生旋光。

②遇高温软化易开胶。

六　502胶

（一）概述

以α-氰基丙烯酸乙酯为主。俗称瞬干胶，商品名称主要有502胶等。

（二）物理特性

①无色透明液体。

②溶于丙酮等溶剂，丙酮等溶剂可将其溶胀。

（三）化学特性

空气中微量水催化下发生加聚反应，迅速固化而将被粘物粘牢。固化快。

（四）适用范围

①适宜于致密材料的黏接，不适宜于多孔性疏松材料的胶接。

②用于文物临时固定，可对用环氧树脂进行接合的碎片正确定位。

③用于木痕的加固等。

（五）使用方法

①直接涂布于粘接表面，指压下保持数分钟。

②用作渗透加固时，直接滴入被加固文物表面。

七　Funori

（一）概述

从海萝藻中提取的多糖。

（二）物理特性

淡黄色固体，溶于热水。

（三）化学特性

①溶液在冷却时不产生胶凝。

②与其他多糖有相似的老化降解，易产生霉菌。

（四）适用范围

在日本用作颜料修复的胶粘剂。

（五）使用方法

①6 克 Funori 在凉水中浸泡一夜，在热水中不断搅拌直至溶开。

②在搅拌中煮沸至溶解，继续煮至黏度合适。

八　酮树脂

（一）概述

可用加热环己酮和甲基环己酮的方法获得。

（二）物理特性

①树脂坚硬，但分子量小，非常脆弱，弯折易断裂。

②可制成高浓度溶液。

（三）化学特性

①分子含有羰基、甲氧基、酯基和羟基，容易产生光吸收，并导致氧化。易氢化去羰基，使树脂减小对水的敏感，并减小发白的趋势。

②在黑暗条件下，几年内会变黑。

（四）适用范围

主要用作画的面漆和复粘材料。

（五）使用方法

①溶液涂刷时应加一些丁醇以增加润湿性。

②表面的光泽可通过添加微晶蜡或调整喷涂条件调节。

九　Paraloid B72

（一）概述

①Paraloid B72 是现今世界文物保护领域中使用最广泛的一种丙烯酸树脂材料。

②Paraloid B72 是由 66% 的甲基丙烯酸乙酯和 34% 的丙烯酸甲酯构成的聚合物。

（二）物理特性

①白色玻璃状结构，溶剂挥发后成膜起到加固作用。

②溶于甲苯、二甲苯、醋酸乙酯和丙酮等多种有机溶剂。

③玻璃化转变温度是 40 摄氏度。

（三）化学特性

①热塑性树脂，耐老化性较好。

②优异的附着力，对敏感的颜料反应性低。

③高温下（40摄氏度以上）易开胶，热矫形能力不如三甲树脂。

④与乙烯基树脂、硝化棉、有机硅树脂和氯化橡胶等相容性好，慢干。

（四）适用范围

①文物保护加固剂。

②文物保护黏接剂。

③文物保护封护剂等。

（五）使用方法

①粘接使用40%左右浓度的Paraloid B72丙酮溶液。

②较平整、对溶剂吸收较慢的粘接表面可以使用低浓度。

③加固和表面封护通常用2%~4%的浓度的Paraloid B72丙酮溶液。

（六）注意事项

Paraloid B72缺点：膜非常脆，抗碱性侵蚀差，又不抵抗UV光的照射，颜色也会变深。

十　达玛树脂

（一）概述

主要成分是萜类化合物。

（二）物理特性

①亮黄色透明块状。

②溶于二噁烷、乙醚、甲苯、二甲苯、石油醚、汽油、松节油、二硫化碳等。

（三）化学特性

①光泽好、膜软、但耐久性差。

②有微弱的腐蚀性。

（四）适用范围

①19世纪主要用于涂料工业制造醇质清漆和催干剂，且多用于无色或浅色漆。

②油画中用于调配光油。

③用于干燥木材的加固和潮湿木材的保护。

（五）使用方法

①潮湿木材保护：用乙醇置换木材中水分，然后用乙醚置换乙醇，接着用达玛树脂的乙醚溶液真空浸泡。

②干燥木材加固：用25%~40%二甲苯达玛树脂浸泡或涂刷；与蜂蜡混合溶

于松节油后，可用于木材的加固。

十一　聚乙烯醇缩丁醛

（一）物理特性

①白色或浅黄色粉末。无毒、无臭、无腐蚀性。具有优良的透明性、柔软性和挠曲性。

②吸湿率不大于4%，软化温度为60摄氏度至65摄氏度。

③有良好的绝缘性、成膜性、抗冲击和拉伸性能，抗张强度高、粘接性好、弹性好，具有热塑性。

④溶于乙醇、乙酸乙酯、二氯乙烯、二噁烷等，不溶于烃类和油类。

（二）化学特性

①含有一定的羟基，对水具有亲和力。

②化学稳定性不高，耐热性较差。

③耐老化性好，耐无机酸和脂肪作用，有耐光、耐寒、耐候性强，加入15%~30%的增塑剂可具有高度耐寒性。

④加固效果较好，同时具有可逆性，耐磨性能强，抗多次反复弯曲强度较差。

（三）适用范围

①20世纪30年代至60年代用作骨、象牙的保护、纺织品的加固剂。

②对金属、木材、玻璃、陶瓷、塑料、皮革、纤维等材质具有很高的黏附力。

③用于壁画、彩塑和陶器的加固。

④用于金属文物的表面封护。

（四）使用方法

①最好的溶剂为乙醇。通常使用5%~10%聚乙烯醇缩丁醛的乙醇溶液。使用混合溶剂例如乙醇和甲苯的3∶2混合溶剂时，可以降低黏度。

②可用于配制塑模材料：BJK dough/ AJK dough，其成分：黄麻絮状物、丙酮、甲基化乙醇、甲苯、聚乙烯醇缩丁醛等。强度大，质轻，易收缩。

（五）注意事项

①做纺织品加固剂时不易再溶解除去。

②在酸性环境、高温条件下易产生交联，变得不溶。

③在紫外线作用下引起氧化，极限条件下，一定程度的交联和分解可导致不溶的网状结构的产生。

十二 PS 材料（高模数硅酸钾水溶液）

（一）概述

PS 材料属较低分子量的无机胶着剂，是一种水溶液性的胶结加固材料。

（二）物理特性

①最佳模数的 PS 浓度一般为 26% 左右，无色透明。

②渗透深度在 3 厘米以上，可透过砂砾岩风化层以提高岩体强度达到加固目的。

（三）化学特性

①加固过程主要是 PS 材料与砂砾岩胶结泥质之间发生反应，增强胶结物间及胶结物与砂砾间的连接。PS 加固后的砂砾岩体有很好的安定性、抗浆性和耐候性。

②有可能引起表面颜色变化。

③溶液高碱性有侵蚀作用。

（四）适用范围

①PS 材料在西北地区土遗址加固上广泛使用。

②高模数的改性硅酸钾主要在干燥环境下使用，有较好的表面处理效果，较强的抗风蚀能力，耐老化性，重复使用性良好。

（五）使用方法

①加固时将一定浓度 PS 溶液与一定量固化剂、交联剂混合，搅拌均匀，加入约百万分之十的扩散剂 NNO，搅拌均匀，便可使用。

②石窟遗址大面积防风化加固采用 4%~5% 浓度 PS 溶液喷洒渗透加固。

（六）注意事项

①二氧化硅胶体使用时很快沉淀，阻止渗透，造成低的渗透能力。

②氢氧化钾与二氧化碳反应形成盐类（反应的副产物）。

十三 MH

（一）概述

MH 系列材料由氟树脂、氟硅化合物、有机硅为主要材料构成。

（二）物理特性

①渗透性。MH 系列材料具有较好的渗透性能，广泛适用于文化遗产中的土、砖、瓦、陶、石、骨骼、化石类基质和现代材料，对各类基质物体虽然存在不同的渗透速率，但却具有均衡的渗透度，且渗透程度可根据被保护物体情况而设定，并在控制范围内顺利渗入被保护物体。

②增强加固性能。MH 系列保护材料对保护物体具有可控的增强性和结构加固

作用，整体增强加固程度与渗透层厚度成正相关，而达到增强加固的时间与物体的含水量也成正相关。

③通透性。MH 系列保护材料渗入被保护体后，在相应厚度形成的保护结构，不改变物体的微毛孔隙和应力结构，保持了与所处环境的相对湿度和温度的动静态平衡。

④重复再现性。MH 系列保护材料对所保护物体除连续施工外，也可分多次间断施工，具有重复性能，且最终结果相同，从而达到保护要求。

（三）化学特性

①多功能性。MH 系列保护材料为无色透明液体，使用后不改变被保护物体的内在性质、结构形式、外观状态及相关信息，而是提高其对所处环境的适应性，主要是突出显现出抗潮湿、抗霉变、抗油污、抗灰尘、抗风化、抗冻融、抗酸碱盐腐蚀等性能。

②最小干预。该材料在所形成的保护体内的含有量只有 0.7%（仅以三杨庄试样为例），是无机保护材料用量的 1/5（交河故城土遗址保护技术研究室内实验部分），为目前最小使用量保护材料，其干预程度可想而知。

（四）适用范围

MH 系列保护材料的分类是针对不同的保护环境、不同的保护基质、不同的保护物体的需要。将其主要分为土、砖、瓦、陶、石类基质，骨骼、化石类基质保护材料。各类保护材料根据物体组合又可交叉使用，均无颉颃作用。将材料分类系列化后，使分类材料更加适合于被保护物体的特性，使有针对性的保护更为具体，更为实质。

（五）使用方法

根据土体性质用乙醇稀释到一定比例后喷洒加固。

（六）注意事项

加固时乙醇和 MH 溶剂部分挥发，应注意通风和严禁烟火。

十四　硅氧烷（烷氧基硅烷）

（一）概述

①含 Si—O—Si 键构成主链结构的聚合物，习惯称有机硅或聚硅醚。

②按应用分类为硅油、硅橡胶和硅树脂三大类。文物保护上使用的硅氧烷包括单体和低聚物。

③硅氧烷单体包括正硅酸（甲）乙酯、甲基三（甲）乙氧基硅烷等。

④低聚体指有机硅氧烷的低聚物。一般聚合度在 10 以下。

（二）物理特性

硅油为水样透明状液体。硅橡胶为黏稠膏状物。硅树脂为热固塑料。

(三）化学特性

①正硅酸酯类在催化剂的作用下，水解为无定型的二氧化硅，部分水解的中间体聚合形成三维的网状结构，起到加固的作用。

②低聚体的使用的优点：可以产生高的二氧化硅含量，因此加固效果更好；黏度低，利于深层渗透和向低孔隙率的石质渗透；价格低于单体。

③对热和化学试剂稳定，不被水润湿，耐老化性能突出，具有优异的疏水性与电绝缘性。

（四）适用范围

①用作防火剂、润滑剂、防潮剂。

②硅树脂用于制造纤维增强材料。

③硅橡胶还用于胶粘剂及密封材料。

④在石质保护中的应用：使用单体及低聚物。有渗入多孔石质内部的能力；聚合速度可以调节以促进渗透。沉积于孔隙内的无定型二氧化硅非常耐久，耐风化。从结构上与天然形成的硅质胶结物相似。形成防风化的涂层。

（五）使用方法

①与有机硅单体、溶剂、催化剂混合使用。

②硅酸酯类一般用溶剂稀释后使用，溶剂可以减低黏度，同时控制渗透深度和反应速度。

③通常使用盐酸催化。

十五　正硅酸乙酯

（一）物理特性

①无色透明液体，具良好的渗透性。

②反应后残余二氧化硅含量约每升300克。溶胶形态：无定型二氧化硅。

（二）化学特性

①主要化学成分是正硅酸乙酯。

②用于岩石保护是依据乙氧基与岩石中的羟基反应实现的。对软弱松散、风化严重的岩石，无机物颗粒分子结构中含有羟基，会发生反应，起到黏结、加固的作用。同时，两个、三个或四个正硅酸乙酯的分子可聚合成二聚体、三聚体或四聚体。也就是说，聚合体中包含有 Si–O–Si–O–Si–或硅氧骨架，能够产生增强、加固效果。

（三）适用范围

用于多孔性岩石或砖石的加固，能达到很高的渗透深度，并和孔隙中的水分及潮气发生反应，形成无定型的二氧化硅胶泥，使酥松的、风化的岩石内部得到黏结增强。并使石材的耐候性、耐碱腐蚀的能力得到加强。

十六 聚醋酸乙烯酯

（一）物理特性

①白色或微黄色絮状、片状或粉末状固体，无臭、无毒。

②不溶于冷水和大多数溶剂，能溶于热水、甘油、乙二醇、醋酸、乙醛、苯酚。

③附着能力强，耐酸碱能力较好。

④成膜后，膜无色，透明度高，耐开裂，透过水蒸气的能力强，耐磨。膜具有较大的吸湿性，在水的作用下可以溶胀，变为乳白色，干燥后不透明。

（二）化学特性

①具有多元醇的典型化学性质，能进行酯化、醚化及缩醛化等反应。

②较好的化学稳定性及良好的绝缘性、成膜性。膜耐光老化能力强，但随着时间的延长，有一定程度的交联。

③与多种材料，尤其与纤维物质（如木材、纸等）粘接性能优良。

（三）适用范围

①用作聚醋酸乙烯乳液聚合的乳化稳定剂。

②用于制造水溶性胶粘剂。

③用于淀粉胶粘剂的改性剂。

④用作感光胶和耐苯类溶剂的密封胶、分散剂。

⑤用于竹木器粘接、加固，纺织品定型，颜料加固，脱模等。

⑥作灰浆涂层和软弱石质的加固剂。作土遗址的加固材料。

⑦作玻璃的表面涂层，具有良好的透明性和对碱的中和能力。

（四）使用方法

①用聚醋酸乙烯酯乳液调和石灰加麻刀做唐墓壁画的修复复原背衬。

②用于木材的保护。采用5%的聚醋酸乙烯酯丙酮溶液，加压将溶液压缩成雾状，直接喷射到木材上。以高压气体帮助溶液向木材内部渗透。渗透进内部的聚醋酸乙烯酯将支撑起木材凹陷的细胞壁。使用7%的聚醋酸乙烯酯丙酮溶液处理个别腐朽较为严重的木材，木材表面没有发生变化。

（五）注意事项

①贮存于阴凉、干燥的库房内，防潮，防火。

②缺点：由于树脂的玻璃化转变温度较低（接近室温），容易黏附灰尘。另外易在室温下发生蠕动，使粘接失效，尤其是受被粘物应力的影响时。不耐霉菌和地衣的侵蚀。

十七　聚乙烯醇（简称PVA）

（一）概述

聚乙烯醇简称为PVA，使用聚醋酸乙烯酯醇解的方法制备，产品的聚合度有高低之分。

（二）物理特性

①随着醇解程度的不同，性质也有差异。

②聚乙烯醇形成的膜机械强度很高，对水蒸气比较敏感，具有吸湿性，尤其是当相对湿度大于75%时，但是对氧、二氧化碳的透过率比较低。

（三）化学特性

羟基不稳定，在酸碱环境中会因为产生交联而不溶解，耐光老化的能力较差。羟基还可以与多酸或多醛、无机盐反应生成不溶物。

（四）适用范围

①用作纺织品的形状固定材料。

②作羊皮纸的黏连剂。

③用作颜料的固定剂，但是需要注意，干燥后产生的收缩可能会引起颜料层的卷曲。

④可用作脱模剂。

（五）注意事项

聚乙烯醇具有不可逆性，去除需要在热水中进行。

十八　聚乙二醇（简称PEG）

（一）概述

水溶性高分子材料。

（二）物理特性

①相对分子质量在600以下于常温中呈黏稠状的液体，相对分子质量在1000以上的为蜡状固体，有吸湿性。

②疏水性和机械强度随分子量的增加而增加。

③水溶性很好，液体PEG可与水以任意比互溶。还可溶于乙醇及其他有机溶剂，不溶于汽油、松节油、亚麻籽油和石油。

④蒸气压低，稳定性好。

⑤无色、低毒。

（三）化学特性

①相对分子质量从200至6000不等。

②分子中含羟基，可和糟朽木材组织形成氢键。

（四）适用范围

①用于木材脱水保护。

②低分子量 PEG 也可用于漆膜保湿和软化。

（五）使用方法

①对于木材脱水，可先用低分子量的水溶液浸泡，不断提高浓度，再以高分子量水溶液浸泡，不断提高浓度至衡重。

②处理过程中，可在溶液中加入尼泊金乙酯、五氯酚钠防霉。

③需要控制溶液温度。PEG－4000 浓度低于 30% 时，常温渗透即可；浓度在 30%~50% 时，可控制温度在 40 摄氏度；超过 50% 时，控制在 60 摄氏度。

（六）注意事项

①用聚乙二醇脱水处理后的木材表面有湿漉漉的感觉。

②木材含水率越高，脱水造成收缩的可能性越小。一般认为，木材的含水率超过一定量时，脱水很容易进行。

③处理过的木器会变黑，在浸泡完了之后使用温水擦拭木器表面，除去表面的 PEG 可使变黑的程度大大降低。

十九　石灰水

（一）概述

无色水溶液，固含量很低。

（二）物理特性

微溶于水。

（三）化学特性

不稳定，遇二氧化碳变浑浊，生成碳酸钙和水，其中碳酸钙不溶于水。

（四）适用范围

①欧洲 18 世纪，以牛奶、石灰水混合的可赛因修复壁画。

②可用于土遗址加固。

（五）使用方法

①生石灰加水搅拌，滤去不溶物，溶液可用来对土质进行加固。

②溶液浓度一般很低，必须多次喷涂施工，才能有效。

二十　松香

（一）概述

从松树上采集和从松木中提取松脂，蒸馏后可得结晶的松香和松节油。俗称熟松香或熬香。

（二）物理特性

①透明，亮黄色至暗褐色的结晶，有特殊气味。

②70 摄氏度软化，熔点为 100～130 摄氏度。

③溶于甲醇、乙醇、乙醚、氯仿、四氯化碳、苯、汽油、松节油、丙酮等。

（三）化学特性

主要为松香酸和同族的树脂酸的混合物。

（四）适用范围

①可用于干燥木材的加固。

②可用于潮湿木材的保护。

（五）使用方法

①干燥木材的加固：松香溶于汽油，用于木材加固；也可混合使用蜂蜡、杀虫剂。

②潮湿木材的保护：木材用丙酮置换水分，然后用67%的松香溶液浸泡。

二十一　虫胶

（一）概述

又称紫胶、紫草茸、洋干漆、漆片、抛力斯等，是一种天然树脂。

（二）物理特性

①粗制品呈紫红色。精制后成黄色或棕色的虫胶片和白色的白虫胶。

②溶于甲醇、乙醇、醋酸乙酯、双丙酮醇，难溶于乙醚，不溶于甲苯、汽油和水。

（三）化学特性

①其成分根据寄生树种及采集的季节有所不同，主要是光桐酸为主的羟基脂肪酸和以紫胶酸为主的羟基脂环酸以及它们的酯类的复杂混合物。含有4%～10%的蜡质。

②虫胶具有黏结能力强、绝缘性好、防水、防潮和耐酸的优点。

（四）适用范围

①用于干燥木材的加固、潮湿木材的保护。

②虫胶的乙醇溶液又叫作漆皮酒精，是传统修复中常用的黏结材料。

（五）使用方法

①干燥木材的加固：与虫胶的混合物溶于乙醇后使用。

②潮湿木材的保护：木材脱水后用8%～10%的虫胶乙醇溶液浸泡加固。

③漆皮酒精具有可逆性，固化后使用乙醇浸泡或贴敷，可以使虫胶溶胀而

去除。

（六）注意事项

经过处理后的木材强度提高不大，而且经过浸泡后的木材，颜色容易发生变化，时间长了以后，可能会变得脆硬，并且伴随着老化，溶解性下降。

二十二　桃胶

（一）物理特性

①桃红色或淡黄色至黄褐色半透明固体块状，外表平滑。

②一般只能浸胀，不易完全溶解，水溶液呈黏性。

（二）化学特性

①主要成分是多糖，含少量的蛋白质、杂质等，其多糖组成有半乳糖、鼠李糖、葡萄糖醛酸。

②成分和性质与阿拉伯胶相似。

（三）适用范围

用于文物的加固、粘接。如可以用于木材、纸制品的粘结。

（四）使用方法

粉碎好的桃胶，加热水溶解，比例为 100∶40，搅拌均匀，以纱布过滤，除去杂质。可添加五氯酚钠等防腐剂。

二十三　桐油

（一）概述

由桐籽压榨或浸出而得，是中国古建筑施工和维修中常用的材料。

（二）物理特性

淡黄色或深黄色油状液体。

（三）化学特性

①主要成分为桐酸的甘油三酸酯。它有很好的干燥及聚合的性能。

②受热的情况下，形成果冻状。

（四）适用范围

①用于制油漆等。

②做古建筑修复中的材料、木材保护、油漆彩绘的配料，地面墁砖时用作填补接缝处（桐油:白灰=1∶1调和）。

③也用作砖面的加固。

（五）使用方法

①喷涂桐油的时候可以采用少量多次的方法，力求达到均匀致密的效果。

②喷涂生桐油及化学保护材料的时间，最好选择在春秋干燥季节进行。因为生桐油本身干燥就十分缓慢，当空气条件过于潮湿的时候，桐油由于干燥缓慢，可能造成喷涂生桐油后的木材表面出现霉菌。采取干燥通风的措施，可以抑制霉菌。

（六）注意事项

形成的膜经常发暗。

二十四　31J（丙烯酸树脂的非水分散体）

（一）概述

用于土遗址加固，提高土遗址的耐水性，防干裂，对遗址颜色影响小，几乎不改变遗址土的孔隙率，对强度改变不大。

（二）物理特性

淡黄色液体，可以溶于丙酮、丁酮、乙醇。

（三）化学特性

主要成分是球形丙烯酸树脂。

（四）适用范围

①用于土遗址和壁画地仗的加固。

②固化后土体外观改变很小，目测可接受，而土体强度增加，耐水性、耐冻融能力提高，对环境因素变动的敏感性减小。需要考虑的是接受光照变色问题和耐老化强弱。

二十五　派拉伦

（一）概述

①派拉伦（Parylene），是一系列对苯二甲基聚合物的总称。

②最简单最常用的是派拉伦 N 和派拉伦 C。

（二）化学特性

①对苯二甲基自由基的渗透能力极强，具有渗入孔状结构、穿透裂隙并在里面聚合成高分子的能力。

②派拉伦膜的隔水、隔气效果很好，涂覆在文物表面可以防止水分、有害气体对文物的侵蚀。

（三）适用范围

经过试验，已经运用在纸质文物保护、纺织品保护上。

（四）使用方法

国外用以对 4000 万年前的植物化石、植物标本、动物骨骼加固：先用相对分子质量 200 的 PEG 浸泡，然后冷冻脱水，待脱水后用派拉伦加固。

二十六　环十二烷

（一）物理特性

①常温下为半透明蜡状固态物质。

②在室温下能够逐渐挥发掉，免去了随后除去粘接加固剂的工作，且不妨碍随后对文物材质的分析和处理。

③有强烈憎水性，有一定防水功能，避免水对文物的损害。

④可溶解在甲苯、己烷、石油醚。

（二）化学特性

化学式：$C_{12}H_{24}$，为环状无支链结构。

（三）适用范围

作为对纺织、绘画、纸张、考古出土文物、彩绘木器、石器、金属文物中结构比较疏松和脆弱文物的临时性加固剂被广泛应用。

（四）使用方法

①加热熔解后用刷、涂等方法施用，或溶解到非极性溶剂中，用刷涂或注射法施用。

②可用热吹风机对喷涂后的文物进行加热使加固剂进一步渗入。

（五）注意事项

①刷涂法对脆弱文物不太适用。

②由于环十二烷需加热喷涂，故在冬季的户外操作较为困难，可考虑加10%的己烷或庚烷以适当延长环十二烷的凝固速率。

第二节　溶剂

一　氯仿

（一）概述

又名三氯甲烷，哥罗仿。

（二）物理特性

①无色透明易挥发液体，有特殊甜味。

②与乙醚、乙醇、苯、石油醚、四氯化碳、苯、二硫化碳和油类等混溶，微溶于水。

（三）化学特性

①不易燃烧，但长期暴露在空气中可以燃烧，发出火焰或高温。

②脱脂能力强，挥发快。

③有麻醉性，有毒，被认为是致癌物质。

（四）适用范围

①用作树脂和橡胶溶剂。能溶解聚苯乙烯、ABS、聚甲基丙烯酸甲酯、聚乙烯醇缩丁醛、聚砜、氯化聚醚、丁苯橡胶等，配制溶剂型胶粘剂。

②作脱漆剂、旧聚合物体系的溶胀材料。

（五）注意事项

①虽然去除某些材料非常有效，但有毒性，使用应谨慎。

②在日光、氧气、湿气中，特别是和铁接触时，则反应生成剧毒的光气。

③空气中最高容许浓度为240毫克/每立方米。

二 四氯化碳

（一）物理特性

①无色透明液体，具有特殊的芳香气味，味甜。

②与乙醇、乙醚、苯、甲苯、氯仿、二硫化碳、石油醚等混溶。微溶于水。

（二）化学特性

①易挥发、不燃烧，性质稳定。

②但在碱性条件下水解生成二氧化碳和水。

（三）适用范围

①用于有机合成、制冷剂、杀虫剂。

②亦作有机溶剂。

（四）注意事项

毒性极大，有较强的刺激性和麻醉性，空气中最高容许浓度25毫克/每立方米（0.001%）。

三 乙醚

（一）概述

又称二乙基醚、依打。

（二）物理特性

①有愉快芳香气味的无色、易挥发液体。

②微溶于水，能与多种有机溶剂混溶。

③具有吸湿性，味甜。

（三）化学特性

①乙醚水溶液加入无机盐可进行盐析。

②易燃，易爆炸。空气中爆炸极限为2.34%~6.15%。

③对人有麻醉性。

（四）适用范围

①主要用作油类、染料、生物碱、脂肪、天然树脂、合成树脂、硝化纤维、碳氢化合物、亚麻油、石油树脂、松香脂、香料、非硫化橡胶等的优良溶剂。

②可与乙醇配合，处理竹木漆器的脱水保护。

（五）使用方法

容易形成爆炸过氧化物，所以必须用硫酸钠处理才能蒸馏。

（六）注意事项

①遇火星、高温、氧化剂、过氯酸、氯气、氧气、臭氧等有发生燃烧爆炸的危险。

②对人有麻醉性。浓度超过 303 克/立方米有生命危险。

四　2-乙氧基乙醇；乙二醇乙醚

（一）概述

低挥发性溶剂。

（二）物理特性

①无色液体，几乎无臭。

②能与水、乙醇、乙醚、丙酮和液体酯类混溶。

（三）化学特性

能溶解多种油类、树脂及蜡等。

（四）适用范围

①用作硝基赛璐珞、假漆、天然和合成树脂等的溶剂。

②用于皮革着色剂。

③乳化液稳定剂。

④油漆稀释剂。

⑤脱漆剂和纺织纤维的染色剂等。

五　水

（一）概述

水是文物保护中最广泛应用的溶剂和最常用的清洗剂，通常用蒸馏水或去离子水。

（二）物理特性

①纯水是无色、无臭、无味的液体，深层的天然水呈蓝绿色。

②极弱的电解质。

③水是广泛应用的溶剂，极性物质容易在水中溶解。

（三）化学特性

①水是较稳定的化合物，温度在 1000 摄氏度以上才开始分解。

②在硫酸或氢氧化钠等存在条件下，电解水可生成氢气和氧气。

③许多活动性强的金属如钾、钠、钡、钙等在常温下可跟水反应生成碱和氢气，镁、铝在加热至水沸腾时跟水反应生成碱和氢气。水可跟锌、铁等较活动金属在高温下反应生成金属氧化物和氢气。

（四）适用范围

常被用作溶剂和清洗剂。

（五）使用方法

①溶解能力强，使用时还可配制成各种溶液。

②实验室中多使用蒸馏水、去离子水等进行清洗。条件不允许时，可使用桶装纯净水替代。对出土时含盐量很高的器物，可用自来水、河水等临时应急；一般水洗过后最好用蒸馏水再洗三遍。

③水浸泡法。把文物浸泡在去离子水中除盐。

④高压喷水法。不宜处理珍贵文物和保存状况差的文物，对不太重要的建筑物墙壁，若其孔隙度较小、吸水性弱，可在小于 2 个至 3 个大气压（202.65 千帕～303.98 千帕）下清洗。

⑤水蒸气清洗法。用于石制品表面清洗效果很好，但蒸汽温度过高时会有危险，特别对损坏比较严重的石质品。水蒸气法亦可清洗已损坏和多孔的石质品表面。

⑥深洗技术清洗陶器表面沉积膜。将陶器放入带自动进出水的电热恒温水浴锅中，加适量蒸馏水浸没物体。白天加热到 95 摄氏度，夜间停止加热，冷热交替浸泡，利于可溶性盐游出陶器。3 天至 5 天换一次水，测水溶液电导率，判断浸洗程度。

⑦同时还可辅助超声波震荡、加热等清洗技术：如对表面钙、硅质沉积物上印有织物纹迹的青铜器，在 50 千赫兹超声波清洗仪中用蒸馏水清洗 5 分钟。

⑧电渗法加速清洗速度。在饱和槽两头插电极，以 5% 稀氨水作电解液，通直流电，加快文物中金属离子的运动速度，用电导率判断清洗程度。

（六）注意事项

①处理青铜器的时候，一定要小心，确保水中不含有氯。

②水的表面张力很大，挥发时的拉力也大，也要注意。

③当文物保存状况不好且含大量可溶性盐时，完全浸泡除盐就比较危险，因为快速的水合作用和快速溶盐会导致石质品出现块状脱落。

④湿洗过的文物干燥过程中需要注意很多的问题,可以参考《湿洗纺织品干燥的纲要》一文。

六　松香水

（一）概述

介于汽油与煤油之间的石油馏分。旧亦称溶剂汽油、白节油、白酒精、白醇等。

（二）物理特性

①无色透明液体。

②能溶解松香、植物油、甘油硬脂、长油度醇酸树脂等。

（三）化学特性

主要成分是脂肪烃,因石油产地不同还含有不同数量的芳香烃类。不含硫。

（四）适用范围

①代替松节油用于油性漆、酯胶漆、酚醛漆和醇酸漆中作溶剂,以降低黏度而便于施工。

②是油、油脂、脂肪、蜡、焦油、某些树脂的溶剂。

③用于清洗油画和壁画表面有机污染物。

七　甲苯

（一）物理特性

①无色透明液体,有刺激性气味。

②能与乙醇、乙醚、苯、丙酮、二硫化碳、溶剂汽油混溶。

③不溶于水。

（二）化学特性

①易燃,蒸气与空气形成爆炸性混合物,爆炸极限体积分数1.27%~7.0%。

②有毒,空气中最高容许浓度为100毫克/立方米(或0.02%)。

（三）适用范围

①溶解性优良,是胶粘剂中应用最广的溶剂;用于溶解油、油脂、脂肪、蜡、焦油等,溶解橡胶和某些天然树脂,也作为脲醛树脂和聚氨酯树脂的溶剂。

②也可用作环氧树脂的稀释剂。

（四）注意事项

①有产生和积累静电的危险。

②易燃,蒸气与空气形成爆炸性混合物。

③有毒,对皮肤和黏膜刺激性大,对神经系统作用比苯强,长期接触有引起膀

胱癌的可能。

八 二甲苯

（一）物理特性

①无色透明易挥发的液体。有芳香气味。

②不溶于水，溶于乙醇和乙醚。

（二）化学特性

一般是三种异构体及乙苯的混合物，称混合二甲苯，以间二甲苯含量较多。工业用二甲苯还含有甲苯和乙苯。

（三）适用范围

用于溶解油、油脂、脂肪、蜡、焦油等，溶解橡胶和某些天然树脂，也作为脲醛树脂和聚氨酯树脂的溶剂。

（四）注意事项

有毒。

九 丙酮

（一）概述

丙酮以游离状态存在于自然界中，是最简单的饱和酮。

（二）物理特性

①无色易挥发易燃液体，有特殊气味，具辛辣甜味。

②能与水、甲醇、乙醇、乙醚、氯仿和吡啶等混溶。

（三）化学特性

①能溶解油、脂肪、树脂、橡胶、油漆、化学纤维。

②丙酮蒸气与空气混合可形成爆炸性混合物，爆炸极限体积分数为 2.15% ~ 13.0%。自燃点为 538 摄氏度。

（四）适用范围

①用作溶剂、稀释剂和表面处理清洁剂。

②用于清除油脂、蜡、虫胶、纤维素衍生物、丙烯酸树脂、聚醋酸乙烯酯等。

（五）使用方法

作为许多树脂的溶剂，注意挥发速度。

（六）注意事项

①易燃，蒸气与空气形成爆炸性混合物。

②贮存于阴凉、通风、温度不超过 30 摄氏度的库房内，远离火种、热源。

十 丁酮

（一）概述

又称甲基乙基酮、甲基乙基甲酮、甲乙酮。

（二）物理特性

①无色透明液体，有似丙酮气味。

②溶于水、乙醇和乙醚，可与油混溶。

（三）化学特性

①易燃，蒸气与空气形成爆炸性混合物，爆炸极限体积分数为 1.81%~11.5%。

②低毒，空气中最高容许浓度590毫克/立方米。

（四）适用范围

①可作为硝酸纤维素、乙烯基树脂和涂料等溶剂。

②能溶解某些树脂和橡胶，是氯丁橡胶和聚氨酯橡胶的优良溶剂。

（五）使用方法

有时可作为溶剂替代丙酮，但气味大于丙酮。

（六）注意事项

①易燃，蒸气与空气形成爆炸性混合物。

②毒性比丙酮强，有麻醉性，能使中枢神经功能下降。

十一 环己酮

（一）物理特性

①无色透明液体，带泥土气息，含微量酚时，则带薄荷味。不纯物为浅黄色，随存放时间生成杂质而显色，呈水白色到灰黄色，有刺鼻臭味。

②易溶于乙醇和乙醚。在冷水中溶解度大于热水。

（二）化学特性

与空气混合爆炸极限体积分数为 3.2%~9.0%。

（三）适用范围

溶剂。

（四）注意事项

有麻醉和刺激作用。

十二 乙醇

（一）概述

乙醇是文物保护中经常用到的重要有机溶剂。

（二）物理特性

①无色透明液体，有酒的醇香气味和刺激性的辛辣味。

②溶于苯、甲苯。与水、甲醇、乙醚、醋酸、氯仿、甘油任意比例混溶。能溶解许多有机化合物和若干无机化合物。

（三）化学特性

①分子式 C_2H_6O，相对分子质量 46.07。

②稳定。

（四）适用范围

①用于文物表面有机污染物的清洗。

②用作溶剂。

③75%乙醇水溶液有强杀菌能力，是常用的消毒剂。

（五）使用方法

可使用乙醇－乙醚溶液连浸法处理保水木材，脱水使用。

①依次用30%、50%、70%、90%、100%的乙醇溶液浸泡木材，浸泡时间因厚度而定，一般为2日到3日。数次更换纯乙醇溶液，直到溶液比重值与乙醇数值相同。

②乙醇－乙醚溶液处理：采用乙醚与乙醇体积比依次为1∶2、1∶1、2∶1、1∶0的溶液浸泡，直到乙醚比较完全地取代乙醇。

③室温下使样品中的乙醚挥发。

④按甲基丙烯酸甲酯100份（重量比，下同），偶氮二异丁腈0.06份，对一苯二甲酸二辛酯5份，硬脂酸0.7份，霉敌0.02份配置成浸透液浸泡木材，使之完全渗透。

⑤聚合：室温由55摄氏度到60摄氏度缓慢升温聚合加固，用丙酮擦去表面残留液体，使得聚合后表面没有眩光。

（六）注意事项

①微毒，有麻醉性。

②空气中最高容许浓度1880毫克/立方米。

十三 醋酸甲酯（乙酸甲酯）

（一）物理特性

①无色透明液体，芳香味。

②与醇、醚互溶，水中溶解度31.9克/100毫升（20摄氏度）。

（二）化学特性

易水解，易燃。

（三）适用范围

①硝基纤维素和醋酸纤维素的快干性溶剂，用于油漆涂料。

②人造革及香料的制造以及用作油脂的萃取剂。

③制造染料和药物的原料。

（四）使用方法

用于溶解硝酸纤维素、聚醋酸乙烯酯。

十四　醋酸戊酯

（一）物理特性

①无色液体，香蕉香味。

②能与乙醇、乙醚、苯、氯仿、二硫化碳等多种有机溶剂混溶。难溶于水。

（二）化学特性

①低毒，空气中最高容许浓度 100 毫克/立方米（或 0.01%）。

②易燃，蒸气能与空气形成爆炸性混合物，爆炸极限体积分数 1.1%~7.5%。

（三）适用范围

①用作溶剂，配制溶剂型胶粘剂。

②被用于溶解溶剂清洗后造成的白色痕迹。

③可用于去除壁画背面的胶粘剂。

（四）注意事项

储存于阴凉、通风的库房内，远离火种、热源，温度不超过 30 摄氏度。

第三节　缓蚀材料

一　倍半碳酸钠

（一）物理特性

①针状结晶。

②溶于水。热水中溶解度稍大。加热后分解。

（二）化学特性

碱性介于碳酸钠和碳酸氢钠之间，呈弱碱性，可使硬水软化，具有使碱性减弱的性质。

（三）适用范围

①用于羊毛洗涤、制药、鞣革等。

②用于金属文物的稳定处理。

(四) 使用方法

①青铜器封护：用 5% 倍半碳酸钠溶液加热浸泡，转化有害锈 $Cu_2(OH)_3Cl$，为稳定的 $CuCO_3$，一周换一次浸泡液。

②用 2% 倍半碳酸钠溶液超声波清洗器物，一小时的清洗效果等于浸泡一月的清洗效果。

③对一些剔除了有害锈的青铜器，在 2% 倍半碳酸钠溶液中用超声波清洗 10 分钟左右，然后用蒸馏水清洗 5 分钟，再用锌粉敷涂。

(五) 注意事项

5% 倍半碳酸钠溶液加热浸泡青铜器的缺点是可能引起器物变色，并在表面生成蓝铜矿盐。

二 苯骈三氮唑（BTA）

(一) 概述

应用 BTA 的方法是目前金属器保护中使用最广泛、最普遍的方法。

(二) 物理特性

①白色、微黄或微红色针状结晶。

②溶于水，溶于醇、苯、甲苯。

(三) 化学特性

①在铜表面形成致密膜，起到保护作用。对铅、铸铁、镍、锌等金属材料也有同样效果。

②BTA 为良好的紫外线吸收剂，可稳定对紫外线敏感的制品。

③有毒性。

(四) 适用范围

用于铜、铁、镍、锌的缓蚀。

(五) 使用方法

①缓蚀。将金属器浸入低浓度 BTA 乙醇溶液进行自然浸渗或减压渗透处理，使 BTA 与表面充分接触反应形成保护膜。

②对腐蚀较严重的器物，经除锈转化后，用丙酮脱水晾干，然后在 3% 苯骈三氮唑乙醇溶液中浸泡半小时，取出沥干。

③BTA 可与多种缓蚀剂配合提高缓蚀效果。一种综合保护法是，先将腐蚀的青铜器用蒸馏水清洗干净后，对"青铜病"腐蚀区以氧化银保护法处理以抑制腐蚀，再用 3% BTA 乙醇溶液减压渗透，最后用含有 BTA 的 PVB 乙醇溶液作表面封护。

④减压渗透法：将铜器表面污垢去除并用丙酮清洗后泡在 3% BTA 乙醇溶液中

减压渗透。处理过程中保持温度 60 摄氏度，控制真空度 400 毫米汞柱 53.33 千帕，经 8 小时以上处理，使缓蚀剂充分进入器物锈层内。取出器物用乙醇冲洗表面残留的 BTA 结晶。干燥后用 PVB 乙醇溶液封护。

（六）注意事项

①有毒性，常用容易致癌。

②BTA 处理有可能导致器物发黑变暗。

③BTA 在室温下有一定的蒸气压，容易升华，在器物表面结晶出来，随时间延长，效力下降。为防止其升华，对处理后的器物要涂刷保护膜。使用 Paraloid B72 效果比较好。

④BTA 在青铜器上形成的缓蚀膜并不完整，不能完全阻止水和氧的渗透。

⑤对于银器的封护，可以参看《银器文物的变色原因及防变色缓蚀剂的筛选》一文。

三　甲醛

（一）概述

商品为 37%～40% 水溶液。

（二）物理特性

①有刺激性和窒息性的无色气体，其水溶液为无色澄清的液体。

②易溶于水，溶于醇、醚。

（三）化学特性

①有较强还原性，碱性溶液中能使金属盐及金属氧化物还原为金属。

②极易聚合，在 15 摄氏度左右易聚合生成三聚甲醛。如露置空气中可逐渐变成甲酸。

③极毒，易燃烧、爆炸，空气中最高容许浓度为 5 毫克/立方米。

（四）适用范围

用于有机质文物防腐。

（五）注意事项

①极毒。能使蛋白质凝固，使皮肤发硬，甚至局部组织坏死。

②与空气混合能成为爆炸性气体。

③与氧化剂、火种接触有燃烧的危险。

四　罗谢尔盐（酒石酸钾钠）

（一）概述

又称为酒石酸钾钠，分 D 型和 DL 型两种。

（二）物理特性

①D 型为无色透明结晶体。在水中溶解度 30 摄氏度时 100 毫升为 138.3 克。

②DL 型为白色细粒结晶体。在水中的溶解度 30 摄氏度时 100 毫升为 117.62 克。

③在热空气中有风化性。不溶于醇。

（三）化学特性

①有络合性，能与铜、铁、铅、铬等金属离子在碱性溶液中形成可溶性络合物。

②在 215 摄氏度失去结晶水。

（四）适用范围

是金属文物除锈的主要碱液除锈剂之一。

（五）使用方法

在去除矿物质的水（pH=7）中以 30% 比例稀释（饱和溶液），用于去除碳酸盐。

五　磷酸

（一）物理特性

①市售磷酸浓度为 85%，无色透明，黏稠、无臭味。

②富潮解性，能溶于水和乙醇。

（二）化学特性

有酸的通性，能与碱、碱氧化物、无机盐反应。其酸性较硫酸、盐酸、硝酸为弱，但较醋酸、硼酸等弱酸为强。无氧化能力。

（三）适用范围

①涂料工业用作金属防锈漆。

②用于金属去锈，防锈。

③减缓环氧树脂固化。

（四）注意事项

对皮肤有腐蚀性。

六　钼酸钠

（一）物理特性

①钼酸钠为有光泽的结晶粉末。

②钼酸钠溶于 1.7 份冷水或 0.9 份沸水中。

（二）适用范围

①沉淀剂、催化剂。

②金属腐蚀抑制剂。

（三）使用方法

钼酸钠+BTA混合会使缓蚀效果加倍。因为钼酸钠溶液会使金属钝化膜抵御氯离子的能力提高，并能降低某些金属点状腐蚀小孔中氯离子的富集作用，随钼酸钠的浓度提高，作用越明显。

（四）注意事项

有毒。

七 全氟聚醚（PFPE）

（一）物理特性

①液体。蒸气压极低，能持久保护在被保护石材表面而不至于挥发。
②折射率低，能保持石材原有外观，避免出现光干涉导致色变。
③具憎水性，可用于保护露天石材。
④有憎油性，不溶于一般有机溶剂，可作为大气中烃类污染物的屏障。
⑤黏度适中，仅溶于含氟溶剂。
⑥表面张力小，有利于向内部扩散而不会堵塞石材微孔。
⑦良好的透气性，便于控制被保护石材内部的通气量和湿度。

（二）化学特性

①化学惰性物质，非常稳定，耐氧化，耐水解。
②能耐强酸和强碱腐蚀，抵御大气污染物的侵蚀。
③特殊的高低温性能，加热至300摄氏度时仍保持稳定，且呈液态。

（三）适用范围

石质的防水剂。

（四）使用方法

①溶于少量的含氟或氟氯的有机溶剂，稀释后可均匀地涂覆在石材表面；也可用特殊溶剂除去，操作具可逆性。
②应用时用溶液喷涂或浸泡，它会逐渐渗透到材料的各个部位，因此需要周期性地重复使用。

八 蜡

（一）概述

常用蜡的种类有：微晶石蜡、蜂蜡、虫白蜡。

（二）物理特性

①微晶石蜡是无色至白色块状固体，无臭无味。不溶于水。微溶于乙醇。溶于苯、甲苯、乙醚、三氯甲烷、矿物油。延伸性好，低温下不脆。加热粘耐性好，与

其他蜡类混合可抑制结晶的生长。

②蜂蜡是黄色或浅棕黄色软的或发脆的固体，有蜂蜜气味。在水中完全不溶解，但与石蜡不同的是允许水蒸气透过。在芳香族化合物、卤代碳水化合物、热的乙醇中溶解。

③虫白蜡呈白至微黄色，表面光滑有光泽，无明显杂质，质硬而脆，易开裂，有蜡香气味。熔点较石蜡、蜂蜡高。凝结力强，不溶于水，溶于乙醇、苯、异丙醚、甲苯、二甲苯、醚等有机溶剂中。

（三）化学特性

①微晶石蜡主要成分为 C_{31} 以上的支链饱和烃、环状烃和直链烃等。由很多高支化度的不规则分子组成。

②蜂蜡主要含有长链酸及含有 21~36 个碳原子的醇所形成的酯，另外还含有蜂胶、颜料及其他不确定组分。

③虫白蜡主要成分为二十六碳酸二十六碳醇酯，性质稳定，具有密闭、防潮、防锈、防腐、着光和密封等作用。

④蜡的化学性质较稳定，不易与碱、无机酸及卤素起作用。

⑤蜡不会使处理物变色。酯键在皂化反应中水解，对孔隙的渗透不足，含有活性部位，聚合成树脂型物质，使表面变得没有透过能力。

（四）适用范围

①可用于表面保护剂、防水材料、胶结质、密封材料、模型（或铸造）等。

②中世纪已用作教堂石质的保护。

③石蜡还可用作临时固定材料。

（五）使用方法

微晶石蜡可与蜂蜡等混合使用，如用于翻模时。

九　锌

（一）物理特性

青白色金属。

（二）化学特性

①化合价 +2。在空气中稳定。

②化学性质较活泼，与酸或碱作用时放出氢气。具有两性。

③$Zn(OH)_2$ 是一种胶体状物质，能够起封闭作用。

（三）适用范围

①用于电镀锌以及制造黄铜、锰青铜、白铁、干电池、轻合金。

②作其他金属的保护层。

③有机合成工业重要还原剂。

（四）注意事项

化学品处理法会伤害文物本体。

十 氧化银

（一）物理特性

①棕黑色重质粉末。

②溶于稀酸、氰化钾溶液和氨水，稍溶于水，不溶于乙醇。

（二）化学特性

①不论干燥状态或潮湿状态，保存在暗处均稳定，遇光逐渐分解为银和氧。

②在空气流中加热到300摄氏度时即分解。

③有碱存在时甲醛水能使其还原为金属银。

④与可燃性有机物或易氧化物摩擦能引起燃烧。

（三）适用范围

①主要在化学合成中作为催化剂的组分。

②还被用作防腐剂、电子器件材料、玻璃着色剂和玻璃研磨剂。

（四）注意事项

氧化银法反应使氯化亚铜转化为氧化亚铜：

$$Ag_2O + 2CuCl = 2AgCl + Cu_2O$$

此法有一定的效果，氧化银虽能转化一部分有害锈，但并不彻底，反应生成的氯化银导电性很强，从电化学反应角度考虑，时间一长，它对青铜器的保护作用减少，进而演化为青铜器腐蚀的促进因素。

十一 2-氨基-5-巯基-1，3，4-噻二唑（AMT）

（一）物理特性

①白色或淡黄色针状晶体。

②能溶于乙醇、丙酮、苯，常温下难溶于水。水溶液呈微酸性，能与多种金属离子形成微溶盐。

③蒸气压很低，不易挥发，在常温下不可能做成气相缓蚀剂。

（二）化学特性

①利用AMT可与铜锈中的铜离子形成络合物从而达到保护目的。

②AMT与铜锈中的铜离子形成络合物，并在铜锈周围形成浅黄绿色絮状物，深入到微孔中。

(三) 适用范围

①有效地去除铜器上的腐蚀产物,同时还能抑制铜在氯化钠溶液中的腐蚀。

②使用时没有毒性。

(四) 注意事项

去除有害锈的速度较慢,且使文物表面呈浅黄色。

十二 2-巯基苯并噁唑(MBO)

(一) 物理特性

①白色或类白色粉末。

②溶于乙醇、丙醇。

(二) 化学特性

①对铜的腐蚀具有显著的缓蚀作用,可与一价铜离子作用,在电极/溶液界面形成三维的缓蚀膜,从而对铜的腐蚀过程产生缓蚀作用。

②其缓蚀效率很高,基本上不影响青铜器外观。

(三) 适用范围

是一种性能优良的缓蚀剂。

(四) 使用方法

氯化钠或氯化氢溶液中,MBO 对铜的腐蚀具有良好的缓蚀作用,特别是在酸性介质中的缓蚀效率远远比 MBT 或 BTA 的高。

十三 Incralar

(一) 物理特性

树脂浓度高,所以会形成厚而闪光的涂层。

(二) 化学特性

包含 Paraloid B44 和 BTA 的化工产品,Paraloid B44 是一种和 Paraloid B72 性质不同的丙烯酸树脂,其更柔软。产品中有 BTA 的成分。

(三) 适用范围

主要用于户外青铜器的缓蚀和封护。

(四) 使用方法

如果要用 Incralac 处理馆藏的器物,应用其他溶剂(如三氯乙烷/甲基氯仿)进行稀释。

十四 Polyfilla

(一) 物理特性

特点是固化时间长、不出现盐结晶、收缩小、容易切削磨平。

（二）化学特性

成分：硫酸钙、纤维素醚、延缓剂。

（三）使用方法

加入 PVA 乳液可提高强度。

第四节　临时固定材料

一　干冰

（一）概述

二氧化碳能被液化成液体二氧化碳。液体二氧化碳蒸发时吸收大量的热而凝固成固体二氧化碳（干冰）。

（二）物理特性

无色无臭不燃气体。

（三）化学特性

①溶于水，部分生成碳酸。

②化学性质稳定。

（四）适用范围

文物提取过程中可用作冷冻剂。

（五）使用方法

处理严重损坏或酥解粉化的铁质文物时，可把文物外围一定范围内的泥土一并冻结，使得文物和周围的泥土共同组成一个整体后切割起取。

二　液氮

（一）概述

主要通过空气物理分离得到。

（二）物理特性

无色无臭，液体。

（三）化学特性

化学性质稳定，不易与其他物质发生反应。

（四）适用范围

文物提取过程中可用作冷冻剂。

（五）使用方法

处理严重损坏或酥解粉化的铁质文物时，可把文物外围一定范围内的泥土一并冻结，使得文物和周围的泥土共同组成一个整体后切割起取。

三 樟脑

（一）物理特性

①有樟木芳香的无色或白色结晶体或粉末，味辛辣而清凉。

②易挥发，在室温下能逐渐升华而至消失。

③微溶于水，易溶于乙醇、乙醚、氯化苯、丙酮、二硫化碳、石脑油等有机溶剂和有机酸。

（二）化学特性

①天然樟脑有旋光性，合成樟脑大部分无旋光性。

②稳定。

（三）适用范围

①塑料工业用于制造赛璐珞和纤维素的酯类和醚类的增塑剂，可提高聚氯乙烯的透明度和韧性。

②农药工业用于制造杀虫剂。

③涂料工业用于制造油漆。

（四）使用方法

溶化后可作文物的临时加固剂。

（五）注意事项

①易燃固体，空气爆炸极限为 0.6%～3.5%。

②遇高热、明火或与氧化剂接触有引起燃烧的危险。

四 石膏

（一）概述

①硫酸钙的二水物俗称石膏或生石膏。

②硫酸钙的半水物有 α 型和 β 型两种。α 型俗称高强度建筑石膏，β 型俗称熟石膏和烧石膏。

③文物保护中一般使用 α 型石膏。

（二）物理特性

α 型石膏为白色粉末，具有吸水性，与水混合形成可塑性易浇砌的浆体，隔一定时间即固化，并伴有微量的体积膨胀及放热。

（三）适用范围

文物保护和修复中最常用的一种材料。如常被用于塑型、翻模、补配、作支撑体、出土文物现场提取等。

（四）使用方法

①与水的配比量根据需要确定，一般调石膏浆时水分越多石膏凝固后强度越低，反之越高。

②石膏中还可掺入其他物质，如矿物颜料等使用。

③特殊需要时可选用医用齿科石膏，其强度、表面光洁度、致密度等性质都优于普通石膏，并有极低膨胀性，易于操作，仿真性高。

（五）注意事项

①使用时要有脱模剂。

②缺点如下。使用时间短；固化后膨胀（约1%）；不易去除（尤其是硬石膏）；吸湿、吸附硫酸盐造成结晶性破坏。

五 聚氨酯

（一）概述

①由聚醚树脂和多异氰酸酯中加入各种助剂，按一定配比聚合发泡后形成。

②从泡沫固化后的质地上，它有软质、硬质、半硬质之分。整体提取中使用的聚氨醋泡沫一般为硬质聚氨醋泡沫。

（二）物理特性

①密度小、强度高、导热系数低、隔音阻燃等性能优异。

②具有很高的弹性，耐振动性、抗冲击、防震性强。

③施工工艺简单，成型方便，最终体积为原始状态的7倍。

④具有一种蜂房式的结构，该结构使得它像海绵一样可以保持水分。

（三）化学特性

①高度的活泼性和极性，对各种材料具有很高的粘接能力，能快速固化。

②耐疲劳，特别是耐低温性能极好。

③聚氨酯类膜的分解温度为260摄氏度至300摄氏度，耐老化性能好，室内10年耐老化性能不变。

（四）适用范围

①可用于加固、化学灌浆、泡沫衬底、提取材料。

②用作提取材料可用于土坑墓的整体切割。可在较长时期内保持墓土的潮湿状态。

③在陶瓷保护中的应用：树脂与颜料混合容易，易于使用，与底材结合性能好，耐磨性能好。但耐老化能力较差，容易变黄。

（五）使用方法

①如环境温度低，可适当增加催化剂。但一般的聚氨酯泡沫在低于10摄氏度

的环境下便无法正常发泡。

②聚氨酯去除时可以使用二氯甲烷为主的脱漆剂。

③使用时远离火源和直接的热源。

④整体提取时可用铝膜及聚乙烯薄膜作隔离层。

(六) 注意事项

①异氰酸酯具有高毒性。

②也有学者做过测试，使用聚氨酯膜对金属文物表面进行封护，但是效果一般。

六 氨基甲酸乙酯

(一) 概述

①又称为尿烷；乌来糖；乌来坦；乌拉坦。

(二) 物理特性

①无色结晶或白色粉末，易燃，无臭，具有清凉味。

②易溶于水、乙醇、乙醚和甘油，微溶于三氯甲烷和橄榄油。水溶液呈中性。

(三) 适用范围

作文物的包裹材料。在发掘过程中可作发泡树脂把文物包裹起来。

七 石蜡

(一) 概述

又名矿蜡。

(二) 物理特性

①无色或白色略带透明结晶块状固体，无臭无味。

②不溶于水。微溶于乙醇、丙酮。溶于苯、乙醚、二硫化碳、三氯甲烷、四氯化碳、矿物油、植物油。

(三) 化学特性

①主要成分为 $C_{22} \sim C_{36}$ 正构烷烃及少量异构烷烃、环烷烃和芳烃相对分子质量范围 $360 \sim 540$。

②化学性质较稳定，不易与碱、无机酸及卤素起作用。

(四) 适用范围

①可以用作临时固定材料。

②广泛用作发蜡、冷霜、唇膏、胭脂膏等化妆品的基质原料。

第五节　清洗材料

一　过氧化氢（双氧水）

（一）物理特性

①水溶液为无色透明液体，有微弱的特殊气味。纯过氧化氢是淡蓝色的油状液体。

②能与水、乙醇或乙醚以任何比例混合。不溶于苯、石油醚。

（二）化学特性

①性状极不稳定，遇热、光、粗糙活性表面、重金属及其他杂质会引起分解，同时放出氧和热。在 pH 值为 3.5~4.5 时最稳定，在碱性溶液中极易分解。过氧化氢越纯分解越慢。

②强氧化剂。有腐蚀性。在高浓度下能使有机物质燃烧。与二氧化锰作用能引起爆炸。

③水溶液为弱酸，Fe^{3+}、Mn^{2+}、Cu^{2+} 等金属离子对漂白有明显催化作用。

（三）适用范围

①用作杀菌剂、消毒剂、抗菌剂。

②用作氧化剂。

③用作漂白剂和还原染料染色后的发色剂。用于羊毛、生丝、皮毛、羽毛、象牙、猪鬃、纸浆、脂肪等漂白。

④也可用于除去铁及其他重金属盐类。

（四）使用方法

①清除有机残积物、黑色的硫化铁锈斑。优点：过氧化氢与色素作用，不与纤维素发生作用或作用很弱，反应后没有引入任何离子。

②添加氨水可促进释放活性氧的过程，为了控制释放的速度，可以使用硅酸钠。

（五）注意事项

①副作用：据报道，过氧化氢的副产物在文物中可残留两年；某些镀层接触过氧化氢会产生破坏。

②吸入本品蒸气或雾对呼吸道有强烈刺激性。眼睛接触液体可致不可逆转的损伤甚至失明。口服中毒。长期接触可致皮炎。

③应保存在避光阴凉地方。

二　离子交换树脂

（一）概述

①品种很多，因化学组成和结构不同而具有不同的功能和特性，适应于不同的用途。应用树脂要根据工艺要求和物料的性质选用适当的类型和品种。

（二）化学特性

①高分子的化合物。表现为酸基（阴性树脂）或碱基（阳性树脂）；这些酸基或碱基差不多都是强酸或强碱，树脂表现得很结实或很脆弱。

②通过树脂中的离子与溶液中的离子互相交换，从而将溶液中的离子分离出来。

（三）适用范围

清除钙质结垢效果好。

（四）使用方法

①阳性树脂用来去除有机物。

②阴性树脂用来消除钙质结垢（有 Ca^{2+} 离子的地方）或者用来去除那些可能释放阳离子的化合物。

（五）注意事项

低毒。

三　连二亚硫酸锌

（一）物理特性

①白色细针状斜方结晶。

②有二氧化硫气味。易溶于水和氨。

（二）化学特性

①热水中分解。

②强还原性。露置空气中易分解，放出二氧化硫而失去还原力。

（三）适用范围

①用作纸浆、织物、木材、植物油、麻、动物胶、黏土的漂白剂。

②防腐剂和抗氧化剂。

（四）使用方法

①可作纺织品去斑主剂。

②作为大理石清洗铁锈的材料。

③除锈后应该彻底清洗，以防止任何漂白剂及其副产物的残留。

（五）注意事项

宜密闭贮存。

四　盐酸

（一）概述

37%以上的盐酸溶液被称为浓盐酸，37%以下的盐酸溶液被称为稀盐酸，一般的盐酸浓度不超过39%。工业级盐酸氯化氢含量为36%。

（二）物理特性

①无色或微黄色易挥发性液体，有刺鼻的气味。

②与水混溶，溶于碱液。

（三）化学特性

①主要成分：HCl。

②强酸。

（四）适用范围

可用于去除钙质结核、碳酸盐沉积。

（五）使用方法

稀溶液可用于文物清洗。

（六）注意事项

强腐蚀性、强刺激性。

五　硝酸

（一）概述

市售稀硝酸含量49%，呈微黄色。发烟硝酸呈红褐色液体。

（二）物理特性

①无色透明液体，具有刺激性和强烈的窒息性和腐蚀性。

②能与水以任何比例混合。硝酸水溶液具有导电性，会灼伤皮肤。

（三）化学特性

①化学性质活泼，常温下能分解出二氧化氮。

②可与许多金属剧烈反应，是一种无机强酸和强氧化剂。

③能使铝钝化，与有机物、木屑相混能引起燃烧。

（四）适用范围

①用途极广的重要化工原料之一。广泛用于化肥、国防、冶金、化纤、印染、染料、制药等工业。

②用于去除钙质结核、碳酸盐沉积。

（五）使用方法

浓硝酸具有氧化性，可用于去除陶瓷器上的硫酸盐沉积物。

（六）注意事项

会灼伤皮肤。强腐蚀性、强刺激性。

六 氢氟酸

（一）物理特性

①无色液体或气体。

②易溶于水。

（二）化学特性

①化学性质稳定。

②酸性腐蚀品。

（三）适用范围

①用于去除铁锈。

②用于清除陶瓷器表面硅质沉积物。

（四）使用方法

一般用1%氢氟酸涂于硅质沉积物表面，每次涂几分钟，涂后用水洗净，直到将其除完。

（五）注意事项

①氢氟酸有剧毒，应慎用。

②副作用：腐蚀玻璃和釉。

七 醋酸

（一）概述

又称乙酸。当温度低于它的熔点时，就凝结成冰状晶体，所以又叫冰醋酸。

（二）物理特性

①无色透明，液体，有强烈的刺激性酸臭。

②溶于水、醚、甘油，不溶于二硫化碳。

（三）化学特性

①与醇起酯化反应生成酯。

②与金属及其氧化物作用生成盐。

③较强的腐蚀性。

（四）适用范围

①用于清洗。可去除碳酸盐。

②可以通过螯合作用去除金属锈斑。
③副作用：可能伤害含铁的瓷釉。
（五）使用方法
清洗有颜色的织物前可用 2%～5% 的醋酸溶液固定颜色，必要时可增加醋酸浓度最高可达 20%。
（六）注意事项
①遇明火、高温、氧化剂有燃烧危险。
②低毒。

八　柠檬酸

（一）概述
又称枸橼酸、2-羟基丙三羧酸。
（二）物理特性
①无色透明斜方形结晶体或白色颗粒，无臭，味酸。
②易溶于水、乙醇，溶于乙醚。
③在干燥空气中或加热至 40 摄氏度—50 摄氏度变为无水物，在潮湿空气中微有潮解性。
（三）化学特性
①可燃。无毒。
②较强的有机酸。加热可以分解成多种产物，与酸、碱、甘油等发生反应。
（四）适用范围
①解毒剂、酸味剂、pH 值调整剂、防染剂、金属清洁剂、油脂抗氧剂、混凝土缓凝剂、锅炉清洗剂等。
②用作多价螯合剂，用于配制缓冲溶液。
（五）使用方法
①文物清洗中可去除碳酸盐。
②通过螯合作用去除金属锈斑。
③副作用：可能伤害含铁的瓷釉。

九　草酸

（一）概述
学名乙二酸。
（二）物理特性
①无色透明结晶。

②易溶于乙醇，溶于水，微溶于乙醚，不溶于苯和氯仿。

（三）化学特性

①草酸一般含有二分子结晶水。

②可与金属离子螯合。

③具有还原性。

（四）适用范围

①用于金属表面清洗和处理。

②用于稀土元素提取、纺织印染、皮革加工、催化剂制备等。

（五）使用方法

①文物清洗中用于去除碳酸盐。

②可以通过螯合作用去除金属锈斑。

③有还原性，可清除竹器上的铁锈、发黑发暗的物质。用2%草酸溶液处理竹简，可使原来模糊不清的字迹清楚。

（六）注意事项

副作用：可能伤害含铁的瓷釉。

十 EDTA 二钠盐

（一）概述

乙二胺四乙酸的二钠盐。

（二）物理特性

①白色结晶粉末。

②易溶于水，难溶于乙醇。5%的水溶液 pH 值为 4—6。呈酸性；2%水溶液的 pH 值为 4—7。

（三）化学特性

Na_2Y 与沉积膜中的钙、镁等阳离子（用 M 表示）发生螯合反应，夺取其中的盐离子，形成 M–Y 螯合物溶液，而沉积膜中的阴离子则与螯合剂中的钠离子形成可溶性钠盐，从而达到清洗除去沉积膜的目的。

（四）适用范围

清洗。

（五）使用方法

①清洗陶器表面沉积膜：按水 900 毫升、氢氧化钠 80 克、三乙醇胺 30 毫升、EDTA 二钠盐 100 克、清洁剂数十滴的比例，在一定体积的蒸馏水中加入氢氧化钠使之溶解，再加入三乙醇胺、EDTA 二钠盐。将试液徐徐加热，滴入含表面活性剂的洗洁剂。温度升高到 75 摄氏度至 80 摄氏度时，放入陶器不断翻动，煮沸半小

时。若溶液蒸发过快,可添适量蒸馏水补充。经大量自来水冲洗后,用尼龙刷刷去大部分沉积膜,少量粘附在花纹中间或极难去除的沉积物可用钢针剔除。可重复操作,直到洗净。最后用2%的醋酸溶液浸泡陶器2至3天,中和多余碱,最后用蒸馏水洗净晾干。

②处理出土的纸张:5% EDTA 二钠盐浸泡碎片,经一天处理,纸片软化。

(六) 注意事项

低毒。

十一 EDTA 三钠盐

(一) 化学特性

三钠 EDTA 是一种螯合剂:COONa 在溶液中分解为 COO^- 和 Na^+,在这种离子状态下,两个 COO^- 根可共同俘获一个 Ca^{2+} 离子。

(二) 适用范围

清除钙质结垢效果好。

十二 三聚磷酸钠

(一) 概述

有稳定 I 型和次稳定 II 型。六水物有吸湿性。

(二) 物理特性

①白色晶体或结晶粉末。

②对碱金属、碱土金属、过渡类金属与重金属盐有络合能力,而且分散性能和溶胶性能强。

③能软化硬水。具有离子交换性能,使悬浮液变成溶液。

(三) 化学特性

①水溶液呈弱碱性,渐渐水解生成钠离子、焦磷酸根离子和磷酸根离子。

②一般使用溶解迅速、水溶液不浑浊的 II 型。三聚磷酸钠可使钙、镁等硬水成分集聚,并使污垢分散。

(四) 适用范围

清洗。

(五) 使用方法

可用三聚磷酸钠溶液在超声波仪器中对文物进行清洗。超声波作用一方面加速了反应物在器物表面的螯合作用,另一方面反应生成的螯合物马上被分散到溶液中,大大提高反应的速度和效率。

十三 六偏磷酸钠

（一）物理特性

①无色透明玻璃片状或白色粒状结晶。

②易溶于水，不溶于有机溶剂。与钙、镁等金属离子能生成可溶性络合物。

③吸湿性很强，露置于空气中能逐渐吸收水分而呈黏胶状物。

（二）化学特性

在水溶液中水解形成正磷酸盐。对钙和各种金属的螯合效果好，吸附于固体表面，充分发挥分散性作用。

（三）适用范围

清洗。

（四）使用方法

①一般使用1%～2%的六偏磷酸钠溶液进行清洗，防止浓度过大时不要控制反应。在清洗时加入0.5%的十二烷基苯磺酸钠（一种阴离子型表面活性剂），可以提高溶解度与渗透性，加快清洗速度。

②可使用超声波技术加快清洗速度。

第六节　杀虫灭菌材料

一 百里酚

（一）概述

又称麝香草酚、3-羟基对异丙基甲苯、3-甲基-6-异丙基酚。

（二）物理特性

①无色晶体，有特殊香气，是多种香精油的组分之一。

②微溶于水，易溶于乙醇、乙醚和氯仿。

（三）化学特性

①5-甲基-2-异丙基苯酚。

②有防腐和杀菌作用。

（四）适用范围

杀菌剂。

（五）注意事项

注意防护，对眼睛、皮肤和呼吸道有刺激性。

二 除虫菊

（一）概述

有效成分是除虫菊酯。

（二）物理特性

①清亮琥珀色黏稠液体，有清香气味，含有 5 种有效成分。

②溶于乙醇、四氯化碳及煤油，微溶于水。

（三）化学特性

①光和热均稳定，在酸性介质中稳定，在碱性介质中分解。

②遇碱时、光照下易分解。

（四）适用范围

杀虫剂。

（五）使用方法

①通常配成溶液或乳液使用。用时将市售 2.5% 的除虫菊稀释 1000 倍液，药效期一般为 30 天。

②当木材浸泡杀虫时，若木质已糟朽，应将纱布条将木材缠裹一层，防止浸泡时木材之间或木材与容器壁之间发生碰撞，造成不必要的损伤。

③杀虫处理浸泡时间约 1 小时。处理完毕后，捆扎系在竹竿或木架上，置于室内通风处阴干。阴干时间一般在 30 天至 60 天。

（六）注意事项

注意呼吸系统、皮肤、眼睛等的防护。

三 次氯酸钠

（一）概述

工业品是浅黄色透明液体。俗称漂白水。是不稳定化合物，能逐渐释放出氧气。

（二）物理特性

①白色粉末，有潮解性。

②能溶于冷水。

（三）化学特性

①在空气中不稳定，受热后分解。

②碱性次氯酸钠溶液比较稳定，俗称安替福明。

③受热到 35 摄氏度以上或遇酸则分解，有氧化性。

④在冷水中也有很好的漂白作用。

⑤在酸性和碱性环境中生成氢氧化物和次氯酸,后者分解为氯化物、氯酸盐和氧,产生漂白作用。

(四) 适用范围

①用作纸浆、纺织品和化学纤维的漂白剂。

②水处理中用作净水剂。

③杀菌剂、消毒剂。

(五) 使用方法

使用时可添加碳酸钠或醋酸以促进分解。

(六) 注意事项

①缺点是容易引起文物的破坏,例如被陶瓷的裂缝和缺陷部位吸收,通过吸湿—脱水循环,可以导致表层的脱落;次氯酸可使纤维素的羟基氧化,从而造成织物的破坏。另外对某些染料也有破坏作用。

②这种漂白剂一般不能用于文物清洗,只有在特殊情况下才可使用。

四 黄柏

(一) 概述

一种芸香科落叶乔木,干皮呈黄色,味苦,气味微香。

(二) 物理特性

黄柏碱为季铵碱。其氯化物为无色结晶(由甲醇中)。

(三) 化学特性

黄柏中含有小柏碱及少量的棕榈碱、黄柏酮、黄柏内酯。其中小柏碱是黄柏的主要有效化学成分,它有一个与之互变异构的醛体,具有杀虫和防虫作用。

(四) 适用范围

杀虫,防虫。

五 环氧乙烷

(一) 物理特性

①常温常压下为无色易燃气体,低温时是无色易流动液体。有乙醚气味,高浓度有刺激臭味。

②爆炸极限 3.0%~100%。

③易溶于水和有机溶剂。

(二) 化学特性

①化学性质非常活泼,能和许多化合物起加成反应。

②久储会起聚合反应。易燃,遇高温、明火有引起燃烧爆炸的危险。空气中最

高容许浓度 0.001 克/立方米。

（三）适用范围

广谱、高效的气体杀菌消毒剂。

（四）使用方法

操作时注意严格控制，需要一定的设备。

（五）注意事项

具有温和麻醉性。

六　氯化锌（锌氯粉）

（一）物理特性

①白色粉状、棒状或粉状结晶体。

②无味，易潮解。溶于水，水溶液呈强酸性。溶于甲醇、乙醇、甘油、丙酮、乙醚等含氧有机溶剂。

③熔融氯化锌有很好导电性能。

（二）化学特性

①加过量的水有氧氯化锌产生。

②具有腐蚀性和毒性，还具有溶解金属氧化物和纤维素的特性。稳定。

（三）适用范围

用作脱水剂、缩合剂、媒染剂、石油净化剂，还用于电池、电镀、医药等行业。

（四）注意事项

危险标记 20（腐蚀品）。

七　溴甲烷

（一）物理特性

①无色气体，有甜味；液体为无色或淡黄色。

②蒸气压高，渗透力强，不易爆燃。

③不溶于水，溶于乙醇、乙醚、氯仿等多数有机溶剂；具有溶解树脂、橡胶、脂肪等物质的能力。

（二）化学特性

化学性质稳定，不易为酸碱所影响。

（三）适用范围

用作杀虫熏剂、冷冻剂。

（四）使用方法

用于对木质文物的除虫，经常使用的方法是熏蒸法。

（五）注意事项

有毒，剧毒品。

八　氨水

（一）物理特性

①无色透明液体，有强烈的刺激性臭味。

②溶于水、醇。

（二）适用范围

①用于制药工业、纱罩业、晒图、农业施肥等。

②易挥发，可作为一种安全的碱性湿洗剂。

（三）注意事项

碱性腐蚀品。

九　聚氧乙烯失水山梨醇月桂酸酯

（一）物理特性

①琥珀色油状液体，味苦。

②易溶于水、稀酸、稀碱、醚、酮类、芳烃、氯代烃、乙二醇、吡啶等，不溶于矿物油和动物油类。

③具有乳化、润湿、扩散等效能。

（二）适用范围

非离子型表面活性剂。用作非离子型乳化剂、润湿剂、渗透剂。还用作膏霜类、乳液类等化妆品的水包油型乳化剂、柔软剂和增稠剂。

十　苯扎溴铵

（一）概述

别名：新洁尔灭、溴化苄烷铵。化学名：十二烷基二甲基苄基溴化铵。

（二）物理特性

①常温下为白色或淡黄色胶状体或粉末，低温时可能逐渐形成蜡状固体。带有芳香气味，但尝味极苦。

②水溶液振摇时产生多量泡沫；具有耐热性，可贮存较长时间而效果不减。

③易溶于水、乙醇，微溶于丙酮，不溶于乙醚、苯，水溶液呈碱性反应。

（三）化学特性

为一种季铵盐阳离子表面活性广谱杀菌剂。可贮存较长时间而效果不减。

（四）适用范围

杀菌力强，对皮肤和组织无刺激性，对金属、橡胶制品无腐蚀作用。

（五）使用方法

常用 1：1000～1：2000 溶液消毒。

（六）注意事项

忌与肥皂、盐类或其他合成洗涤剂同时使用，避免使用铝制容器，消毒金属器械需加 0.5% 亚硝酸钠防锈。对革兰阴性杆菌及肠道病毒作用弱，对结核杆菌及芽孢无效。

十一　菌毒清

（一）化学特性

是一种氨基酸类内吸性杀菌剂，有效成分为甘氨酸取代衍生物。杀菌机制是凝固病菌蛋白质，破坏病菌细胞膜，抑制病菌呼吸，使病菌酶系统变性，从而杀死病菌。

（二）适用范围

具有高效、低毒、无残留等特点，并有较好的渗透性，可用来防治多种真菌、细菌和病毒引起的病害。

（三）注意事项

低温时易出现结晶，可用温水隔瓶使其溶化，不影响药效。

十二　异噻唑啉酮

（一）物理特性

棕黄色透明液体，淡黄或淡绿色透明液体。

（二）化学特性

①通过断开细菌和藻类蛋白质的键而起杀生作用。异噻唑啉酮与微生物接触后，能迅速地不可逆地抑制其生长，从而导致微生物细胞的死亡，故对常见细菌、真菌、藻类等具有很强的抑制和杀灭作用。

②杀生效率高，降解性好，具有不产生残留、操作安全、配伍性好、稳定性强、使用成本低等特点。

③能与氯及大多数阴、阳离子及非离子表面活性剂相混溶。高剂量时，异噻唑啉酮对生物粘泥剥离有显著效果。

(三）适用范围

①是一种广谱、高效、低毒、非氧化性杀生剂。广泛运用于油田、造纸、农药、切削油、皮革、油墨、染料、制革等行业。

②可用作竹简、漆木器漆等文物的杀菌、防腐用剂。

（四）使用方法

①能与氯气等氧化型杀菌剂同时使用，不能用于含硫化物的冷却水系统。异噻唑啉酮与季铵盐复合使用效果较佳。

②异噻唑啉酮作工业杀菌防霉剂使用时，一般浓度为 0.05%~0.4%。

（五）注意事项

有腐蚀性，对皮肤和眼睛有刺激性。

十三 霉敌

（一）物理特性

白色针状晶体，溶于乙醚、丙酮、乙醇等有机溶剂，在水中溶解度为 0.02（25 摄氏度），溶于热水，可与碱生成盐，其铵盐和钠盐有较好的水溶性。

（二）适用范围

①一种新型高效、低毒、广谱防腐防霉剂。广泛用于皮革、纺织、制鞋、涂料、磁带、光学仪器、文物保护的防腐防霉及在人体与动物标本保养中代替甲醛。

②作为文物保护防腐防霉剂用于如尸体类、字画、纺织品、漆、木、竹器、壁画、皮革等文物。

（三）使用方法

①用于皮革、纸质、纺织品、竹木漆器类文物防霉，可用 0.02% 霉敌丙酮溶液。

②可用 0.03% 霉敌水溶液代替甲醛用于尸体类文物的防霉防腐。

参考文献

1. 中国社会科学院考古研究所：《考古工作手册》，文物出版社1982年版。
2. M. 劳伦西·塔巴斯科（M. Laurenzi Tabasso）著，杨军昌、黄继忠译：《石质品的保护处理》，《文物保护与考古科学》1996年第1期。
3. 白崇斌：《半坡土遗址临时性保护工程》，《文博》2005年第4期。
4. 陈庚龄、卢燕玲、赵亚军：《武威磨咀子出土木器腐蚀病害与机理分析》，《文物保护与考古科学》2006年第8卷第2期。
5. 陈家昌：《保存环境控制与考古现场文物保护》，《中国文物报》2007年2月9日。
6. 成都市文物考古研究所、彭州市博物馆：《四川彭州宋代金银器窖藏》，科学出版社2003年版。
7. 杜久明、李存信、岳洪彬等：《殷墟小屯宫殿宗庙区甲组夯土基址的处理与加固保护》，《华夏考古》2008第1期。
8. 高炜、李健民：《1978—1980年山西襄汾陶寺墓地发掘简报》，《考古》1983年第1期。
9. 胡东波：《出土古代漆膜老化因素的探讨》，《文物世界》2003年第3期。
10. 胡继高、胡东波：《出土中国古代漆膜干缩翘曲分析及在修复粘接中问题的讨论》，《文物保护与考古科学》2000年第12卷第2期。
11. 姜进展：《木材在PEG法处理过程中收缩原因的研究》，《文物保护与考古科学》1995年2期。
12. 李存信、戈良胜：《金凤窑址的异地迁移及相关问题》，《四川文物》2003年第6期。
13. 李存信：《半干旱环境出土漆木器的病害状态分析与处理保护研究》，《殷墟与商文化》，科学出版社2012年版。
14. 李存信：《出土遗物现场应急处置方法》，《文物保护与考古科学》2007年第19卷。

15. 李存信：《青海喇家遗址齐家文化房址的保护处理》，《文物保护与考古科学》2009 年第 2 期第 21 卷。
16. 李琳：《合成材料在脆弱漆木器保护修复中的应用》，《北方文物》1994 年第 3 期。
17. 联邦教育与研究部公共关系局（德国）：《让过去拥有未来，十五年德—中文物保护方法的发展与检验》，2006 年。
18. 刘佑荣、陈中行、周丽珍：《大型平原土体遗址主要地质病害及其保护治水工程技术研究》，《文物保护与考古科学》2007 年第 3 期。
19. 卢燕玲、马清林：《中国北方地区出土糟朽漆器加固材料及修复方法讨论》，《中国保护技术协会第二届学术年会论文集》，科学出版社 2002 年版。
20. 卢燕玲、韩鉴卿、张岚、马清林：《中国北方干燥地区出土糟朽漆木器加固材料及修复方法》，《文物保护与考古科学》2003 年第 15 卷第 3 期。
21. 陆寿麟等：《中国文物和文物保护技术》，山东友谊出版社 2001 年版。
22. 马里奥·米凯利、詹长法：《文物保护与修复的问题》，科学出版社 2005 年版。
23. 马清林、卢燕玲等：《中国北方干燥地区出土漆品漆皮回软方法研究》，《文物保护与考古科学》2000 年第 12 卷第 2 期。
24. 任晓燕、王国道等：《青海民和县喇家遗址 2000 年发掘简报》，《考古》2002 年第 12 期。
25. 任重远、郭岚：《糟朽文物的浸渍处理》，《文物保护与考古科学》1994 年 2 期。
26. 苏伯民、李最雄等：《PS 与土遗址作用机理的初步探讨》，《敦煌研究》2000 年第 1 期。
27. 孙满利、王旭东、李最雄、谌文武等：《木质锚杆加固生土遗址研究》，《岩土工程学报》2006 年 12 期。
28. 陶亮：《土遗址展示方式的初步探讨》，西北大学，2008 年。
29. 王惠贞：《文物保护学》，文物出版社 2009 年版。
30. 王巍、黄秀纯：《1981—1983 年琉璃河西周燕国墓地发掘简报》，《考古》1984 年第 5 期。
31. 王银梅：《西北干旱区土建筑遗址加固概述》，《工程地质学报》2003 年第 2 期。
32. 韦荃等：《四川绵阳市永兴双包山西汉墓出土漆、木器保护研究》，《文物保护与考古科学》2004 年第 6 卷第 2 期。
33. 吴顺清：《出土饱水漆木竹器发掘现场与脱水前的保护》，内部材料。
34. 奚三彩、张金萍：《竹、木、漆器保护综述》，内部材料。

35. 熊兵：《土遗址加固与保护》，西安建筑科技大学，2008 年。
36. 叶茂林：《青海民和喇家史前遗址的发掘》，《考古》2002 年第 7 期。
37. 殷玮璋：《记北京琉璃河遗址出土的西周漆器》，《考古》1984 年第 5 期。
38. 袁传勋：《PVAc 和 PVB 改性硅溶胶加固保护陶质文物的研究》，《文物保护与考古科学》2003 年第 1 期。
39. 袁传勋：《土遗址保护材料综述》，《敦煌研究》2002 年第 6 期。
40. ［日］泽田正昭：《文化财保存科学纪要》，日本名古屋近未来社 1997 年版。
41. 张承志：《保藏学原理》，北京科学技术出版社 1999 年版。
42. 张光辉：《土遗址加固保护研究》，西安建筑科技大学，2006 年。
43. 赵海英、李最雄、韩文峰等：《甘肃境内长城遗址主要病害及保护研究》，《文物保护与考古科学》2007 年第 1 期。
44. 中国社会科学院考古研究所：《安阳殷墟郭家庄商代墓葬》，中国大百科全书出版社 1998 年版。
45. 中国社会科学院考古研究所：《滕州前掌大墓地》，文物出版社 2005 年版。
46. 中国社会科学院考古研究所：《殷墟的发现与研究》，科学出版社 1994 年版。
47. 中国文化遗产研究院：《中国文物保护与修复技术》，科学出版社 2009 年版。
48. 周双林、杨宪伟、郭宝发、夏寅：《丙烯酸非水分散体等几种土遗址防风化加固剂的效果比较》，《文物保护与考古科学》2003 年第 2 期。
49. 周双林、原思训：《有机硅改性丙烯酸树脂非水分散体的制备及在土遗址保护中的试用》，《文物保护与考古科学》2004 年第 16 卷第 4 期。
50. 祝鸿范、周浩、蔡兰坤、张东曙：《银器文物的变色原因及防变色缓蚀剂的筛选》，《文物保护与考古科学》2001 年第 1 期。